취업이 잘되는 유망 학과 백과 2

취업이 잘되는

유망 학과
백과 ②

김상호 지음

노란우산

대학은 우리에게 무엇인가?

대학은 중세시대 스콜라에서 유래한 것으로, 초기 대학은 약 천 년 전에 형성되었다. 이탈리아의 볼로냐 대학, 살레르노 대학, 프랑스의 파리 대학, 영국의 옥스퍼드 대학 등이 초기 대학들이다. 당시 대학의 주요 교육내용은 철학, 신학, 법학, 수사학, 논리학, 기하학, 천문학 등이었다.

흔히 대학을 '진리의 상아탑'이라고 하는데, 상아탑의 일반적인 의미는 현실을 떠나 학문이나 예술을 사랑하고 진리를 추구하는 학구적인 태도나 장소를 가리킨다. 상아탑은 19세기 프랑스의 비평가이자 문학가인 생트 뵈브(1804-1869)에서 유래를 찾을 수 있다. 생트 뵈브는 동시대 프랑스 낭만주의 소설가이자 시인인 알프레드 드 비니(1797-1863)의 작품과 삶을 가리켜 "상아탑 안에 자신을 가둬두고 살았다"라고 비평했다. 그 당시 상아는 아름답고 고귀하고 매우 귀한 물건이었다. 하지만 상아로 만든 탑은 현실에 존재하지 않는다. 당시 대학이 현실과 거리가 먼, 진리탐구에 초점을 두었기에 이를 빗대어 진리만을 추구하는 상아탑이라고 표현했다.

그렇다면 지금의 대학은 어떨까. 천 년의 시간이 흐른 지금도 대학은 철학, 신학, 천문학, 논리학, 수사학 등을 가르친다. 차이가 있다면, 옛날에는 이 학문 분야가 주류였는데 지금은 비주류이며 비인기 학문 분야가 되었다는 것이다. 이유는 간단하다. 당시에는 귀족집안 자제, 즉 소수 특정계층을 위한 교육기관 이었지만, 지금은 보편적 교육기관이 되었기 때문이다. 대학이 보편적 교육기관 이 되었다는 의미는 취업과 생계수단의 기능이 중요해졌다는 것이다. 따라서 취업이 잘되는 학과와 전공은 인기가 많지만, 취업이 잘되지 않는 전공은 대중 으로부터 외면당한다.

흔히 우리가 대학에 진학하는 이유는 크게 세 가지다. 첫째, 취업을 위한 목 적이다. 둘째, 대학졸업장이라는 간판을 따기 위해서다. 셋째, 순수한 학문적 진리탐구의 목적이다. 대부분 대학 진학자들은 앞서 언급한 세 가지에 대한 막 연한 기대를 가지고 대학에 진학한다.

먼저, 취업은 가장 현실적인 접근법이다. 취업을 목적으로 대학에 진학할 경 우, 상대적으로 교육내용이 어렵고 재미가 없지만 취업이 잘되는 보건의료계열 이나 공학계열을 많이 선택한다. 그래서 취업에 대한 부담이 상대적으로 높은 남학생은 공과계열의 학과를 선호한다. 최근 자동화와 기계화로 일자리가 감 소하고 있는 상황에서 괜찮은 일자리를 갖기가 더욱 어려워지고 있다. 취업은 점점 중요한 대학 진학의 동기가 되고 있다.

둘째, 간판을 선호하는 경우다. 사실 대학의 또 다른 중요한 기능은 사교의 장이다. 즉 자신의 인맥을 확장할 수 있는 중요한 장이다. 간판 기능을 강조할 경우, 굳이 어려운 학문을 선택해 배울 필요는 없다. 상대적으로 교육내용이 재미있고, 어렵지 않은 학과를 선택하는 것이 맞다. 주로 예체능계열과 인문· 어문계열이 이에 많이 속한다.

셋째, 순수한 학문적 진리탐구의 목적이다. 바로 중세시대 '진리의 상아탑' 기능을 수행하는 학문으로, 사실 이 순수학문이 가장 중요하지만 우리나라의 경우 이 분야가 가장 취약하다. 오늘날 공학, 의학의 기초가 된 학문으로, 주로 자연계열의 수학, 물리학, 천문학, 생물학이 이 분야 학문이다. 상대적으로 취업도 잘 안되고, 수업내용도 녹록치 않다.

4년제 대학을 졸업하고도 취업을 위해 다시 기능을 배우는 사람이 늘고 있다. 인터넷에 찾아보면 수많은 국내외 대학의 무료강의가 넘쳐난다. 각종 SNS를 통해 인간적 교류가 늘어나고 인맥관리의 수단이 다양해지고 있다. 이런 현실에서 대학의 학과를 선택하려는 여러분에게 필자는 묻고 싶다. 여러분에게 대학은 무엇인가? 필자는 취업이라는 현실의 문턱에서 고민하는 수많은 학생과 학부모를 위하여 이 책을 집필했다. 많은 도움이 되기를 진심으로 바란다.

김상호

일러두기

I. 한눈에 보는 ○○○학과 현황과 전망

■ ○○○학과의 미래 고용 관련 전망은?

이 자료는 고용노동부·한국고용정보원에서 대졸자 취업정보 각 연도(2010-2012)를 발간하는 GOMS(Graduates Occupational Mobility Survey) 자료를 활용했다. 별점은 신뢰성을 확보하기 위해 최근 자료를 기준으로 하여, 평균 10분위로 나누었다. 예를 들어 ★★★★★는 최상위로서 관련 상태가 '매우 좋음'을 의미하며, ★★★는 '보통'의 상태, ★는 '매우 안 좋음'을 의미한다.

고용률	대학 졸업 18개월 후 취업 비율 관련 평가
정규직 비율	임금근로자 중 정규직이 차지하는 비율 관련 평가
전공 일치 비율	취업자 중 대학 전공과 일자리 업무내용과 일치 정도에 대한 평가
월평균 소득	세금과 상여금을 포함한 평균 소득이나 급여에 대한 평가

이 자료는 교육부·한국교육개발원이 발간하는 《취업통계연보》 각 연도, 교육부·한국직업능력개발원 《미래의 직업세계》 각 연도, 한국고용정보원 《중·장기 인력수급전망》 각 연도, 한국직업능력개발원 《한국의 직업지표》 각 연도, 한국고용정보원 《한국사회의 15대 메카트렌드》(2016), 《인공지능, 로봇과 사람의 협업시대》(2016)와 홈페이지에 제공하는 주요 직업의 자동화 대체 확

률 자료, 수능배치표 점수, 각종 논문, 각종 신문기사 등을 참조해 학과와 관련한 중·장기적 주관적 전망이 되지 않도록 노력했다.

긍정적 전망 요인	
부정적 전망 요인	

■ ○○○학과를 졸업하면 어떤 직업이 유망할까?

이 부분은 〈산업별 직업별 고용구조 조사〉 통계 원자료(raw data) 각 연도, 《미래의 직업세계-학과편》 각 연도, 한국직업능력개발원 학과-직업 매트릭스(커리어넷), 한국고용정보원에서 제공하는 〈학과정보〉, 〈한국고용직업분류〉, 교육부·한국직업능력개발원 《미래의 직업세계》 각 연도, 한국고용정보원 《중·장기 인력수급전망》 각 연도, 한국직업능력개발원 《한국의 직업지표》 각 연도, 한국고용정보원 《인공지능, 로봇과 사람의 협업시대》(2016)와 홈페이지에 제공하는 주요 직업의 자동화 대체 확률 자료 등을 정리·활용·참조했다.

• 졸업 후 진출 가능한 직업

각 제시된 직업에 있어서 한국직업능력개발원의 한국의 직업 지표조사(통계수치)를 토대로 미래 직업 전망이 밝은 것으로 전망되는 직업들은 별도로 별 5개(★★★★★), 별 4개(★★★★)로 표시했다. 보통은 별 3개(★★★), 그 이하의 경우는 별 2개(★★), 별 1개(★)로 표시했다. 인력수급 전망의 경우 한국고용정보원, 《중·장기 인력수급전망 2013~2023》 자료를 활용했다. 증감률이 3% 이상인 경우 빨간색 ±⇧으로 표시했으며, 0에서 2.9% 사이인 경우 ±△으로 표시했다. -0.1%에서 -0.9% 사이인 경우 파란색 ±▽, -1.0%보다 크게 떨어진 경우 파란색 ±⇩으로 표시했다. 인공지능(AI), 즉 자동화 대체와 관련한 직업정보는 《인공지능(AI), 로봇과 사람의 협업시대》(2016)의 보고서를 참조하고, 그와 관련해 한국고용정보원 홈페이지에서 제공하는 자동화 대체 확률 자료를 바탕으로 작성했다. 주요 직업의 인공지능(AI), 즉 자동화 대체 확률이 높은 경우 'AI☹', 보통인 경우 'AI☺', 낮은 경우 'AI☺'로 표시했다.

• 전공의 장점을 살릴 수 있는 작업

이 부분은 한국고용정보원에서 제시하는 〈2013 직업선택을 위한 학과정보〉에 제시된 내용을 참고해 작성했다.

II. 국가과학기술표준분류로 ○○○학과 이해하기

기존에 학과를 소개한 책들이 가진 한계점을 최대한 극복하기 위해 국가와 국가산하 기관에서 제시하는 관련 표준분류를 활용해 객관성을 확보했다. 이 부분은 국가기술기본법 제27조에 따른 국가과학기술표준분류체계(교육과학기술부 고시 제2009-34호, 국가과학기술위원회 고시 제 2012-4호) 내용을 바탕으로 각 학과에 해당하는 기술 분야를 연계해 정리했다. 학과(전공)와 관련해 배우게 될 내용과 공식적 분류상의 기술은 포괄적 의미의 기술로서 문과, 이과 분야의 대부분 영역이 여기에 해당된다. 따라서 학과별 해당 기술 분야를 살펴봄으로써 학과와 관련한 기술현황과 교육과정의 내용을 알 수 있다.

Ⅲ. ○○○학과 준비자를 위한 꿀팁

■ 학과 관련 고교 교과목과 준비사항

이 부분은《좋아하는 과목으로 진로를 찾아라》(노란우산, 2015)를 바탕으로 과목과 학과(전공)를 작성했다.

■ 학과 관련 면허와 자격 현황

이 부문은 한국고용정보원의 〈산업별 직업별 고용구조 조사〉 통계 원자료 (raw data)를 활용해 학과전공별 졸업자가 취득한 자격현황을 분석해, 직업과 직접 관련성이 낮은 자격·면허증을 제외하고, 어느 정도 의미가 있는 자격· 면허증을 제시했다.

■ 학과 관련 비전과 이슈

학과 관련 비전과 이슈는 저자가 〈미래사회의 산업과 직업변화〉(한국정보화 진흥원, 2010), 〈창조경제시대의 진로교육 패러다임 연구〉(한국직업능력개발원, 2013),《절대 실패하지 않는 진로 선택을 위한 유망 직업 백과》(2014) 등을 저술 한 경험과, 각종 직업과 학과 관련 논문 수백 편,《한국사회의 15대 메카트렌드》 등의 자료를 바탕으로 직접 작성하였기에 주관적 견해가 반영되었을 수 있다.

■ ○○○학과를 졸업하면 어디로 진출할까?

▶ 진출 산업 분류

이 부분은 한국고용정보원의 〈산업별 직업별 고용구조조사〉에서 마지막 연 도의 표본 관측치 101,674명을 가공해 16개 권역으로 분석해 작성했다.

차례

**공학
계열**

**자연
계열**

**의약
계열**

공학계열

공학계열 학과 정보

- 건축·설비공학과
- 건축학과
- 조경학과
- 토목공학과
- 도시공학과
- 항공학과
- 해양공학과
- 기계공학과
- 금속공학과
- 자동차공학과
- 전기공학과
- 전자공학과
- 제어계측공학과
- 에너지공학과
- 섬유공학과
- 재료공학과
- 전산학·컴퓨터공학과
- 응용소프트웨어공학과
- 정보·통신공학과
- 산업공학과
- 화학공학과
- 응용공학과

 ## 이론을 응용해 다양한 창작물을 만드는 실용학문

공학계열은 실용성을 강조한 학문 분야다. 진리 탐구보다 실사구시가 강조된 전공들로 구성된다. 따라서 이론적 체계보다는 현상적 사실과 활용을 중시한다. 사실 과학자와 엔지니어를 엄격히 구분하기는 어렵다. 이론에 바탕을 둔 자기 철학이나 추구하는 목적의 차이로 구분할 수 있다. 즉 과학자가 새로운 사실이나 현상을 탐구해 그 이론을 정립한다면, 엔지니어는 그 이론과 탐구된 사실과 현상에 기초해 실생활에 도움이 될 새로운 기술을 개발한다. 기준은 철학의 유무이다. 아무리 앞선 기술과 이론도 철학이 없다면 과학이 되지 못한다. 흔히 사람들은 공대 졸업자를 가리켜 단순하다고 말한다. 이는 새로운 실용가치를 위해 깊게 팔 뿐 넓게 파지는 못하는 학문적 특성 때문이다.

공학계열의 경우 궁극적으로 과학 이론의 바탕 위에서 각종 제품이나 건축물 등을 만드는 사람들이다. 예를 들어 작가가 글로 자신의 생각을 표현한다면 공학자는 설계도면 위에서 자신의 생각을 표현하는 도면작가다. 건축가는 설계도면 위에, 기계공학자는 기계도면 위에, 컴퓨터공학자는 반도체 위에 자신의 생각을 그려 넣는다. 작가의 경우 자신의 생각을 자유롭게 표현할 수 있지만 공학자는 그럴 수 없다. 이론, 논리체계, 경제성, 효율성, 안정성 등 여러 가지 문제를 고려해야 한다. 그래서 공학자에게는 인내력이 요구된다. 어떤 완성품이 나오기 위해서 끊임없이 같은 실험을 반복해야 하기 때문이다. 취업해 일정 경력을 쌓은 후 공학자로 산다는 것은 크게 과학에 깊게 다가선 연구자의 길과, 폭넓은 세상에 다가선 관리자의 길로 나뉜다. 전자의 경우 실험이나 개발 관련 업무가 중심이 되지만 후자의 경우 조직관리, 성과관리, 개발지원, 영업 등의 직무와 결합된다. 즉 이과와 문과의 만남이라고 할 수 있다.

공학계열 졸업자들이 가장 많이 하는 일은 건축가, 건축공학기술자, 기계공학기술자, 연구원, 생산·품질관리사무원, 제품·광고영업원, 토목공학기술자, 자재관리사무원, 응용소프트웨어기술자 등이다. 직업과 학과 간의 일치도가 높다. 사실 공학계열은 다른 어떤 계열의 학과보다 다양한 전공 학과로 구성된다. 기계공학과, 화학공학과, 전기공학과, 전자공학과, 컴퓨터공학과, 건축공학과, 토목공학과, 재료공학과, 로봇공학과, 우주항공학과, 건축설비학과, 정보통신학과, 반도체학과 등 매우 다양한 학과가 공학계열에 있다.

수능 과목으로 보면 과학탐구 중 물리, 화학, 생물, 지구과학이 공과계열 과목과 일치성이 높고 수리탐구, 직업탐구 중에서는 공업이 공과계열과 관련한 과목이다. 따라서 공학계열의 특성은 논리력과 수리능력이 요구된다. 만약 기계나 제품을 보면 나는 저런 물건을 만들고 싶다거나, 분해해보고 싶다는 욕구가 강하다면 당신의 유전자는 공대 스타일이다.

끝으로 이공계는 진리 탐구에 가장 다가서 있는 학문이며 가장 실용적인 학문이다. 자원이 부족한 우리나라의 경우 이공계는 포기할 수 없이 중요한 분야다. 많은 우수한 인력이 이공계로 진로를 설정하는 것은 개인뿐만 아니라 국가적 차원에서 매우 중요하다. 따라서 이공계 출신의 공학자가 직업세계의 중심에 서게 될 미래를 꿈꿔본다.

🚹 = 500명　🚹 = 1000명

관련 학과	4년제 대학		2~3년제 대학	
건축	건축 · 설비공학	🚹🚹🚹	건축 · 설비공학	🚹
	건축학	🚹🚹🚹🚹	건축학	🚹🚹🚹🚹
	조경학	🚹	조경학	🚹
토목 · 도시	토목공학	🚹🚹🚹🚹🚹	건설학	🚹
	도시공학	🚹	토목공학	🚹🚹🚹
교통 · 운송	지상교통공학	🚹	지상교통공학	🚹
	항공학	🚹🚹	항공학	🚹
	해양공학	🚹🚹	해양공학	🚹
기계 · 금속	기계공학	🚹🚹🚹🚹🚹🚹🚹	기계공학	🚹🚹🚹🚹🚹🚹🚹
	금속공학	🚹	금속공학	🚹
	자동차공학	🚹	자동차공학	🚹🚹🚹🚹🚹
전기 · 전자	전기공학	🚹🚹	전기공학	🚹🚹🚹
	전자공학	🚹🚹🚹🚹🚹🚹	전자공학	🚹🚹🚹🚹🚹
	제어계측공학	🚹	제어계측공학	🚹
정밀 · 에너지	광학공학	🚹	광학공학	🚹🚹
	에너지공학	🚹	에너지공학	
소재 · 재료	반도체 · 세라믹공학	🚹	반도체 · 세라믹	🚹
	섬유공학	🚹	섬유공학	🚹
	신소재공학	🚹🚹🚹🚹	신소재공학	🚹
	재료공학	🚹	재료공학	🚹

관련 학과	4년제 대학		2~3년제 대학	
컴퓨터·통신	전산학·컴퓨터공학	👤👤👤👤👤👤👤	전산학·컴퓨터공학	👤👤👤👤
	응용소프트웨어공학	👤	응용소프트웨어공학	👤👤
	정보·통신공학	👤👤👤👤👤👤👤👤👤👤👤	정보·통신공학	👤👤👤👤👤👤👤👤👤👤👤
산업	산업공학	👤👤👤	산업공학	👤
화공	화학공학	👤👤👤	화학공학	👤
기타	기전공학	👤	기전공학	👤👤
	응용공학	👤👤	응용공학	👤👤
	교양공학	👤👤		

■ 만약 우리나라에 공학계열을 졸업한 취업자가 100명이라면

직업	인원	
경영지원 · 행정 관련 사무원	10	🧍
건축 · 토목 관련 기술자, 시험원	10	🧍
영업원 · 상품중개인	9	🧍🧍🧍🧍🧍🧍🧍🧍🧍
생산 관련 사무원	7	🧍🧍🧍🧍🧍🧍🧍
기계공학기술자 · 연구원, 시험원	5	🧍🧍🧍🧍🧍
소프트웨어개발전문가	5	🧍🧍🧍🧍🧍
판매원 · 상품대여원	4	🧍🧍🧍🧍
전기 · 전자공학기술자, 연구원, 시험원	4	🧍🧍🧍🧍
건설 · 생산 관련 관리자	4	🧍🧍🧍🧍
데이터베이스 · 정보시스템운영전문가	3	🧍🧍🧍
학원강사, 학습지교사	2	🧍🧍
자동차운전원	2	🧍🧍
컴퓨터하드웨어 · 통신공학기술자, 연구원	1	🧍
회계 · 경리 관련 사무원	1	🧍
기계장비설치원, 정비원	1	🧍
전기 · 전자설비조작원	1	🧍
금융 · 보험 관련 사무원	1	🧍
전공	1	🧍
경찰 · 소방 · 교도 관련 종사자	1	🧍
화학공학기술자, 연구원, 시험원	1	🧍
디자이너	1	🧍
전기 · 전자기기설치 · 수리원	1	🧍
통신 · 방송장비기사, 설치 · 수리원	1	🧍
계산원, 매표원	1	🧍
기타	23	🧍🧍🧍🧍🧍
합계	100	

건축·설비공학과

한눈에 보는 건축·설비공학과 현황과 전망

■ 학과 개요

건축공학은 건물, 환경과 인간의 상호관계를 이해함으로써 인간이 좀 더 안전하고 쾌적한 삶을 영위할 수 있도록 지붕이 있는 구조물, 또 이와 관련된 건축설비, 시공, 제작, 유지보수와 관련된 실용학문이다. 건축·설비공학과는 건축공학과라는 명칭 외에 건축설비공학과, 설비공학과, 건축토목공학과 등 다양한 명칭으로 학과가 개설되어 있다. 건축공학과는 시공이 중심이며 4년제인 반면에, 건축학과는 설계가 중심이고 5년제라는 차이가 있다.

■ 건축·설비공학과의 미래 고용 관련 전망은 어떨까?

· 고용률   ★★★★   · 정규직 비율   ★★★☆
· 전공 일치 비율   ★★★   · 월평균 소득   ★★★☆

긍정적 전망 요인	– 1인 가구 증가에 따른 틈새 수요 창출 – 신 건축기법과 건축자재 개발이 활발 – 국내 건축물의 리모델링 수요 증가 – 새로운 해외시장 개척 가능성
부정적 전망 요인	– 국내 100%를 넘는 주택보급률 1시대에 진입 – 국내 국토개발과 건설의 포화로 한계 – 저출산, 고령화사회 도래에 따른 주택 수요 감소

■ 건축·설비공학과를 졸업하면 어떤 직업이 유망할까?

	직업군	고용지표	인공지능 대체 가능성	인력수급 전망	직업명
졸업 후 진출 가능한 직업	산업안전·위험물관리원	★★★★★	😐	±△	산업·사업장·공장·보건·위험물안전관리자, 기계안전기술자, 위험물·원자력폐기물관리원, 산업위생관리기사
	환경공학기술자, 연구원	★★★★	😊	±⇧	대기·수질·소음·폐기물·토양환경기술자, 연구원
	조경기술자	★★★★	😊	±△	조경건축가, 조경설계기술자, 조경시설물설계사, 조경설계건축가, 공원설계기술자, 문화재조경설계사, 골프장조경설계기술자, 조경시공기술자
	대학교수	★★★★	😊	±⇩	건축·설비공학 교수
	제품·광고영업원	★★★★	😐	±△	건축자재영업원·인테리어영업원
	건축가, 건축공학기술자	★★★	😊	±△	건축현장소장, 건축설계·구조·시공·감리·안전·환경·품질·설비기술자, 건축공무원, 인테리어디자인·시공기술자
	경영지원관리자	★★★	😐	±▽	건설자재관리자
	도시·교통설계전문가	★★★	😐	±△	도시계획가, 국토개발전문가, 관광지설계가, 테마파크설계기술자, 테마파크디자이너, 단지설계기술자, U-City 설계기술자, U-City 기획자
	토목공학기술자	★★★	😐	±△	토목현장소장, 토목설계기술자, 토목구조기술자
	측량·지리정보전문가	★★★	😐	±△	측량기술자, 사진측량·분석가, 지도·해도제작기술자
	캐드원	★★★	😊	±△	기계·금속·전기전자장비·토목·건축캐드원, 지도제도·기술도해사
	건설·광업용 기계설치원, 정비원	★★★	😐	±▽	건설기계설치원, 정비원, 건설중장비정비원
	용접원	★★	😐	±△	산소아세틸렌용접원, 전기용접원, 아크용접원, 조선용접원, 가스용접원, 산소용접원
	국가·지방·공공행정사무원	★★★★	😐	±△	국가직·일반직공무원, 기술직·건축직공무원

	직업군	고용지표	인공지능 대체 가능성	인력수급 전망	직업명
전공의 장점을 살릴 수 있는 직업	산업안전·위험물관리원	★★★★★	😐	±△	산업·사업장·공장·보건·위험물안전관리자, 기계안전기술자, 위험물·원자력폐기물관리원, 산업위생관리기사
	건축가, 건축공학기술자	★★★	😊	±△	건축현장소장, 건축설계·구조·시공·감리·안전·환경·품질·설비기술자, 건축공무원, 인테리어디자인·시공기술자
	조경기술자	★★★★	😊	±△	조경건축가, 조경설계기술자, 조경시설물설계사, 조경설계건축가, 공원설계기술자, 문화재조경설계사, 골프장조경설계기술자, 조경시공기술자
최근 생성된 직업	건축공예기술자, 전통건축해설자, 친환경건축물관리자, 한옥건축관리자, 건축공예공				

🔍 국가과학기술표준분류로 건축·설비공학과 이해하기

구분	국가과학기술표준분류체계		
	대분류	중분류	소분류
건축·설비공학	건설/교통	건설 환경설비 기술	상/하수도시스템설계/시공/관리기술 건축/도시환경시스템정보화기술 건축환경/설비기술 친환경건축물설계/시공/관리기술 친환경토목시설물설계/시공/관리기술 건물일체형신재생에너지설비설계/시공/관리기술 시설물소음진동제어/관리기술
		국토공간개발기술	대공간 지상건축물
		시설물 설계/해석기술	설계표준화기술, 설계정보화기술, 지반구조/터널, 건축
		건설시공/재료	토목시공기술, 건축시공기술, 플랜트시공기술, 건설시공관리기술, 시공자동화기술, 건설구조재료, 건설마감재료, 친환경/재생건설재료, 생애주기가치평가, 극한시공기술, 건설안전관리기술

건축·설비공학과 준비자를 위한 꿀팁

학과 관련 고교 교과목과 준비사항

건축·설비공학과의 경우 수학적 기초가 중요해 수학 과목과 과학탐구영역(물리, 화학, 지구과학) 가운데 물리 과목과 관련성이 높다. 이 학과의 경우 각종 규제가 많은 분야로 사회탐구영역(한국사, 법과 정치, 경제, 사회문화 등) 가운데 법과 정치 과목과도 관련되어 있다.

학과 관련 면허와 자격 현황

국가기술자격	건설안전산업기사, 실내건축산업기사, 건축기계설비기술사, 건축도장기능사, 건축설비기사, 실내건축기능사, 건축시공기술사
국가전문자격	건축사
공인민간자격 및 기타	지역난방설비관리사

학과 관련 비전과 이슈

건축산업의 경우 경기 변화에 민감한 특성이 있으므로 이에 대한 동향파악이 필요하다. 최근 기업의 국내외 진출이 활발하므로 이와 관련한 뉴스에 관심을 가질 필요가 있다. 건축·설비공학의 경우 남북통일 이슈와 관련성이 높다. 남북통일이 될 경우 북한 지역에 대규모 건설사업이 예상되기 때문이다.

■ 건축·설비공학과를 졸업하면 어디로 진출할까?

일반기업

- 건축설비설계·시공업체
- 각종 건축설계사무소
- 각종 엔지니어링업체
- 각종 보일러업체
- 각종 냉동산업업체
- 전문설비건설업체
- 공조냉동기계업체
- 인테리어전문업체

정부 및 공공기관

- 중앙정부(건축직)
- 지방자치단체
- 한국토지주택공사
- 국토교통부

연구기관

- 각종 건축연구소
- 건설도시공간연구소

학교

- 중·고등학교
- 대학교

진출 산업 분류

◆ **건축학과/건축공학과**

건물건설업(27.3%), 건축기술·엔지니어링 관련 기술서비스업(15.8%), 실내건축·건축마무리공사업(6.3%), 입법·일반정부행정(3.4%), 토목건설업(3.1%), 기반조성·시설물축조 관련 전문공사업(2.1%), 음식점업(2.1%), 부동산 관련 서비스업(1.6%), 건물설비·설치공사업(2.1%)

건축학과

한눈에 보는 건축학과 현황과 전망

■ 학과 개요

건축학과는 지붕이 있는 구조물, 즉 집이나 빌딩과 같은 건축물과 관련한 공학적 안전과 경제적 타당성, 예술적·기능적 디자인과 관련한 이론과 실제적 실습을 교육하기 위한 실용학문이다. 이 학과의 경우 건축공학 분야와 분리되어 5년제로 개편되었다. 건축물의 계획, 설계에 필요한 각종 재료와 구조역학, 프로그래밍, 설계부터, 건축과 관련한 법령, 건축사 등이 건축학과와 관련한 주요 학습내용이다. 건축학은 주로 건축학과라는 명칭으로 학과가 개설되어 있으며, 이 외에 해양공간건축학과, 전통건축학과 등이 있다. 졸업자의 취업률은 다소 높은 편이며, 취업의 질도 괜찮은 편이다. 여학생보다 남학생 비율이 높다.

■ 건축학과의 미래 고용 관련 전망은 어떨까?

· 고용률　　　★★★★　　　　· 정규직 비율　★★★☆
· 전공 일치 비율 ★★★　　　　· 월평균 소득　★★☆

긍정적 전망 요인	– 1인 가구의 증가 – 웰빙, 실내 인테리어에 대한 관심 증대
부정적 전망 요인	– 국내 100%를 넘는 주택보급률 1시대에 진입 – 저출산, 고령화사회에 따른 주택 수요 감소 – 국내 국토개발과 건설의 포화로 한계

■ 건축학과를 졸업하면 어떤 직업이 유망할까?

	직업군	고용지표	인공지능 대체 가능성	인력수급 전망	직업명
졸업 후 진출 가능한 직업	건축가, 건축공학기술자	★★★	☺	±△	건축설계·구조·시공·감리·안전·환경·품질·설비기술자, 인테리어디자인·시공기술자
	산업안전·위험물 관리원	★★★★★	😐	±△	산업·사업장·공장·보건·위험물안전관리자, 기계안전기술자, 위험물·원자력폐기물관리원, 산업위생관리기사
	조경기술자	★★★★	☺	±△	조경건축가, 조경설계기술자, 조경시설물설계사, 조경설계건축가, 공원설계기술자, 문화재조경설계사, 골프장조경설계기술자, 조경시공기술자
	제품·광고영업원	★★★★	😐	±△	건축자재영업원, 인테리어영업원
	대학교수	★★★★	☺	±⇩	건축학 교수
	도시·교통설계 전문가	★★★	😐	±△	도시계획가, 국토개발전문가, 관광지설계가, 테마파크설계기술자, 테마파크디자이너, 단지설계기술자, U-City 설계기술자, U-City 기획자
	토목공학기술자	★★★	😐	±△	토목현장소장, 토목설계기술자, 토목구조기술자
	측량·지리정보 전문가	★★★	😐	±△	사진측량·분석가, 지도·해도제작기술자
	경영지원관리자	★★★	😐	±▽	건설자재관리자
	캐드원	★★★	☺	±△	건축·토목캐드원, 지도제도·기술도해사
	건축석공	★★★	☹	±▽	건축석공, 석축공, 포설공, 한식석공, 브레이커원, 건축석공기능원
	용접원	★★	😐	±△	산소아세틸렌용접원, 전기용접원, 아크용접원, 조선용접원, 가스용접원, 산소용접원
	건축목공	★★	☺	±⇩	거푸집설치공, 형틀·목구조·내장·인테리어·창호목공, 전통건축원
	건설·광업용 기계설치원, 정비원	★★★	😐	±▽	건설기계설치원, 정비원, 건설중장비정비원
	국가·지방·공공행정사무원	★★★★	😐	±△	건축직공무원
	기획·마케팅 사무원	★★★★★	☺	±△	경영기획·마케팅·광고·홍보·영업·판매사무원
	환경공학기술자, 연구원	★★★★	☺	±⇧	대기·수질·소음·폐기물·토양환경기술자, 연구원

	직업군	고용지표	인공지능 대체 가능성	인력수급 전망	직업명
졸업 후 진출 가능한 직업	총무사무원	★★★★	☹	±△	총무·병원행정·학교행정·일반사무원, 대학행정조교
전공의 장점을 살릴 수 있는 직업	건축가, 건축공학기술자	★★★	☺	±△	건축설계·구조·시공·감리·안전· 환경·품질·설비기술자, 인테리어디자인·시공기술자
	토목공학기술자	★★★	😐	±△	토목현장소장, 토목설계기술자, 토목구조기술자
	측량·지리정보 전문가	★★★	😐	±△	사진측량·분석가, 지도·해도제작기술자
	건축석공	★★★	☹	±▽	건축석공, 석축공, 포설공, 한식석공, 브레이커원, 건축석공기능원
	조경기술자	★★★★	☺	±△	조경건축가, 조경설계기술자, 조경시설물설계사, 조경설계건축가, 공원설계기술자, 문화재조경설계사, 골프장조경설계기술자, 조경시공기술자
최근 생성된 직업					− 건축물에너지평가원, 친환경소재평가원, 친환경건축연구원, 저탄소녹색건축연구원 − 전통건축해설자, 건축공예원, 친환경건축물관리자, 한옥건축물관리자, 아동건축디자인전문가

🔍 국가과학기술표준분류로 건축학과 이해하기

구분	국가과학기술표준분류체계		
	대분류	중분류	소분류
건축학	건설/교통	국토공간개발기술	대공간 지상건축물
		시설물 설계/ 해석기술	건축
		건설시공/재료	토목시공기술, 건축시공기술, 플랜트시공기술, 건설시공관리기술, 시공자동화기술, 건설구조재료, 건설마감재료, 친환경/재생건설재료, 생애주기가치평가, 극한시공기술, 건설안전관리기술
		시설물 안전/ 유지관리기술	시설물점검/진단기술, 구조물보수/보강기술, 시설물해체/복구기술, 시설물소방안전관리기술, 자연재해저감기술
		건설 환경설비 기술	상/하수도시스템설계/시공/관리기술, 건축/도시환경시스템정보화기술, 건축환경/ 설비기술, 친환경건축물설계/시공/관리기술, 친환경토목시설물설계/시공/관리기술, 건물일체형신재생에너지설비설계/시공/관리기술, 시설물소음진동제어/관리기술

🔍 건축학과 준비자를 위한 꿀팁

📋 학과 관련 고교 교과목과 준비사항

설계는 수학 외에 미적 감각이 중요해 미술과 관련성이 있다. 공학적 접근의 경우 수학적 기초를 바탕으로 과학탐구영역 가운데 물리와 관련성이 높다. 건축의 경우 각종 규제가 많으므로 사회탐구영역 가운데 법과 정치 과목과도 관련되어 있다.

📑 학과 관련 면허와 자격 현황

국가기술자격	건축기사, 건설안전산업기사, 토목산업기사, 실내건축산업기사, 건축목공산업기사, 미장기능사
국가전문자격	건축사
공인민간자격 및 기타	가구설계제도사

🌿 학과 관련 비전과 이슈

최근 건축기술에 있어서 안전불감증을 개선하기 위해 안전(내진설계) 기준이 강화되고 있으며, 정보통신 기술과 결합이 강화되고 있다. 건축물의 에너지 소비분석과 자동제어, 빔(BIM; Building Information Modeling, 빌딩정보모델링) 등이 그 예다. 빌딩정보모델링이란 평면적 2D설계에서 가상의 3D설계로 전환하는 것을 의미한다. 건축산업의 경우 경기변화에 민감한 특성이 있으므로 이에 대한 동향파악이 필요하다. 최근 우리 기업의 국내외 진출이 활발하므로 이와 관련한 뉴스에 관심을 가질 필요가 있다. 또한 남북통일이 될 경우 대규모 건설이 시행될 수 있으므로 남북통일 이슈에 대한 관심이 필요하다.

■ 건축학과를 졸업하면 어디로 진출할까?

일반기업
- 각종 건설전문업체
- 각종 건축설계사무소
- 각 전문설비건설업체
- 건축설비설계·시공업체
- 엔지니어링업체
- 각종 보일러업체
- 공조냉동기계업체
- 인테리어전문업체

정부 및 공공기관
- 중앙정부(건축직)
- 지방자치단체
- 한국토지주택공사

연구기관
- 건축도시공간연구소
- 녹색건축연구소
- 한국조경기술연구소

학교
- 중·고등학교
- 대학교

진출 산업 분류

◆ **건축학과/건축공학과**

건물건설업(27.3%), 건축기술·엔지니어링 관련 기술서비스업(15.8%), 실내건축·건축마무리공사업(6.3%), 입법·일반정부행정(3.4%), 토목건설업(3.1%), 기반조성·시설물축조 관련 전문공사업(2.1%), 음식점업(2.1%), 부동산 관련 서비스업(1.6%), 건물설비·설치공사업(2.1%)

조경학과

한눈에 보는 조경학과 현황과 전망

■ 학과 개요

조경학과는 사람들의 주된 생활공간(개인정원, 공동주택의 정원 등)과 보조적 생활공간(도시공원, 자연공원, 관광지 등)을 건강하고 아름답게 계획·설계·시공·관리하기 위한 실용학문이다. 주요 교육내용은 미학, 생태학, 건축학, 토목학, 측량학, 환경학 등과 관련 있으며, 주요 과목으로 조경설계, 조경시공 등이 있다. 조경학은 주로 조경학과라는 명칭으로 학과가 개설되어 있으며, 이 외 일부 녹지조경학과, 생태조경디자인학과, 조경도시개발학과 등의 다양한 명칭이 존재한다. 졸업자의 취업률은 조금 높은 편이며, 취업의 질은 보통 수준이다. 학생 수는 여학생보다 남학생의 비율이 조금 높다. 최근 입학자 수의 증가세를 보이고 있다.

■ 조경학과의 미래 고용 관련 전망은 어떨까?

- 고용률 ★★★★
- 전공 일치 비율 ★★☆
- 정규직 비율 ★★★
- 월평균 소득 ★★

긍정적 전망 요인	– 친환경과 웰빙에 대한 사회적 욕구 증대 – 옥상 조경, 생태복원과 같은 틈새시장 확대
부정적 전망 요인	– 저출산에 따른 장기적 주택 수요 감소 – 조경학의 학문적 정체와 노동공급 초과 우려

■ 조경학과를 졸업하면 어떤 직업이 유망할까?

	직업군	고용지표	인공지능 대체 가능성	인력수급 전망	직업명
졸업 후 진출 가능한 직업	보건위생·환경 검사원	★★★★★	😐	±⇧	환경모니터요원, 환경생태조사원, 환경조사원, 보건위생검사원, 환경모니터링원, 토양시료채취원
	조경기술자	★★★★	🙂	±△	조경건축가, 조경설계기술자, 조경시설물설계사, 조경설계건축가, 공원설계기술자, 문화재조경설계사, 골프장조경설계기술자, 조경시공기술자, 분수설계디자이너
	환경공학기술자, 연구원	★★★★	🙂	±⇧	대기환경·수질환경· 소음진동환경·폐기물환경· 토양환경기술자, 연구원, 환경영향평가원
	대학교수	★★★★	🙂	±⇩	조경학 교수
	도시·교통설계 전문가	★★★	😐	±△	도시계획가, 관광지설계가, 테마파크설계기술자, 테마파크디자이너, 단지설계기술자, U-City 설계기술자, U-City 기획자
	국가·지방· 공공행정사무원	★★★★	😐	±△	국가직·일반직공무원, 국가·지방행정사무원
전공의 장점을 살릴 수 있는 직업	조경기술자	★★★★	🙂	±△	조경건축가, 조경설계기술자, 조경시설물설계사, 조경설계건축가, 공원설계기술자, 문화재조경설계사, 골프장조경설계기술자, 조경시공기술자, 분수설계디자이너
	환경공학기술자, 연구원	★★★★	🙂	±⇧	대기환경·수질환경· 소음진동환경·폐기물환경· 토양환경기술자, 연구원, 환경영향평가원
	도시·교통설계 전문가	★★★	😐	±△	국가직·일반직공무원, 국가·지방행정사무원
최근 생성된 직업	– 환경설계컨설턴트, 나무의사, 실내내부공간디자이너, 생태복원사, 환경복원전문가 – 생태어메니티전문가, 조경수조성관리자, 조경관리사, 개인주택정원디자이너, 친환경조경설계디자이너, 친환경조경설계사				

국가과학기술표준분류로 조경학과 이해하기

구분	국가과학기술표준분류체계		
	대분류	중분류	소분류
조경학	농림수산식품	조경학	조경계획, 조경설계, 조경식물/생태/복원, 조경시공/재료, 조경관리학, 조경정보학

조경학과 준비자를 위한 꿀팁

학과 관련 고교 교과목과 준비사항

조경학과의 경우 과학탐구영역(물리, 화학, 생물, 지구과학) 가운데 특히 생물과 관련성이 높으나 물리, 화학, 지구과학과도 관련성이 있다. 또한 조경학은 예술적인 감각이 요구되어 미술 과목과 관련이 있으며, 역사 분야와도 관련성이 높기 때문에 세계사와 한국사 등도 중요하다.

학과 관련 면허와 자격 현황

국가기술자격	조경기능사·기술사·산업기사·기사, 도시계획기술사·기사
국가전문자격	산림교육전문가, 목구조관리기술자, 목구조시공기술자
공인민간자격 및 기타	조경수조성관리사, 수목보호기술자격기술자, 분재관리사

학과 관련 비전과 이슈

기후변화, 환경오염, 생태파괴가 심화됨에 따라 지속가능한 조경설계에 대한 관심이 증가되고 있다. 도시화에 따른 열섬과 도시인의 스트레스 증가에 따라 옥상 조경 시설물에 대한 설치와 관심이 증대되고 있다. 이 학과의 경우 건설업과 관련성이 높으며, 남북통일 시 수혜가 가능한 학과다.

■ 조경학과를 졸업하면 어디로 진출할까?

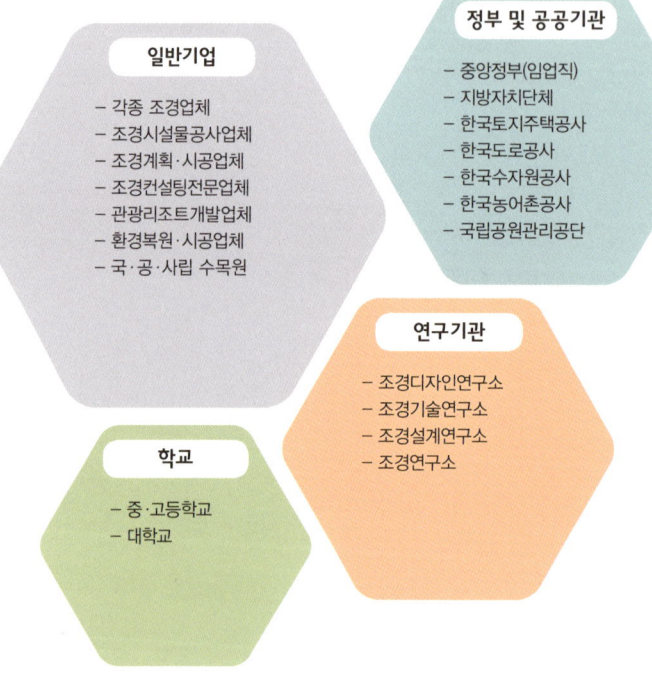

일반기업
- 각종 조경업체
- 조경시설물공사업체
- 조경계획·시공업체
- 조경컨설팅전문업체
- 관광리조트개발업체
- 환경복원·시공업체
- 국·공·사립 수목원

정부 및 공공기관
- 중앙정부(임업직)
- 지방자치단체
- 한국토지주택공사
- 한국도로공사
- 한국수자원공사
- 한국농어촌공사
- 국립공원관리공단

연구기관
- 조경디자인연구소
- 조경기술연구소
- 조경설계연구소
- 조경연구소

학교
- 중·고등학교
- 대학교

진출 산업 분류

토목건설업(15.8%), 건축기술·엔지니어링 관련 기술서비스업(12.6%), 조경관리·유지서비스업(7.4%), 기반조성·시설물축조 관련 전문공사업(4.2%), 입법·일반정부행정(3.2%), 보험업(3.2%), 기타 교육기관(3.2%), 사회·산업정책행정(3.2%), 건물건설업(2.1%)

토목공학과

한눈에 보는 토목공학과 현황과 전망

■ 학과 개요

토목공학과는 댐, 공항, 항만, 터널, 상하수도시설 등과 같이 지붕이 없는 구조물의 설계, 시공, 유지보수를 위한 실용학문이다. 토목공학과는 건설공학과, 사회기반시스템공학과, 지역환경토목학과, 사회인프라공학과, 건설환경공학과 등 다양한 명칭으로 학과가 개설되어 있다. 졸업자의 취업률은 조금 높은 편이며, 취업의 질은 보통 수준이다. 학생 수는 여학생보다 남학생의 비율이 월등히 높다.

■ 토목공학과의 미래 고용 관련 전망은 어떨까?

- 고용률　　　　★★★★
- 전공 일치 비율 ★★★
- 정규직 비율　★★★☆
- 월평균 소득　★★★☆

긍정적 전망 요인	– 통일에 따라 북한 사회 기반시설 확대 – 토목기술의 발전에 따른 해외시장 개척으로 토목 인력 수요 증가 – 국내외 노후화된 토목시설의 유지와 보수
부정적 전망 요인	– 국내 100%를 넘는 주택보급률 1시대에 진입 – 국내 토목 관련 국가 기반시설(도로, 터널, 교량, 대규모 택지 개발, 댐, 공항, 항만 등)의 신규 물량 감소 – 고령화사회 도래에 따른 대규모 택지 개발 감소

■ 토목공학과를 졸업하면 어떤 직업이 유망할까?

	직업군	고용지표	인공지능 대체 가능성	인력수급 전망	직업명
졸업 후 진출 가능한 직업	토목공학기술자	★★★	😐	±△	토목현장소장, 토목설계기술자, 토목구조기술자, 토목시공기술자, 토목감리기술자, 토목안전·환경·품질기술자, 토목공무원, 토목견적원
	측량·지리정보 전문가	★★★	😐	±△	측량기술자, 사진측량·분석가, 지도·해도제작기술자
	토목캐드원	★★★	😊	±△	토목제도사, 토목제도기능사, 토목캐드원
	산업안전· 위험물관리원	★★★★★	😐	±△	산업·사업장·공장·보건· 위험물안전관리자, 기계안전기술자, 위험물·원자력폐기물관리원, 산업위생관리기사
	환경공학기술자, 연구원	★★★★	😊	±⇧	대기·수질·소음·폐기물· 토양환경기술자, 연구원
	조경기술자	★★★★	😊	±△	조경건축가, 조경설계기술자, 조경시설물설계사, 조경설계건축가, 공원설계기술자, 문화재조경설계사, 골프장조경설계기술자, 조경시공기술자
	제품·광고영업원	★★★★	😐	±△	건축자재영업원, 인테리어영업원
	시민단체활동가	★★★★	😐	±⇧	환경운동가, 사회단체활동가
	대학교수	★★★★	😊	±⇩	토목공학 교수
	건축가, 건축공학기술자	★★★	😊	±△	건축현장소장, 건축설계·구조·시공· 감리·안전·환경·품질·설비기술자, 건축공무원, 인테리어디자인· 시공기술자
	경영지원관리자	★★★	😐	±▽	건설자재관리자
	도시·교통설계 전문가	★★★	😐	±△	도시계획가, 국토개발전문가, 관광지설계가, 테마파크설계기술자, 테마파크디자이너, 단지설계기술자, U-City 설계기술자, U-City 기획자
	사회과학연구원	★★★	😊	±△	지리연구원
	캐드원	★★★	😊	±△	기계·금속·전기전자장비·토목· 건축캐드원, 지도제도·기술도해사
	건설·광업용 기계설치원, 정비원	★★★	😐	±▽	건설기계설치원, 정비원, 건설중장비정비원
	건축석공	★★★	😞	±▽	건축석공, 석축공, 포설공, 한식석공, 브레이커원, 건축석공기능원

	직업군	고용지표	인공지능 대체 가능성	인력수급 전망	직업명
졸업 후 진출 가능한 직업	건축목공	★★	☺	±⇩	거푸집설치공, 형틀·목구조·내장·인테리어·창호 목공, 전통건축원
	국가·지방· 공공행정사무원	★★★★	☺	±△	국가직·일반직공무원, 기술직·건축직공무원
전공의 장점을 살릴 수 있는 직업	토목공학기술자	★★★	☺	±△	토목현장소장, 토목설계기술자, 토목구조기술자, 토목시공기술자, 토목감리기술자, 토목안전·환경·품질기술자, 토목공무원, 토목견적원
	건축가, 건축공학기술자	★★★	☺	±△	건축현장소장, 건축설계·구조·시공· 감리·안전·환경·품질·설비기술자, 건축공무원, 인테리어디자인· 시공기술자
최근 생성된 직업	건설안전현장지도자, 해외건설관리자, 친환경건설환경관리자, 도시정비기술자, 토목안전환경기술자, 친환경토목환경기술자				

국가과학기술표준분류로 토목공학과 이해하기

구분	국가과학기술표준분류체계		
	대분류	중분류	소분류
토목공학	농림수산식품	농업토목학	농업시설, 농지공학, 농업수리/관개배수, 농촌환경공학, 농촌계획공학
토목공학 관련 융합기술 및 융합학문	건설/교통	건설시공/재료	토목시공기술
		건설 환경설비 기술	친환경 토목시설물 설계/시공/관리기술
		철도 교통기술	궤도토목기술

🔍 토목공학과 준비자를 위한 꿀팁

📋 학과 관련 고교 교과목과 준비사항

토목공학과의 경우 수학적 기초가 중요한 학과다. 과학탐구영역 가운데 물리와 관련성이 매우 높다. 이 외에도 화학, 생물, 지구과학 등과의 관련성도 높다. 해외시장이 확대되고 있으므로 영어회화 능력이 중요해지고 있다.

📑 학과 관련 면허와 자격 현황

국가기술자격	지적산업기사, 건설안전산업기사, 측량 및 지형공간정보산업기사, 토목기사·산업기사·구조기술사, 건설재료기능사, 상하수도기술사, 수자원개발기술사, 미장기능사, 콘크리트산업기사
국가전문자격	건축사
공인민간자격 및 기타	〈비공인〉 건설환경관리사, 건설안전현장지도사, 해외건설관리사, 건설사업관리사

🏫 학과 관련 비전과 이슈

토목은 사회적 기반시설과 관련된 지붕이 없는 건축물을 만드는 작업이므로 공공성과 관련된 일이 많다. 국내의 대규모 토목사업은 감소하고, 대규모 해외시장 개척이 중요한 이슈가 되고 있다. 최근 토목 구조물에 있어서 정보와 결합된 빔(BIM; Building Information Modeling, 빌딩정보모델링) 설계의 중요성이 확대되고 있다. 토목은 공공 기반시설과 관련성이 높으므로 남북통일 이슈와 관련성이 절대적으로 높다. 남북통일이 될 경우 북한 지역에 대규모 건설사업이 시행될 수 있기 때문이다. 이 외 토목공학과의 경우 국가 기반시설에 대한 정부정책과 건설경기와 관련성이 높으므로, 관련 동향과 뉴스를 잘 파악할 필요가 있다.

■ 토목공학과를 졸업하면 어디로 진출할까?

일반기업

- 토목건설업체
- 각종 엔지니어링업체
- 건설안전진단업체
- 토질조사·시험업체
- 각종 도시개발공사
- 토목설계프로그램개발업체

정부 및 공공기관

- 중앙정부(토목직)
- 지방자치단체
- 한국토지주택공사
- 한국전력공사
- 한국농어촌공사
- 한국수자원공사
- 한국도로공사

연구기관

- 국토연구원
- 건설재료공학연구소
- 한국건설기술연구원
- 토목연구소

학교

- 중·고등학교
- 대학교

진출 산업 분류

토목건설업(24.7%), 건축기술·엔지니어링 관련 기술서비스업(12.3%), 건물건설업(8.6%), 입법·일반정부행정(6.3%), 기반조성·시설물축조 관련 전문공사업(5.0%), 육상여객운송업(1.8%), 음식점업(1.7%), 기타 과학기술서비스업(1.7%), 부동산 관련 서비스업(1.6%)

도시공학과

한눈에 보는 도시공학과 현황과 전망

■ 학과 개요

도시공학은 인간의 대규모 주거공간이 도시와 관련한 각종 문제(주택, 교통, 환경 등)를 공학적 또는 인문사회학적 접근법으로 관리하기 위한 실용학문이다. 주로 도시학과라는 명칭이 사용되지만 도시계획과, 도시교통학과, 도시정보공학과, 도시환경공학과 등의 유사학과가 있다. 졸업자의 취업률은 조금 높은 편이며, 취업의 질은 보통 수준이다. 학생 수는 여학생보다 남학생의 비율이 월등히 높다. 최근 입학자와 졸업자 규모도 증가하고 있다.

■ 도시공학과의 미래 고용 관련 전망은 어떨까?

· 고용률　　　★★★☆　　　· 정규직 비율　★★★
· 전공 일치 비율 ★★　　　　· 월평균 소득　★★★

긍정적 전망 요인	– 국내외 도시 시설의 유지·보수, 도시재생과 관련된 이슈의 부각 – 건축(건축설계, 단지설계, 도시설계)을 중심으로 한 융합학과로 다른 전공과의 융합 가능 – 도시재개발과 같은 틈새시장 확대 가능성
부정적 전망 요인	– 고령화사회에 따른 대규모 택지 개발 감소 – 대규모 신도시 건설사업의 축소와 종료 – 특정 산업의 경기요인과 투자계획에 민감

■ 도시공학과를 졸업하면 어떤 직업이 유망할까?

	직업군	고용지표	인공지능 대체 가능성	인력수급 전망	직업명
졸업 후 진출 가능한 직업	도시·교통설계 전문가	★★★	😐	±△	• 도시계획·설계기술자 도시계획가, 국토개발전문가, 관광지설계가, 테마파크설계기술자, 테마파크디자이너, 단지설계기술자, U-City 설계기술자, U-City 기획자 • 교통계획·설계기술자 교통안전조사전문가, 교통운영연구원, 교통기술사, 교통기사, 교통영향평가원, 교통안전시설물설계가, 교통신호설계가, 교통량분석전문가, ITS연구원
	측량·지리정보 전문가	★★★	😐	±△	측량기술자, 사진측량·분석가, 지도·해도제작기술자
	경찰관	★★★★★	😊	±△	해양경찰관, 교통경찰관
	조경기술자	★★★★	😊	±△	조경건축가, 조경설계기술자, 조경시설물설계사, 조경설계건축가, 공원설계기술자, 문화재조경설계사, 골프장조경설계기술자, 조경시공기술자
	환경공학기술자, 연구원	★★★★	😊	±⇧	대기·수질·소음·폐기물· 토양환경기술자, 연구원
	대학교수	★★★★	😊	±⇩	도시공학 교수
	사회과학연구원	★★★	😊	±△	지리연구원
	국가·지방·공공 행정사무원	★★★★	😐	±△	국가직·일반직공무원, 기술직·건축직공무원
전공의 장점을 살릴 수 있는 직업	도시·교통설계 전문가	★★★	😐	±△	• 도시계획·설계기술자 도시계획가, 국토개발전문가, 관광지설계가, 테마파크설계기술자, 테마파크디자이너, 단지설계기술자, U-City 설계기술자, U-City 기획자 • 교통계획·설계기술자 교통안전조사전문가, 교통운영연구원, 교통기술사, 교통기사, 교통영향평가원, 교통안전시설물설계가, 교통신호설계가, 교통량분석전문가, ITS연구원
	측량·지리정보 전문가	★★★	😐	±△	측량기술자, 사진측량·분석가, 지도·해도제작기술자
최근 생성된 직업	친환경도시농업전문가, 도시텃밭예술전문가, 도시농업코디네이터, 유비쿼터스도시계획자, 도시농업연구원, 지리정보시스템전문가, 위성측위시스템전문가, 지능형교통시스템전문가, 지능형첨단교통망연구원, 교통정보접수원, 교통체계연구원, 교통안전교육강사				

국가과학기술표준분류로 도시공학과 이해하기

구분	국가과학기술표준분류체계		
	대분류	중분류	소분류
도시 공학	건설/교통	국토 정책/계획	도시계획
		국토공간개발기술	지능형 생태도시
		건설환경설비기술	건축/도시환경 시스템 정보화기술
	자치행정	도시관리	
	지리/지역/관광	도시/지역개발	국토/지역개발/계획, 도시개발/계획(테크노폴리스) 농촌/낙후지역개발, 지역경제, 교통/물류, 토지이용 공원녹지/경관관리, 환경계획/평가, 지역에너지 지역사회

도시공학과 준비자를 위한 꿀팁

학과 관련 고교 교과목과 준비사항

도시공학과의 경우 융복합 학문으로서 수학 과목 외에 과학탐구영역(물리, 화학, 생물, 지구과학), 사회탐구영역(생활과 윤리, 한국사, 법과 정치, 경제, 사회문화) 등 다양한 영역의 교과목과 관련된 학문이다. 다른 공학과 비교해 도시공학과는 상대적으로 수학과 과학 과목에 대한 부담이 적다.

학과 관련 면허와 자격 현황

국가기술자격	지적산업기사, 건설안전산업기사, 교통기술사·기사·산업기사, 도시계획기술사·기사
국가전문자격	감정평가사, 공인중개사, 산업안전지도사(건설안전), 교통안전관리자
공인민간자격 및 기타	〈공인〉 도로교통사고감정사 〈비공인〉 도시농업전문가, 도시농업지도사, 도시농업가드너

🍀 학과 관련 비전과 이슈

도시공학과 IT의 결합이 강화되고 있으며, U-시티(Ubiquitous City)와 교통카드 등이 그 예다. 차세대 교통수단과 친환경도시에 대한 관심이 증대되고 있으므로 이들 주제에 대한 뉴스나 동향에 관심을 가질 필요가 있다. 참고로 도시공학의 경우 지방자치단체 공무원과 관련된 일자리가 많다. 도시공학은 도시정책과 관련성이 높으므로, 정치인의 관심이 많으며 시행과정에 있어서 각종 갈등이 많이 발생하는 직무 특성이 있다. 따라서 학과 선택 시 참고사항이 될 수 있다.

■ 도시공학과를 졸업하면 어디로 진출할까?

일반기업
- 엔지니어링업체
- 교통시스템개발업체
- 각종 건설업체
- 도시계획·설계·개발업체

정부 및 공공기관
- 중앙정부
- 지방자치단체
- 국토해양부
- 한국도로공사
- 한국토지주택공사
- 한국수자원공사
- 지역도시개발공사
- SH공사
- LH공사

연구기관
- 국토연구원
- 한국교통연구원
- 서울시정개발연구원
- 교통개발연구원
- 건설기술연구원
- 한국과학기술연구원
- 환경기술개발원
- 한국감정평가원

학교
- 초등학교
- 중·고등학교
- 대학교

진출 산업 분류

건축기술·엔지니어링 관련 기술서비스업(25.0%), 입법·일반정부행정(12.5%), 건물건설업(5.7%), 자연과학·공학연구개발업(5.7%), 부동산 관련 서비스업(3.4%), 컴퓨터프로그래밍·시스템통합관리업(3.4%), 토목건설업(2.3%), 보험업(2.3%), 종합소매업(2.3%), 고등교육기관(2.3%)

항공학과

한눈에 보는 항공학과 현황과 전망

■ 학과 개요

항공·우주공학은 비행체(여객기, 전투기, 헬리콥터, 미사일, 드론 등)와 인공위성, 발사체 등을 설계, 제작, 관리운영하기 위한 실용학문이다. 항공학은 무인항공기학과, 항공우주공학과, 항공기계공학과, 항공·기계설계학과, 항공시스템공학과, 항공부품공학과 등의 명칭으로 학과가 개설되어 있다. 졸업자의 취업률은 조금 높은 편이며, 취업의 질도 높은 편이다. 여학생보다 남학생 비율이 월등히 높다.

■ 항공학과의 미래 고용 관련 전망은 어떨까?

· 고용률　　　★★★★　　　· 정규직 비율　★★★★
· 전공 일치 비율 ★★☆　　　· 월평균 소득　★★★★★

긍정적 전망 요인	– 세계화에 따른 국가 간 이동이 확대 – 드론의 산업적 활용성 증대 – 항공기, 인공위성 관련 시스템 증가 추세 – 중국의 항공산업 확대에 따른 반사적 이익 기대
부정적 전망 요인	– 무인조정항공기의 등장 – 세계 경제 침체와 테러 등에 따른 항공 수요 감소 – 특정 산업의 경기요인과 투자계획에 민감

■ 항공학과를 졸업하면 어떤 직업이 유망할까?

	직업군	고용지표	인공지능 대체 가능성	인력수급 전망	직업명
졸업 후 진출 가능한 직업	항공기조종사	★★★★★	☺	±△	항공기기장, 항공기조종사, 수상비행기조종사, 항공기시험비행사, 헬리콥터조종사, 경비행기조종사, 특수항공기조종사, 소방헬기, 조종사, 항공기부조종사
	항공기정비원	★★★★	☺	±△	항공기엔진정비원, 항공기기체정비원, 항공기 전자·전기정비원, 항공기설비정비원, 헬리콥터엔진정비원, 헬리콥터기체정비원
	관제사	★★★★	☹	±△	항공기관제사, 항공교통관제사, 항공교통안전기술자, 항공공항관리사, 선박관제사, 선박교통관제사, 해양교통관제사, 지하철관제사, 철도관제사
	기계공학기술자, 연구원	★★★★	☺	±△	항공공학기술자, 자동차공학기술자
	여행사무원	★★★	😐	±⇧	여행사무원, 항공기발권사무원
	판금원	★★	☹	±△	항공판금원
	기술영업원	★★★★★	☹	±△	전자·통신장비, 전산 관련, 의료장비, 산업용기계장비, 농업용기계장비, 자동차부품 관련, 화학제품 관련 기술영업원
	기획·마케팅 사무원	★★★★★	☺	±△	경영기획·마케팅·광고·홍보·영업·판매사무원
	생산·품질관리 사무원	★★★★★	☹	±△	생산·품질관리기술자, 생산·품질관리사무원
	제품·광고영업원	★★★★	😐	±△	일반·제약·인테리어·인쇄·광고·식품·체인점관리영업원
	대학교수	★★★★	☺	±⇩	항공학 교수
	경영지원관리자	★★★	😐	±▽	건설자재관리자
	측량·지리정보 전문가	★★★	😐	±△	측량기술자, 사진측량·분석가, 지도·해도제작기술자
	중·고등학교 교사	★★	☺	±▽	중학교 교사, 고등학교 교사
	선장, 항해사, 도선사	★★	☹	±△	어선선장, 여객선선장, 예인선선장, 유조선선장, 준설선선장, 컨테이너선장, 도선사, 항해사, 유람선선장, 외항선선장, 냉동운반선선장, 내륙수로선박선장, 선박기관장, 선박기관사, 수로안내인
	국가·지방·공공행정사무원	★★★★	😐	±△	국가직·일반직공무원, 국가·지방행정사무원

	직업군	고용지표	인공지능 대체 가능성	인력수급 전망	직업명
전공의 장점을 살릴 수 있는 직업	항공기조종사	★★★★★	☺	±△	항공기기장, 항공기조종사, 수상비행기조종사, 항공기시험비행사, 헬리콥터조종사, 경비행기조종사, 특수항공기조종사, 소방헬기, 조종사, 항공기부조종사
	항공기정비원	★★★★	☺	±△	항공기엔진정비원, 항공기기체정비원, 항공기 전자·전기정비원, 항공기설비정비원, 헬리콥터엔진정비원, 헬리콥터기체정비원
	관제사	★★★★	☹	±△	항공기관제사, 항공교통관제사, 항공교통안전기술자, 항공공항관리사, 선박관제사, 선박교통관제사, 해양교통관제사, 지하철관제사, 철도관제사
	여행사무원	★★★	😐	±⇧	여행사무원, 항공기발권사무원
최근 생성된 직업	항공안전관리자, 항공기내서비스전문가, 항공서비스지도자, 발사체기술연구원, 우주전파예보관, 인공위성분석원				

🔍 국가과학기술표준분류로 항공학과 이해하기

구분	국가과학기술표준분류체계		
	대분류	중분류	소분류
항공학	지구과학 (지구/대기/해양/ 천문)	기상과학	항공기상
	기계	항공시스템	고정익/회전익항공기기체, 고정익/ 회전익항공기동력장치, 고정익/ 회전익항공기기계시스템, 고정익/ 회전익항공기전기전자시스템, 항공지상설비시스템, 항공시스템 관련 S/W
		국방플랫폼	군용 항공기체
	건설/교통	항공교통기술	항공안전기술, 항공기운영기술, 공항시스템기술, 항행시스템기술
	법	분야별 전문법	항공/우주법

🔍 항공학과 준비자를 위한 꿀팁

📑 학과 관련 고교 교과목과 준비사항

항공학과의 경우 수학 과목의 중요성이 높다. 이 외에 과학탐구영역(물리, 화학, 생물, 지구과학) 가운데 물리 과목과 지구과학 과목과 관련성이 높다. 이 외 항공학은 컴퓨터를 많이 활용하는 학문적 특성이 있다.

📋 학과 관련 면허와 자격 현황

국가기술자격	용접산업기사, 기계설계산업기사, 기계조립산업기사, 항공기사, 교통기사, 항공사진기능사, 항로표지기사·기능사·산업기사
국가전문자격	항공정비사, 항공교통관제사, 항공운항관리사, 물류관리사, 유통관리사, 항공기관사, 항공사
공인민간자격 및 기타	〈비공인〉 항공체크인카운터DCS실무, 우주항공과학지도사, 항공과학지도사, 항공과학방과후지도사

🌳 학과 관련 비전과 이슈

최근 국내 공항산업(김해공항 확장, 대구공항 이전)의 주제와 직간접적으로 관련성이 있으므로 이에 대한 관심이 필요하다. 항공의 경우 ICAO(국제민간항공기구)의 규정을 지켜서 운항하므로, 이 기구의 활동과 규정에 대해서도 관심이 필요하다. 이 규정은 항공운항의 운영 측면뿐만 아니라 기술 측면에서도 준수해야 한다.

■ 항공학과를 졸업하면 어디로 진출할까?

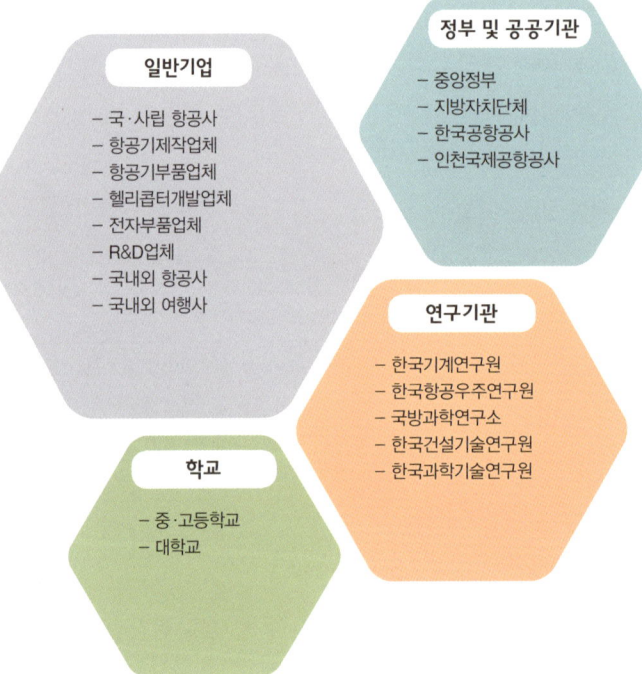

정부 및 공공기관
- 중앙정부
- 지방자치단체
- 한국공항공사
- 인천국제공항공사

일반기업
- 국·사립 항공사
- 항공기제작업체
- 항공기부품업체
- 헬리콥터개발업체
- 전자부품업체
- R&D업체
- 국내외 항공사
- 국내외 여행사

연구기관
- 한국기계연구원
- 한국항공우주연구원
- 국방과학연구소
- 한국건설기술연구원
- 한국과학기술연구원

학교
- 중·고등학교
- 대학교

진출 산업 분류

◆ **항공우주공학과**

정기항공운송업(17.6%), 자연과학·공학연구개발업(5.9%), 기계장비 관련 물품도매업(5.9%), 건물건설업(3.9%), 컴퓨터프로그래밍·시스템통합관리업(3.9%), 전기·통신공사업(3.9%), 소프트웨어개발·공급업(3.9%), 기타 사업지원서비스업(3.9%), 사회·산업정책행정(3.9%)

해양공학과

한눈에 보는 해양공학과 현황과 전망

■ 학과 개요

해양공학은 해양에 있는 각종 자원(생물자원, 광물자원 등)을 개발하고, 활용하기 위한 응용학문이다. 해양공학은 조선해양공학과, 조선공학과, 조선해양시스템공학과, 해양시스템공학과, 해양학과 등의 명칭으로 학과가 개설되어 있으며, 유사학과로 선박운항과, 해양토목공학과, 해양플랜트운영학과 등이 있다. 졸업자의 취업률이 높은 편이며, 취업의 질도 높은 수준이다. 학생 수는 여학생보다 남학생 비율이 월등히 높다.

■ 해양공학과의 미래 고용 관련 전망은 어떨까?

· 고용률　　　★★★★　　　· 정규직 비율　★★★☆
· 전공 일치 비율 ★★☆　　　· 월평균 소득　★★★★★

긍정적 전망 요인	– 해양자원 개발과 탐사의 중요성 증대, 투자 확대 – 해양 관련 산업(해양바이오디젤, 해양관광 등) 확대
부정적 전망 요인	– 특정 산업의 경기요인과 투자계획에 민감 – 지구온난화로 인한 해양생태계 파괴 가능성 – 세계 경제 성장 엔진 미흡으로 인한 조선업 구조조정 가능성

■ 해양공학과를 졸업하면 어떤 직업이 유망할까?

	직업군	고용지표	인공지능 대체 가능성	인력수급 전망	직업명
졸업 후 진출 가능한 직업	자연과학연구원	★★★★★	☺	±⇧	해양연구원
	경찰관	★★★★★	☺	±⇧	해양경찰관
	기계공학기술자, 연구원	★★★★	☺	±△	해양공학기술자, 조선공학기술자, 선박설계기술자
	관제사	★★★★	☹	±△	해양교통관제사
	대학교수	★★★★	☺	±⇩	해양공학 교수
	선박정비원	★★★	☹	±△	선박정비원, 선박 전자·전기정비원, 선박설비정비원
	선장, 항해사, 도선사	★★	☹	±△	도선사, 항해사, 유람선선장, 선박기관사, 수로안내인
	중·고등학교 교사	★★	☺	±▽	중학교 교사, 고등학교 교사
	선박갑판원, 분야 관련 종사원	★	☹	±△	등대지기, 갑판원, 일반갑판선원, 등대선원
	금속공학기술자, 연구원	★★★★★	☺	±△	금속공학기술자, 금속물리기술자, 금속분석기술자
	기술영업원	★★★★★	☹	±△	전자·통신장비, 전산 관련, 의료장비, 산업용기계장비, 농업용기계장비, 자동차부품 관련, 화학제품 관련 기술영업원
	산업안전·위험 관리원	★★★★★	☺	±△	산업안전담당자, 산업안전관리자, 사업장안전관리자, 공장안전관리자, 기계안전기술자, 위험물관리원, 원자력폐기물관리원, 보건안전관리자, 위험물안전관리자, 산업위생관리기사
	생산·품질관리 사무원	★★★★★	☹	±△	생산·품질관리기술자, 생산·품질관리사무원
	제품·광고영업원	★★★★	☺	±△	일반·제약·인테리어·인쇄·광고· 식품·체인점관리영업원
	총무사무원	★★★★	☹	±△	총무·병원행정·학교행정·일반사무원, 대학행정조교
	경영지원관리자	★★★	☺	±▽	총무·인사관리자, 기획·홍보관리자, 재무관리자, 자재관리자
	운송사무원	★★★	☺	±△	운송사무원

	직업군	고용지표	인공지능 대체 가능성	인력수급 전망	직업명
전공의 장점을 살릴 수 있는 직업	기계공학기술자, 연구원	★★★★	☺	±△	해양공학기술자
	자연과학연구원	★★★★★	☺	±⇧	해양연구원
	관제사	★★★★	☹	±△	해양교통관제사
	선장, 항해사, 도선사	★★	☹	±△	도선사, 항해사, 유람선선장, 선박기관사, 수로안내인
최근 생성된 직업	– 바이오디젤개발자, 해양산업기술자 – 해양안전전문가, 해양스포츠코칭기술자, 해양오염피해연구원, 해양안전지도자, 해양오염피해관리자 해양과학전문가, 해양수산기술자, 해양환경생태조사원				

🔍 국가과학기술표준분류로 해양공학과 이해하기

구분	국가과학기술표준분류체계		
	대분류	중분류	소분류
해양공학	지구과학 (지구/대기/해양/ 천문)	해양과학	물리해양학, 화학해양학, 생물해양학, 지질해양학, 고해양학, 융합해양과학, 기타
		해양자원	해양광물자원, 해양수자원, 해양에너지, 해양탐사/관측기술, 기타
		해양생명	해양생물자원, 해양생물자원유전현상규명 신소재가공, 해양생물공정, 기타
		극지과학	극지 해양
		기상과학	해양기상
		자연재해 분석/예측	해양재해발생 분석/예측
	기계	조선/해양시스템	해양구조물/설비기술, 해양레저/탐사장비 해양환경/안전설비, 조선/해양시스템 관련 S/W
	에너지/자원	신재생에너지	해양
	환경	해양환경	해양오염방지기술, 해양환경보전기술 해양생태계관리기술, 해양위해성평가기술 기후변화대응기술, 기타
	건설/교통	해양안전/교통기술	선박운항안전기술, 해상교통관제기술, 인적안전기술, 항만/항로설계기술, 해양안전방재기술, 기타
		수공시스템기술	해안/항만/해양개발기술
	법	국제법	해양법
	지리/지역/관광	지역/지리비교	해양

🔍 해양공학과 준비자를 위한 꿀팁

📑 학과 관련 고교 교과목과 준비사항

해양공학의 경우 수학 과목의 중요성이 비교적 높다. 이 외에 과학탐구영역 가운데 물리, 생물, 화학 과목과 관련성이 높다. 특히 조선 분야와 연결된 학과의 경우 물리와 수학의 중요성이 커지며, 수산 분야의 경우 생물 과목과 관련성이 높아진다.

📋 학과 관련 면허와 자격 현황

국가기술자격	기계설계산업기사, 기계조립산업기사, 기계정비산업기사, 항만 및 해안기술사, 해양기술사, 해양공학기사, 해양자원개발기사, 해양조사산업기사, 해양환경기사
국가전문자격	기관사, 선박조종사, 운항사, 항해사, 통신사, 도선사
공인민간자격 및 기타	〈비공인〉 해양안전지도사

🌿 학과 관련 비전과 이슈

해양 분야의 경우 정부의 정책과 관련성이 높다. 예를 들어 해양 관련 부처가 독자적으로 존속하는지, 정부예산의 변화는 어떤지 등을 잘 살펴볼 필요가 있다. 아울러 우리나라의 경우 조선업 비중이 높으므로 조선산업의 경기 동향을 잘 파악해볼 필요가 있다.

■ 해양공학과를 졸업하면 어디로 진출할까?

일반기업

– 각종 조선업체
– 각종 해양건설업체
– 항만장비개발업체
– 중공업 관련 업체
– 신재생에너지개발업체
– 조선해양기자재업체
– 레저선박제작업체
– 선박용부품생산업체
– 각종 해운업체

정부 및 공공기관

– 중앙정부
– 지방자치단체

연구기관

– 한국해양연구원
– 국립수산과학원
– 국립해양조사원
– 선박해양연구소

학교

– 중·고등학교
– 대학교

진출 산업 분류

◆ 해양학과
선박·보트건조업(6.7%), 음식점업(6.7%), 육상여객운송업(6.7%), 해상운송업(6.7%), 사회·산업정책행정(5.0%), 입법·일반정부행정(5.0%), 건축기술·엔지니어링 관련 기술서비스업(5.0%), 컴퓨터프로그래밍·시스템통합관리업(3.3%), 사법·공공질서행정(3.3%)

기계공학과

한눈에 보는 기계공학과 현황과 전망

■ 학과 개요

기계공학은 물질이 가진 기계적 특성을 탐구하는 응용학문이다. 기계공학은 금형설계공학과, 기계설계공학과, 기계설비공학과, 기계시스템공학과 등으로 학과가 개설되어 있으며, 이 외 메카트로닉스학과, 로봇응용학과, 로봇공학과, 바이오산업기계공학과, 지능로봇공학과 등의 명칭으로 유사학과가 개설되어 있다. 졸업자의 취업률은 높은 편이며, 취업의 질도 높은 수준이다. 여학생보다 남학생 비율이 월등히 높고, 입학자와 졸업자 수가 완만히 증가하고 있다.

■ 기계공학과의 미래 고용 관련 전망은 어떨까?

- 고용률 ★★★★
- 전공 일치 비율 ★★★
- 정규직 비율 ★★★★
- 월평균 소득 ★★★★★

긍정적 전망 요인	– 로봇이나 드론산업의 부각 가능성에 따른 수혜 – 4차 산업혁명 수혜 가능성 – 3D프린팅 응용(금형산업의 응용 등) – 건설, 전자, 항공, 조선, 자동차, 반도체 등 폭넓은 분야로 진출 가능
부정적 전망 요인	– 특정 기업을 제외한 기계산업의 부진과 성장동력 약화 가능성 – 취업 이후 스페셜리스트가 되기 위한 전문 분야 개발 필요성이 높음

■ 기계공학과를 졸업하면 어떤 직업이 유망할까?

	직업군	고용지표	인공지능 대체 가능성	인력수급 전망	직업명
졸업 후 진출 가능한 직업	기계공학기술자, 연구원	★★★★	☺	±△	산업기계공학기술자, 메카트로닉스·건설기계공학·금형공학·플랜트공학·냉난방공조·자동차공학·사무용기계공학·로봇공학기술자
	공업기계설치원, 정비원	★★	☺	±△	식품·섬유·화학·공작·전자제품제조·기계 설치원, 정비원(공무포함)
	승강기설치원, 정비원	★★★	☺	±△	엘리베이터 설치원, 정비원, 에스컬레이터 설치원, 정비원
	물품이동장비 설치원, 정비원	★★★	☹	±△	크레인·호이스트설치원, 정비원, 지게차정비원
	냉동·냉장·공조기설치원, 정비원	★★★★	☹	±△	산업용 냉동·냉장·공조기설치원, 정비원, 건물용 냉동·냉장·공조기설치원, 정비원
	보일러설치원, 정비원	★★	☺	±△	산업용·공업용·건물용 보일러설치원, 수리원
	건설·광업용기계설치원, 정비원	★★★	☺	±▽	건설기계설치원, 건설기계정비원, 광산기계정비원, 광산기계설치원, 골재채취용 기계설치원, 골재채취용 기계정비원
	기계시험원	★★★	☺	±△	기계특성시험원, 기계성능인증원, 기계성능시험원
	산업안전·위험관리원	★★★★★	☺	±△	기계안전기술자, 위험물안전관리자
	자동조립라인·산업용로봇조작원	★★★★★	☺	±△	산업용로봇조작원, 자동조립라인조작원, 자동조립기계시설조작원, 자동조립기계설비조작원, 로봇시운전원, 자동화설비조작원
	기술영업원	★★★★★	☹	±△	전자·통신장비, 전산 관련, 의료장비, 산업용기계장비, 농업용기계장비, 자동차부품 관련, 화학제품 관련 기술영업원
	대학교수	★★★★	☺	±⇓	기계공학 교수
	냉동·냉장·공조기설치원, 정비원	★★★★	☹	±△	산업용 냉동·냉장·공조기설치원, 정비원, 건물용 냉동·냉장·공조기설치원, 정비원
	승강기설치원, 정비원	★★★	☺	±△	엘리베이터·에스컬레이터설치원, 정비원
	캐드원	★★★	☺	±△	기계캐드원, 기계제도사, 기계제도기능사, 전기전자장비캐드원

	직업군	고용지표	인공지능 대체 가능성	인력수급 전망	직업명
졸업 후 진출 가능한 직업	금속기계부품 조립·검사원	★★★	😐	±△	각종 기계부품·부분품조립원
	공업기계설치원, 정비원	★★	😐	±△	식품·섬유·화학·공작· 전자제품제조·기계설치원, 정비원
	일반기계조립원	★★	🙁	±△	공업·건설·광업·농업· 공작기계조립·검사원, 공구조립· 검사원, 기계사상원
	중·고등학교 교사	★★	🙂	±▽	중학교 교사, 고등학교 교사
전공의 장점을 살릴 수 있는 직업	기계공학기술자, 연구원	★★★★	🙂	±△	산업기계공학기술자, 메카트로닉스· 건설기계공학·금형공학·플랜트공학· 냉난방공조·자동차공학· 사무용기계공학·로봇공학기술자
	금속기계부품 조립·검사원	★★★	🙁	±△	각종 기계부품·부분품조립원
최근 생성된 직업	로봇공학기술자, 로봇과학지도자, 카이로봇교육지도자, 친환경자동차연구개발자, 로봇연구원, 안드로이드로봇공학기술자, 로봇인공지능전문가, 인공지능드론개발자, 가상현실전문가				

국가과학기술표준분류로 기계공학과 이해하기

구분	국가과학기술표준분류체계		
	대분류	중분류	소분류
기계공학	기계	측정표준/시험평가기술	물리/기계측정표준, 전자기측정표준, 광응용측정표준, 삶의질측정표준, 융합기술측정표준, 교정/시험평가, 인증표준물질, 참조표준, 신뢰성/비파괴평가
		생산기반기술	생산관리기술, 품질관리기술, 물류시스템, 산업정보화기술, 인간공학기술, 경제성공학기술, 예측/시뮬레이션기술, 컴퓨터통합생산시스템, 최적화기술, 설계방법기술
		요소부품	체결용요소부품, 전동용요소부품, 완충/제동용요소부품, 회전축용요소부품, 배관용요소부품, 유공압부품, 액추에이터, 절삭/연삭공구, 치공구, 금형, 요소부품 관련 S/W
		정밀생산기계	절삭가공기계, 연삭/연마가공기계, 광에너지응용가공기계, 전기/화학에너지응용가공기계, 수치제어장치, 프레스기계, 사출기계, CAD/CAM 관련 S/W
		로봇/자동화기계	로봇설계기술, 로봇제어/지능화기술, 로봇비전/생산자동화기술, 기계자동화기술, 조립/정밀이송기술, 자동화 관련 계측/센서기술, 로봇/자동화기계 관련 S/W
		나노/마이크로기계시스템	나노마이크로센서, 초소형구동장치, 초소형디바이스, 초소형가공/조립/측정기술, 시스템특성분석/신뢰성평가기술, 시스템집적화기술, 시스템통합기술, 나노마이크로기계시스템 관련 S/W
		에너지/환경기계시스템	공기조화/냉동기계, 보일러/로설비, 유체기계, 수처리설비, 대기오염방지설비, 건조/농축설비, 에너지/환경제어설비, 지능형빌딩시스템(IBS)/가정자동화(HA)시스템기술, 에너지/환경기계시스템 관련 S/W
		산업/일반기계	인쇄/섬유기계, 식품포장기계, 건설/광산기계, 일반가공기계, 방재소방기계, 운송하역기계, 정보산업장비, 산업/일반기계 관련 S/W
		자동차/철도차량	엔진/동력전달장치, 전기/전자장치, 차체/경량화기술, 공조기술, 차량운동성능 및 진동/소음저감기술, 안전도향상기술, 차량지능화기술, 철도차량추진/제어기술, 시스템제어/통합기술, 저공해/대체에너지차량기술

구분	국가과학기술표준분류체계		
	대분류	중분류	소분류
기계공학	기계	조선/해양시스템	선박소재/구조기술, 선형개발/성능해석기술, 주기/보기 및 추진계통부품, 갑판설비/항해통신장치, 신박생산시스템/건조공법, 해양구조물/설비기술, 해양레저/탐사장비, 해양환경/안전설비, 조선/해양시스템 관련 S/W
		항공 시스템	고정익/회전익항공기기체, 고정익/회전익항공기동력장치, 고정익/회전익항공기기계시스템, 고정익/회전익항공기전기전자시스템, 항공지상설비시스템, 항공시스템 관련 S/W
		우주 발사체	우주발사체/탑재체시스템, 액체추진체발사체시스템, 고체추진제발사체시스템, 우주발사체유도/자세제어기술, 우주발사체구조체, 우주발사체관제시설, 우주발사체 관련 S/W, 우주발사체지상설비시스템
		인공위성	인공위성체/탑재체시스템, 인공위성추진기관, 인공위성전력계, 인공위성궤도/자세제어기술, 인공위성구조/열제어기술, 인공위성수신/관제/원격탐사/추적/감시기술, 인공위성 관련 S/W, 인공위성지상설비시스템
		재난안전장비	위험설비안전진단/평가기술, 산업시설안전검사/시험평가/인증기술, 수방장비, 방재용중장비, 소방시설/장비시스템기술, 소방대상물화재안전성평가기술, 재난피해조사장비, 위험감지/모니터링장비
		국방 플랫폼	화포추진, 공기흡입추진, 로켓추진, 전기추진, 수중추진, 동력전달, 추력방향조종, 공기흡입/연소, 열구조설계/해석, 군용지상체 군용선체, 군용항공기체, 군용우주체, 구조설계/해석, 군용발사체, 제작/공정, 스텔스/생존성, 인간시스템
		기타 기계	달리 분류되지 않는 기계
	재료	금속재료	기계/전자부품소재기술
		분석/물성 평가기술	기계적 특성평가 기술
	인력 및 인프라	연구 및 기타시설/장비	기계가공, 절작장비, 성형장비, 자동화 및 이송장비, 섬유기계장비, 반도체장비, 열유도체장비, 재료물성시험장비, 신뢰성시험장비
	농림수산식품	농업 기계학	농업생산기계

🔍 기계공학과 준비자를 위한 꿀팁

📑 학과 관련 고교 교과목과 준비사항

기계공학의 경우 수학 과목의 중요성이 높다. 이 외에 과학탐구영역 가운데 물리 과목의 중요성도 높다. 기계공학은 공과 학문 중 기초 공학적 성격이 강하므로 화학공학, 재료공학, 전기공학, 전자공학, 항공공학 등 다양한 분야로 응용된다.

📋 학과 관련 면허와 자격 현황

국가기술자격	기계설계산업기사, 기계정비산업기사, 일반기계기사, 용접산업기사, 치공구설계산업기사, 배관산업기사, 일반기계산업기사, 메카트로닉스기사, 사출금형산업기사, 사출금형설계기사, 철도차량산업기사, 공조냉동기계산업기사, 보일러산업기사, 프레스금형산업기사
국가전문자격	기술지도사(기계)
공인민간자격 및 기타	기계설계제도사

🌿 학과 관련 비전과 이슈

기계공학의 경우 국내 반도체산업, 자동차산업, 전자산업, 조선산업 등과 관련성이 높다. 따라서 국내 대기업의 실적과 투자계획에 따른 일자리와 관련된 영향이 크다. 기계공학은 공학의 기초가 되는 학문이므로 산업적 수요의 폭이 넓고, 수요인력도 많다. 하지만 수요와 공급의 법칙 측면에서 기계공학의 과도한 학과 증설과 모집인원 확대가 발생되고 있는지 그 변화 추이를 잘 살펴볼 필요가 있다.

■ 기계공학과를 졸업하면 어디로 진출할까?

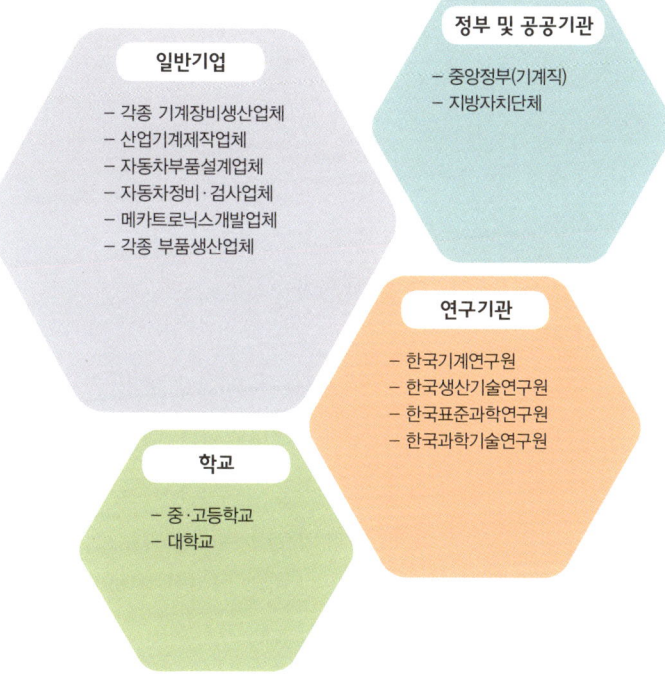

일반기업

– 각종 기계장비생산업체
– 산업기계제작업체
– 자동차부품설계업체
– 자동차정비·검사업체
– 메카트로닉스개발업체
– 각종 부품생산업체

정부 및 공공기관

– 중앙정부(기계직)
– 지방자치단체

연구기관

– 한국기계연구원
– 한국생산기술연구원
– 한국표준과학연구원
– 한국과학기술연구원

학교

– 중·고등학교
– 대학교

진출 산업 분류

일반목적용 기계제조업(5.4%), 특수목적용 기계제조업(5.2%), 자동차부품제조업(4.2%), 기타 금속가공제품제조업(3.4%), 건축기술·엔지니어링 관련 기술서비스업(3.3%), 자동차용 엔진·자동차제조업(3.2%), 토목건설업(2.2%), 선박·보트건조업(2.1%), 육상여객운송업(2.1%)

금속공학과

한눈에 보는 금속공학과 현황과 전망

학과 개요

금속공학은 재료 가운데 금속이 가진 특성을 탐구해 새로운 재료를 개발하거나 산업적 활용도를 높이기 위한 응용학문이다. 금속공학은 금속공학과라는 명칭 외에 금속시스템공학과 등의 명칭이 있으며 유사학과로 신소재공학과 등이 있다. 졸업자의 취업률은 다소 높은 편이며, 취업의 질도 높은 편이다. 학생 수는 여학생보다 남학생 비율이 월등히 높다.

금속공학과의 미래 고용 관련 전망은 어떨까?

· 고용률   ★★★☆   · 정규직 비율   ★★★☆
· 전공 일치 비율 ★★★   · 월평균 소득   ★★★★☆

긍정적 전망 요인	– 금속산업 종사자의 고령화에 따른 신규 고용 가능성 – 베이비붐 세대 퇴직에 따른 기술 노하우 전수 가능성
부정적 전망 요인	– 전국적으로 개설학과 많지 않음 – 특정 기업(포스코 등)과의 관련성이 높음 – 철강산업 특성상 노동 강도가 높음

■ 금속공학과를 졸업하면 어떤 직업이 유망할까?

	직업군	고용지표	인공지능 대체 가능성	인력수급 전망	직업명
졸업 후 진출 가능한 직업	금속공학기술자, 연구원	★★★★★	☺	±△	금속공학기술자, 금속분석기술자, 금속표면분석전문가
	금속·재료공학 시험원	★★★★★	☺	±△	금속표면시험원, 금속시험원, 재료시험원, 금속특성분석원, 재료특성분석원, 금속성분분석원, 재료성분분석원, 나노분석원, 나노측정원
	기술영업원	★★★★★	☹	±△	전자·통신장비, 전산 관련, 의료장비, 산업용기계장비, 농업용기계장비, 자동차부품 관련, 화학제품 관련 기술영업원
	생산·품질관리 사무원	★★★★★	☹	±△	생산·품질관리기술자, 생산·품질관리사무원
	비파괴검사원	★★★★★	☺	±△	용접제품비파괴검사원, 크레인비파괴검사원, 건축물비파괴검사원
	산업안전·위험 관리원	★★★★★	☺	±△	산업안전관리자, 기계안전기술자, 위험물안전관리자
	대학교수	★★★★	☺	±⇩	금속공학 교수
	기계공학기술자, 연구원	★★★★	☺	±△	산업기계공학기술자, 금형공학·플랜트공학·로봇
	귀금속· 보석세공원	★★★★	☺	±△	귀금속·금·보석·장신구세공원
	금속가공기계 조작원	★★★★	☹	±△	금속열처리로조작원, 금속가공 관련 검사원
	제품생산 관련 관리자	★★★★	☺	±△	금속생산관리자
	강구조물조립원· 건립원	★★★★	☹	±⇩	철골공, 골조시공원, 철구조물조립원
	캐드원	★★★	☺	±△	금속캐드원
	공예원	★★★	☺	±△	금속공예원
	금형원	★★★	☺	±▽	프레스·플라스틱· 다이캐스팅금형제조원
	경영지원관리자	★★★	☺	±▽	자재관리사무원
	금속공작기계 조작원	★★★	☺	±△	CNC·범용·CNC밀링기· 범용밀링기·드릴링기·보링기·연삭기· 연마기·프레스기·절단기·톱기계· 금속절곡기·머시닝센터·방전기· 와이어컷방전기조작원

	직업군	고용지표	인공지능 대체 가능성	인력수급 전망	직업명
졸업 후 진출 가능한 직업	금속기계부품 조립·검사원	★★★	🙂	±△	공업기계부품·부분품조립원, 농업기계부품·부분품조립원, 건설기계부품·부분품조립원, 공작기계부품·부분품조립원
	판금원	★★	🙁	±△	금속가구판금원
	용접원	★★	😐	±△	조선용접원
	감정평가전문가	★	🙂	±△	감정평가사
전공의 장점을 살릴 수 있는 직업	금속공학기술자, 연구원	★★★★★	🙂	±△	금속공학기술자, 금속분석기술자, 금속표면분석전문가
	금속· 재료공학시험원	★★★★★	😐	±△	금속표면시험원, 금속시험원, 재료시험원, 금속특성분석원, 재료특성분석원, 금속성분분석원, 재료성분분석원, 나노분석원, 나노측정원
	공예원	★★★	🙂	±△	금속공예원
최근 생성된 직업	신소재개발자, 금속공학개발자				

🔍 국가과학기술표준분류로 금속공학과 이해하기

구분	국가과학기술표준분류체계		
	대분류	중분류	소분류
금속공학	재료	금속재료	구조재료, 기능재료, 복합재료, 금속재료공정기술, 기계/전자부품소재기술, 에너지소재기술, 생체재료기술, 금속정제/회수기술, 재료분석/평가기술
	지구과학(지구/ 대기/해양/천문)	해양생명	신소재가공
	에너지/자원	송배전계통	전력용신소재기술
	화학	유기화학	유기금속시약화학
		무기화학	유기금속화

금속공학과 준비자를 위한 꿀팁

학과 관련 고교 교과목과 준비사항

금속공학의 경우 과학탐구영역(물리, 화학, 생물, 지구과학) 가운데 물리, 화학과 관련성이 매우 높다. 공학적 특성이 있으므로 수학과도 관련되어 있지만 금속공학과의 경우 기계공학과 비교해 상대적으로 수학 활용은 크지 않다.

학과 관련 면허와 자격 현황

국가기술자격	초음파비파괴검사산업기사, 표면처리산업기사, 치공구설계산업기사, 용접산업기사, 배관산업기사, 일반기계기사, 기계설계산업기사, 기계가공조립산업기사, 기계정비산업기사, 메카트로닉스기사
국가전문자격	기술지도사(금속)

학과 관련 비전과 이슈

3D 프린팅 기술의 금속공학 응용이 확대되고 있다. 개설된 학과가 많지 않으며, 졸업자 가운데 상당수가 특정 기업으로 취업하게 된다. 따라서 철강수요의 원천인 제조산업의 동향을 파악할 필요가 있다. 아울러 취업에 영향이 큰 포스코의 실적과 기업동향을 점검할 필요가 있다. 금속산업의 경우 선진국보다 개발도상국에 적합한 산업이므로 중국의 철강산업 투자 계획과 추이를 함께 살펴볼 필요가 있다. 또 금속공학의 경우 재료공학이나 신소재공학과 등과 통합되고 있다.

■ **금속공학과를 졸업하면 어디로 진출할까?**

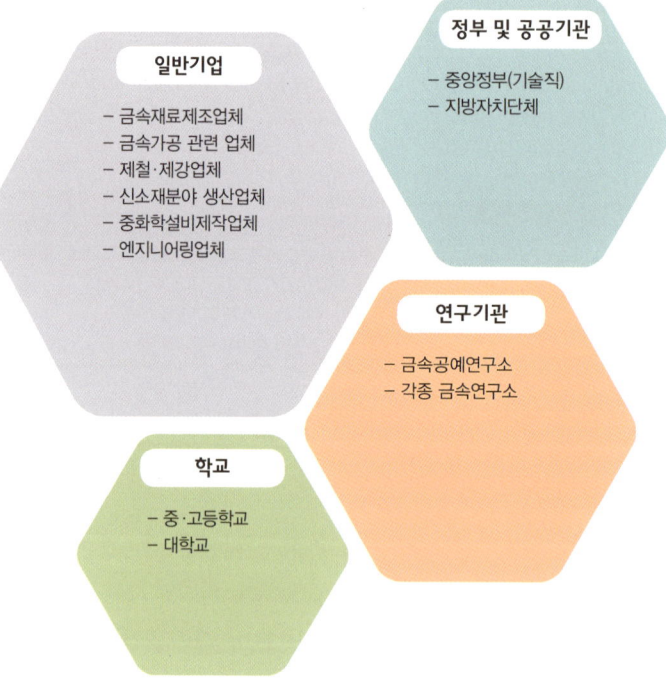

일반기업

－ 금속재료제조업체
－ 금속가공 관련 업체
－ 제철·제강업체
－ 신소재분야 생산업체
－ 중화학설비제작업체
－ 엔지니어링업체

정부 및 공공기관

－ 중앙정부(기술직)
－ 지방자치단체

연구기관

－ 금속공예연구소
－ 각종 금속연구소

학교

－ 중·고등학교
－ 대학교

진출 산업 분류

1차철강제조업(10.3%), 기타 금속가공제품제조업(7.7%), 일반목적용 기계제조업(4.1%), 특수목적용 기계제조업(3.6%), 기타 전문도매업(3.6%), 자동차용 엔진·자동차제조업(3.1%), 자동차부품제조업(2.6%), 기계장비 관련 물품도매업(2.6%), 육상여객운송업(2.1%)

자동차공학과

🔍 한눈에 보는 자동차공학과 현황과 전망

■ 학과 개요

자동차공학은 자동차의 설계, 제조와 관련된 이론과 기술을 연구하는 실용학문이다. 자동차공학은 자동차공학과라는 명칭 외에 그린자동차학과, 기계자동차공학과, 미래자동차공학과, 자동차기계공학과 등으로 학과가 개설되어 있으며, 유사학과로 자동차운송디자인학과, 자동차관리학과, 자동차소프트웨어학과, 메카트로닉스학과 등이 개설되어 있다. 졸업자의 취업률은 높은 편이며, 취업의 질도 높은 수준이다. 학생 수는 여학생보다 남학생의 비율이 월등히 높다. 최근 자동차 관련 전공 입학자와 졸업자 규모는 증가하는 추이를 보인다.

■ 자동차공학과의 미래 고용 관련 전망은 어떨까?

- 고용률　　　★★★★☆
- 전공 일치 비율 ★★★
- 정규직 비율　★★★★
- 월평균 소득　★★★☆

긍정적 전망 요인	– 전기자동차, 자율주행자동차의 개발과 상용화 – 4차 산업혁명 수혜 가능성
부정적 전망 요인	– 특정 산업의 경기요인과 투자계획에 민감 – 글로벌 자동차 기업 간 경쟁 심화 – 자동차 관련 학과의 개설과 정원 증대에 따른 노동공급 초과 우려

■ 자동차공학과를 졸업하면 어떤 직업이 유망할까?

	직업군	고용지표	인공지능 대체 가능성	인력수급 전망	직업명
졸업 후 진출 가능한 직업	자동차조립원	★★★	☹	±△	승용차조립원, 트럭조립원, 버스조립원, 특장조립원, 외장조립원, 자동차엔진조립원, 완성차조립원
	자동차정비원	★★	☺	±△	자동차엔진·섀시·전장정비원, 자동차차체정비원, 자동차경정비원·검사원
	영업·판매 관련 관리자	★★★★★	☺	±△	자동차영업관리자
	기술영업원	★★★★★	☹	±△	자동차부품 관련 영업원
	철도기관차·전동차정비원	★★★★★	☺	±△	철도기관차정비원, 전동차정비원
	생산·품질관리 사무원	★★★★★	☹	±△	생산·품질관리기술자, 생산·품질관리사무원
	기획·마케팅 사무원	★★★★★	☺	±△	마케팅·광고·홍보사무원, 영업·판매관리사무원
	대학교수	★★★★	☺	±⇩	자동차공학 교수
	기계공학기술자, 연구원	★★★★	☺	±△	자동차공학기술자, 연구원
	관제사	★★★★	☹	±△	선박교통관제사
	철도·전동차 기관사	★★★	☺	±△	열차기관사, 지하철기관사, 전기기관차기관사
	측량·지리정보 전문가	★★★	☺	±△	측량기술자, 사진측량·분석가
	자동차부분품 조립원	★★	☺	±△	자동차부분품조립원, 자동차엔진조립원, 자동차차체부분품조립원, 그 외 자동차부분품조립원
	직업 운동선수	★★	☺	±△	자동차경주선수
전공의 장점을 살릴 수 있는 직업	기계공학기술자, 연구원	★★★★	☺	±△	자동차공학기술자, 연구원
	자동차정비원	★★	☺	±△	자동차엔진·섀시·전장정비원, 자동차차체정비원, 자동차경정비원·검사원
최근 생성된 직업	친환경자동차개발연구원, 전기자동차배터리개발자, 자동차디자이너, 자동차테스트엔지니어, 무인자동차개발원, 자율주행차개발연구원				

🔍 국가과학기술표준분류로 자동차공학과 이해하기

구분	국가과학기술표준분류체계		
	대분류	중분류	소분류
자동차공학	기계	자동차/철도차량	엔진/동력전달장치, 전기/전자장치, 차체/경량화기술, 공조기술, 차량운동성능 및 진동/소음저감기술, 안전도향상기술, 차량지능화기술, 시스템제어/통합기술, 저공해/대체에너지차량기술
	건설/교통	도로교통기술	자동차기반기술

🔍 자동차공학과 준비자를 위한 꿀팁

📋 학과 관련 고교 교과목과 준비사항

자동차공학의 경우 과학탐구영역 가운데 물리, 화학과 관련성이 매우 높다. 공학적 특성이 있으므로 수학과도 관련되어 있으며, 자동차 설계와 디자인의 경우 미적 감각을 요구하므로 미술과의 관련성도 있다.

📑 학과 관련 면허와 자격 현황

국가기술자격	사출금형산업기사, 기계정비산업기사, 용접산업기사, 자동차정비산업기사, 차량기술사, 기계설계산업기사
국가전문자격	실기교사(국가전문자격), 자동차운전면허, 자동차운전전문강사, 자동차운전기능검정원
공인민간자격 및 기타	자동차진단평가사

🌿 학과 관련 비전과 이슈

국내자동차 기업과 산업의 미래 경쟁력 전망을 살펴볼 필요가 있다. 이 외 구글의 자동차산업 진출과 성공 가능성도 하나의 이슈가 될 수 있다. 취업에 있어서 특정 기업(현대자동차, 기아자동차, 현대중공업, 쌍용차, 르노삼성차, GM대우 등)의 전망과 관련되어 있으므로, 이들 기업의 채용동향이나 경쟁력을 살펴볼 필요가 있다. 국내에 진출한 해외 기업(르노, GM, 마힌드라 등)의 철수 시 인력 구조조정으로 대규모 인력 감원이 발생될 수 있으므로, 이에 대한 동향과 뉴스 파악이 필요하다. 아울러 자동차와 관련된 학과 개설과 증설, 정원 증가 등의 노동공급 요인을 잘 살펴볼 필요가 있다.

■ 자동차공학과를 졸업하면 어디로 진출할까?

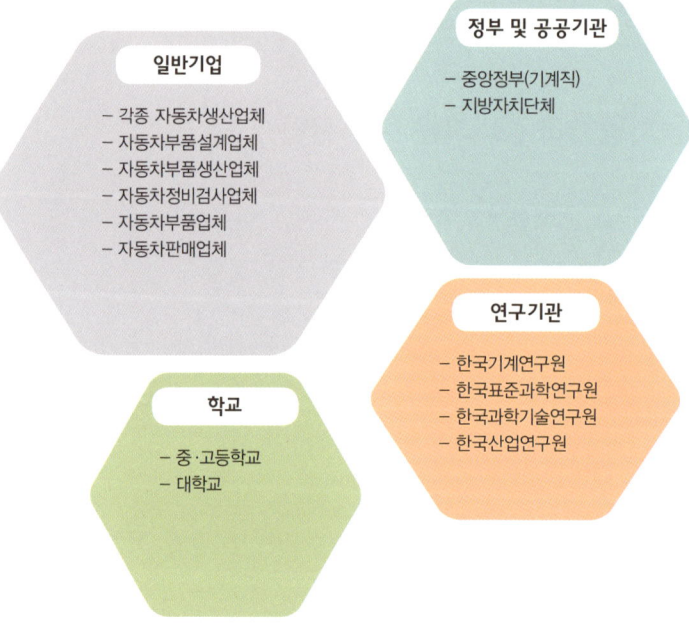

정부 및 공공기관
- 중앙정부(기계직)
- 지방자치단체

일반기업
- 각종 자동차생산업체
- 자동차부품설계업체
- 자동차부품생산업체
- 자동차정비검사업체
- 자동차부품업체
- 자동차판매업체

연구기관
- 한국기계연구원
- 한국표준과학연구원
- 한국과학기술연구원
- 한국산업연구원

학교
- 중·고등학교
- 대학교

진출 산업 분류

자동차·모터사이클수리업(25.1%), 자동차부품제조업(6.1%), 자동차용 엔진·자동차제조업(5.4%), 육상여객운송업(2.2%), 자동차판매업(2.2%), 도로화물운송업(2.2%), 일반목적용 기계제조업(1.8%), 실내건축·건축마무리공사업(1.8%), 보험업(1.8%), 기타 운송관련 서비스업(1.8%)

전기공학과

한눈에 보는 전기공학과 현황과 전망

■ 학과 개요

전기공학은 전기와 자기에 관한 물리적 현상을 탐구하는 응용학문이다. 즉 전기의 발생, 생성, 전달, 전기의 제어와 관련된다. 전기공학은 주로 전기공학과라는 명칭으로 학과가 개설되어 있으며, 전기전자공학과, 전기전자제어공학과, 물리융합전공학과, 전기정보공학과 등의 유사학과가 개설되어 있다. 졸업자의 취업률은 높은 편이며, 취업의 질도 높은 수준이다. 학생 수의 경우 여학생보다 남학생의 비율이 월등히 높다. 최근 전기공학과 입학자와 졸업자 규모는 증가하는 추이를 보이고 있다.

■ 전기공학과의 미래 고용 관련 전망은 어떨까?

- 고용률 　★★★★
- 전공 일치 비율 ★★☆
- 정규직 비율 　★★★☆
- 월평균 소득 　★★★★☆

긍정적 전망 요인	– 전기자동차 시대의 도래에 따라 인력수요 증대 – 신재생에너지산업과 스마트그리드 시장의 확대 – 4차 산업혁명 수혜 가능성 – 전력수요의 지속적 증가와 해외시장 진출 가능성
부정적 전망 요인	– 국가 전력산업의 포화 – 건설경기의 하락 가능성

■ 전기공학과를 졸업하면 어떤 직업이 유망할까?

	직업군	고용지표	인공지능 대체 가능성	인력수급 전망	직업명
졸업 후 진출 가능한 직업	전기공학기술자, 연구원	★★★★	☺	±△	자동화전기설비·전기설계기술자, 전기기기·제품개발기술자, 연구원, 발전설비기술자, 송·배전설비기술자, 전기공사기술자(공무·건적원 포함), 전기안전관리기술자, 전기감리기술자
	전기·전자시험원	★★★	☺	±⇩	전기제품시험원, 전기부품시험원, 전자제품시험원, 계측기기시험원, 계량기기시험원
	전기부품·제품 생산직	★★★	☺	±△	전기부품제조원, 코일권선기조작원, 필라멘트권선기조작원, 고정자코일권선기조작원, 코아적층프레스조작원, 전선압출기사, 전기장비제조원, 건전지제조기조작원, 광섬유제조원, 전구제조기조작원, 축전지제조기조작원
	응용소프트웨어 개발자	★★★	☺	±⇧	네트워크·컴퓨터·모바일게임프로그래머
	시스템소프트웨어 개발자	★★★	☺	±△	시스템소프트웨어·운영체제·펌웨어프로그래머
	전기·전자설비 조작원	★	☹	±△	아파트전기원, 빌딩전기원, 공장전기원
	기술영업원	★★★★★	☹	±△	전자·통신장비, 전산 관련, 의료장비, 산업용기계장비, 농업용기계장비, 자동차부품 관련, 화학제품 관련 기술영업원
	전자공학기술자, 연구원	★★★★	☺	±△	전자부품개발·설계기술자, 산업용전자기기·영상기기개발·설계기술자, 가전기기개발·설계기술자, 전자의료기기개발·설계기술자, 반도체공학기술자, 전자제어계측기술자, 연구원
	컴퓨터시스템 설계가, 분석가	★★★★	☺	±△	IT컨설턴트, 컴퓨터시스템감리기술자
	네트워크시스템 분석가, 개발자	★★★★	☺	±△	네트워크전문가, 엔지니어, 개발자, 분석가
	대학교수	★★★★	☺	±⇩	전기공학 교수
	통신공학기술자, 연구원	★★	☺	±△	통신기술개발자, 통신망운영기술자
	산업전공	★★	☺	±△	열차·전동차·조선·선박전기설비설치원, 철도·선박·항공기전기원

	직업군	고용지표	인공지능 대체 가능성	인력수급 전망	직업명
졸업 후 진출 가능한 직업	내선전공	★★	☺	±△	내선전공, 발전기설치원, 정비원, 조명기구설치원, 정비원, 전기 · 전자제어장치설치원, 정비원, 전기기기설치원, 정비원
	계기검침원, 안전점검원	★	☹	±▽	전기안전점검원
전공의 장점을 살릴 수 있는 직업	전기공학기술자, 연구원	★★★★	☺	±△	자동화전기설비 · 전기설계기술자, 전기기기 · 제품개발기술자, 연구원, 발전설비기술자, 송 · 배전설비기술자, 전기공사기술자(공무 · 견적원 포함), 전기안전관리기술자, 전기감리기술자
	기술영업원	★★★★★	☹	±△	전자 · 통신장비, 전산 관련, 의료장비, 산업용기계장비, 농업용기계장비, 자동차부품 관련, 화학제품 관련 기술영업원
	전기 · 전자시험원	★★★	☺	±⇩	전기제품시험원, 전기부품시험원, 전자제품시험원, 계측기기시험원, 계량기기시험원
최근 생성된 직업	LED연구 · 개발자, 차세대디스플레이개발자, 전기자동차기술자, 전기자동차정비사, 에너지효율관리사, 로봇공학기술자(지능형로봇연구 · 개발자, 로봇감성인지전문가, 로봇인식기술연구원)				

국가과학기술표준분류로 전기공학과 이해하기

구분	국가과학기술표준분류체계		
	대분류	중분류	소분류
전기공학	전기/전자	중전기기	발전기/전동기 및 제어, 전력변환기기, 전력용 재료, 변압기류, 개폐기류, 송배전설비, 보호/감시장치, 자동화제어기기, 전기로, 전선/케이블류, 초전도기술/제품, 전기용접/가열, 전원장치, 에너지저장기기
		전기전자부품	센서부품, PCB부품, 커패시터/부품, 자성재료/부품, 기록매체부품, 복합부품, 초고주파발생소자, 플라즈마발생용부품
		가정용기기/전자응용기기	정보가전기기, 음성정보기술응용기기, 조명기기, 소형가전, 백색가전, 가정용가스기기, 냉/난방기기, 자동판매기, 현금자동입출금기
		전지	전지재료, 제조/측정평가장비, 응용/활용기술(HEV 등), 일차전지, 이차전지, 초고용량커패시터
		기타 전기/전자	달리 분류되지 않는 전기/전자
	에너지/자원	송배전계통	전력계통감시/운영기술, 전력계통계획기술, 대용량전력수송/저장기술, 전력시장운용기술, 수요예측/관리기술, 송/변/배전시스템기술, 전력설비/기기개발/진단기술, 전력용신소재기술, 전력전자기술, 전자계환경기술, 전기안전기술
	인력 및 인프라	연구 및 기타시설/장비	전기·전자 관련 연구시설 및 장비 측정장비, 시험장비, 분석장비, 신호발생장비, 교정장비
	재료	고분자재료	전기/전자정보용 소재기술
		정밀생산기계	전기/화학에너지 응용 가공기계
	기계	자동차/철도차량	전기/전자장치
		전기화학	물리전기화학, 분석전기화학, 분자전기화학, 에너지변환/저장전기화학, 부식/표면처리, 산업전기화학/전기화학공정, 생전기화학, 전기재료화학
	화학	고분자화학	전기/전자/광특성 고분자
		광화학	전기광화학

🔍 전기공학과 준비자를 위한 꿀팁

📑 학과 관련 고교 교과목과 준비사항

전기공학과의 경우 과학탐구영역(물리, 화학, 생물, 지구과학) 가운데 물리 과목의 관련성이 높으며, 특히 학업 수행(전기회로, 전력계통, 자기압 등)에 있어서 수학적 기반이 매우 중요하므로 수학 과목과의 관련성이 높다. 공업계열 전문교과 중 전기회로, 전기 기기 등 기초 과목과도 관련이 있다.

📋 학과 관련 면허와 자격 현황

국가기술자격	철도차량산업기사, 공조냉동기계, 전기안전기술사, 정보처리산업기사, 소방설비산업기사, 철도차량산업기사, 철도신호산업기사, 공조냉동기계산업기사, 전자계산기제어산업기사, 전자계산기조직응용기사
국가전문자격	실기교사, 산업안전지도사(전기안전)
공인민간자격 및 기타	기계설계제도사

🌸 학과 관련 비전과 이슈

전기의 경우 외선과 내선이 있다. 전자 분야와 비교해 전기 분야는 외근이 많으며 건설업과의 관련성이 높다. 따라서 통일이 될 경우 직간접적으로 수혜를 받는 산업은 전기산업이 될 것이므로, 이와 관련한 이슈에 관심을 가질 필요가 있다. 아울러 특정 기업, 예를 들어 한국전력공사의 자회사 등과의 관련성도 높다. 전기 분야의 경우 최근 전력과 IT산업이 접목된 스마트그리드(smart grid)와 관련된 인력 요구가 많으며 태양광이나 풍력과 같은 신재생에너지에 대한 관심이 증가되고 있다.

■ 전기공학과를 졸업하면 어디로 진출할까?

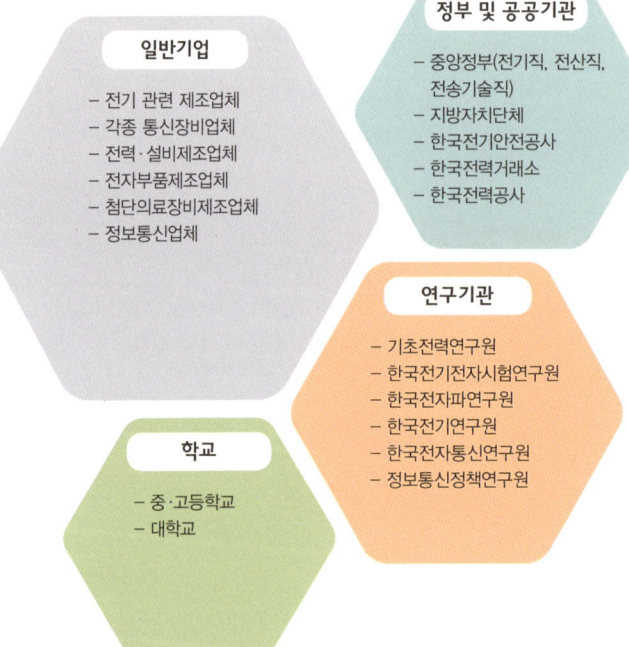

일반기업
- 전기 관련 제조업체
- 각종 통신장비업체
- 전력·설비제조업체
- 전자부품제조업체
- 첨단의료장비제조업체
- 정보통신업체

정부 및 공공기관
- 중앙정부(전기직, 전산직, 전송기술직)
- 지방자치단체
- 한국전기안전공사
- 한국전력거래소
- 한국전력공사

연구기관
- 기초전력연구원
- 한국전기전자시험연구원
- 한국전자파연구원
- 한국전기연구원
- 한국전자통신연구원
- 정보통신정책연구원

학교
- 중·고등학교
- 대학교

진출 산업 분류

◆ **전기/전자공학**

전기·통신공사업(11.0%), 건축기술·엔지니어링 관련 기술서비스업(3.9%), 전기업(3.3%), 전동기·발전기·전기변환·공급·제어장치제조업(3.1%), 육상여객운송업(2.8%), 건물건설업(2.8%), 기타 과학기술서비스업(2.4%), 전기통신업(1.9%), 부동산 관련 서비스업(1.8%)

전자공학과

한눈에 보는 전자공학과 현황과 전망

■ 학과 개요

전자공학은 물질이 가진 전자적 특성과 전자의 운동을 탐구하는 응용학문이다. 전자공학은 전기학에서 분리된 학문이다. 전자공학은 주로 전자공학과라는 명칭으로 학과가 개설되어 있으며, 일부 전기전자공학과, 전자시스템공학과, 반도체학과 등의 명칭으로 학과가 개설되어 있으며, 유사학과로 디스플레이학과, 전자·전파공학과, 항공전자공학과 등이 있다. 졸업자의 취업률은 높은 편이며, 취업의 질도 높은 수준이다. 학생 수의 경우 여학생보다 남학생의 비율이 월등히 높다.

■ 전자공학과의 미래 고용 관련 전망은 어떨까?

· 고용률　　　★★★★　　　　· 정규직 비율　★★★☆
· 전공 일치 비율 ★★☆　　　　· 월평균 소득　★★★★☆

긍정적 전망 요인	– 4차 산업혁명 수혜 가능성 – 인공지능, 홀로그램, 사물인터넷, 3D프린터, 증강현실, 가상현실 등 전자 관련 기술의 지속적 발전
부정적 전망 요인	– 기업 간 치열한 경쟁 분야 – 특정 기업의 투자와 실적에 민감하게 반응

■ 전자공학과를 졸업하면 어떤 직업이 유망할까?

	직업군	고용지표	인공지능 대체 가능성	인력수급 전망	직업명
졸업 후 진출 가능한 직업	기술영업원	★★★★★	☹	±△	전자·통신장비, 전산 관련, 의료장비, 산업용기계장비, 농업용기계장비, 자동차부품 관련, 화학제품 관련 영업원
	컴퓨터시스템·네트워크보안전문가	★★★★★	😐	±⇧	인터넷보안전문가, 인터넷정보보안연구원, 시스템보안전문가, 방화벽개발전문가, 보안 관련 프로그래머, 컴퓨터시스템보안컨설턴트, 네트워크보안컨설턴트
	에너지공학기술자, 연구원	★★★★★	☺	±△	에너지기술자, 에너지연구원, 신재생에너지개발자·연구원, 원자력공학기술자, 태양열연구원, 풍력연구원, 대체에너지연구원
	전자부품·제품생산직	★★★★	☹	±△	씨링기조작원, 전자부품제조원, 인쇄회로기판제조원, 브라운관제조원, PCB함침원, PCB에칭원, PCB제조장치조작원, SMT장치조작원, LED생산기조작원, 반도체제조장치조작원, PHOTO MASK제조장치조작원
	전자공학기술자, 연구원	★★★★	☺	±△	전자부품개발·설계기술자, 산업용전자기기·영상기기개발·설계기술자, 가전기기개발·설계기술자, 전자의료기기개발·설계기술자, 반도체공학기술자, 전자제어계측기술자, 연구원
	전기공학기술자, 연구원	★★★★	☺	±△	자동화전기설비·전기설계기술자, 전기기기·제품 개발기술자, 연구원, 발전설비기술자, 송·배전설비기술자, 전기공사기술자(공무·견적원 포함), 전기안전관리기술자, 전기감리기술자
	네트워크시스템분석가, 개발자	★★★★	😐	±△	네트워크전문가, 엔지니어, 개발자, 분석가
	컴퓨터시스템설계가, 분석가	★★★★	😐	±△	IT컨설턴트, 컴퓨터시스템감리기술자
	전기·전자시험원	★★★	☺	±△	전자제품시험원, 계측기기시험원, 계량기기시험원
	응용소프트웨어개발자	★★★	☺	±⇧	네트워크·컴퓨터·모바일게임프로그래머
	시스템소프트웨어개발자	★★★	☺	±△	시스템소프트웨어·운영체제·펌웨어프로그래머
	웹마스터, 웹개발자	★★★	☺	±⇧	웹마스터, 웹PD, 웹개발자, 웹프로그래머, 웹엔지니어

	직업군	고용지표	인공지능 대체 가능성	인력수급 전망	직업명
졸업 후 진출 가능한 직업	정보시스템운영자	★★	😐	±△	서버운영관리자, 네트워크운영관리자, IT기술지원전문가
	통신공학기술자, 연구원	★★	🙂	±△	통신기기·장비개발자, 연구원, 통신기술개발자·통신망운영기술자
	방송장비설치· 수리원	★★	😐	±△	방송송출장비설치·수리원
	대학교수	★★★★	🙂	±⇩	전자공학 교수
전공의 장점을 살릴 수 있는 직업	기술영업원	★★★★★	🙁	±△	전자·통신장비, 전산 관련, 의료장비, 산업용기계장비, 농업용기계장비, 자동차부품 관련, 화학제품 관련 영업원
	전자공학기술자, 연구원	★★★★	🙂	±△	전자부품개발·설계기술자, 산업용전자기기·영상기기개발· 설계기술자, 가전기기개발·설계기술자, 전자의료기기개발·설계기술자, 반도체공학기술자, 전자제어계측기술자, 연구원
	전기·전자시험원	★★★	🙂	±△	전자제품시험원, 계측기기시험원, 계량기기시험원
최근 생성된 직업	– 전자·바이오메디컬융합기술자 – 전자과학지도자, 전자출판전문가, 전자상거래수출매니저, 전자입찰관리자, 전자제품마케팅관리자, 전자입찰분석매니저				

국가과학기술표준분류로 전자공학과 이해하기

구분	국가과학기술표준분류체계		
	대분류	중분류	소분류
전자공학	전기/전자	계측기기	전자계측기
		전기전자부품	센서부품, PCB부품, 커패시터/부품, 자성재료/부품 기록매체부품, 복합부품, 초고주파발생소자 플라즈마발생용부품
		무기센서 및 제어	전자광학센서
		기타 전기/전자	달리 분류되지 않는 전기/전자
전자공학관련 융합 기술 및 융합 학문	물리학	응집물질물리	전자구조, 분자전자학
	화학	고분자화학	전기/전자/광특성 고분자
	기계	자동차/철도차량	전기/전자장치
	재료	금속재료	기계/전자부품소재기술
		국방소재	전자재료/소자
	화공	정밀화학	전자산업용 정밀화학소재

🔍 전자공학과 준비자를 위한 꿀팁

📖 학과 관련 고교 교과목과 준비사항

전자공학과의 경우 과학탐구영역(물리, 화학, 생물, 지구과학) 가운데 물리 과목의 관련성이 높으며, 특히 학업 수행에 있어서 수학적 기반이 중요하기 때문에 수학 과목과의 관련성도 있다. 공업계열 교과 중 전자 회로, 전자 기기, 전기 회로 등의 기초 과목도 중요하다.

📋 학과 관련 면허와 자격 현황

국가기술자격	정보처리산업기사, 전자계산기산업기사, 전자계산기조직응용기사, 공장관리기술사, 전기안전기술사, 사무자동화산업기사, 통신선로산업기사, 전파전자통신산업기사, 정보통신산업기사, 전자산업기사
국가전문자격	기술지도사(전기전자)
공인민간자격 및 기타	〈비공인〉 전자과학지도사, 전자입찰실무자, 전자출판전문가

🔍 학과 관련 비전과 이슈

바이오메디컬 의료공학과 전자공학의 결합 등 전자와 다른 산업과의 융합이 확대되고 있다. 취업에 있어서 삼성전자, 삼성전기, LG전자, LG디스플레이, 하이닉스 등의 대기업과 계열회사, 협력회사 등과의 관련성이 비교적 높다. 따라서 이들 기업의 채용동향과 실적, 투자계획 등이 향후 진로에 영향을 미칠 수 있다.

■ 전자공학과를 졸업하면 어디로 진출할까?

일반기업
- 각종 통신업체
- 전자부품설계업체
- 전자기기제조업체
- 전자장비운용업체
- 전자장비유지보수업체
- 각종 전자기기제조업체

정부 및 공공기관
- 중앙정부(전기직, 전산직, 전송기술직)
- 지방자치단체
- 한국전력공사
- 한국전기안전공사
- 한국전력거래소

연구기관
- 한국전기전자시험연구원
- 한국전자파연구원
- 한국전자통신연구원
- 정보통신정책연구원

학교
- 중·고등학교
- 대학교

진출 산업 분류

기계장비 관련 물품도매업(4.4%), 반도체제조업(4.4%), 통신·방송장비제조업(4.4%), 소프트웨어개발·공급업(4.0%), 전자부품제조업(3.7%), 자연과학·공학연구개발업(3.6%), 전기통신업(3.3%), 전기·통신공사사업(2.6%), 컴퓨터프로그래밍·시스템통합관리업(2.5%)

제어계측공학과

한눈에 보는 제어계측공학과 현황과 전망

■ 학과 개요

제어계측공학은 제어와 센서 기술을 바탕으로 물질의 전기·전자적 기계적 결합과 제어와 관련된 분야를 탐구하는 응용학문이다. 제어계측공학은 제어계측공학과라는 명칭 외에 제어계측로봇학과, 제어로봇공학과, 제어계측로봇공학과 등의 유사학과가 있다. 졸업자의 취업률은 높은 편이며, 취업의 질도 높은 수준이다. 학생 수의 경우 여학생보다 남학생 비율이 월등히 높다.

■ 제어계측공학과의 미래 고용 관련 전망은 어떨까?

· 고용률　　★★★★　　　· 정규직 비율　★★★★
· 전공 일치 비율 ★★　　　· 월평균 소득　★★★★

긍정적 전망 요인	– 제어계측 기술의 중요성 확대 – 산업용 로봇과 서비스 로봇 산업의 확대 – 4차 산업혁명 수혜 가능성
부정적 전망 요인	– 좁은 고용시장으로 노동시장 변화에 민감하게 반응할 수 있음 – 제어계측 관련 학과가 개설된 학교가 많지 않음

■ 제어계측공학과를 졸업하면 어떤 직업이 유망할까?

	직업군	고용지표	인공지능 대체 가능성	인력수급 전망	직업명
졸업 후 진출 가능한 직업	에너지공학기술자, 연구원	★★★★★	☺	±△	신재생에너지 개발자·연구원, 원자력공학기술자, 태양열연구원, 풍력연구원, 대체에너지연구원
	기술영업원	★★★★★	☹	±△	전자·통신장비, 전산 관련, 의료장비, 산업용기계장비, 농업용기계장비, 자동차부품 관련, 화학제품 관련 영업원
	컴퓨터시스템· 네트워크보안 전문가	★★★★★	☺	±⇧	인터넷보안전문가, 인터넷정보보안연구원, 시스템보안전문가, 방화벽개발전문가, 보안 관련 프로그래머, 컴퓨터시스템보안컨설턴트, 네트워크보안컨설턴트
	컴퓨터시스템 설계가, 분석가	★★★★	☺	±△	IT컨설턴트, 컴퓨터시스템감리기술자
	네트워크시스템 분석가, 개발자	★★★★	☺	±△	네트워크전문가, 엔지니어, 개발자, 분석가
	전자공학기술자, 연구원	★★★★	☺	±△	전자부품개발·설계기술자, 산업용전자기기·영상기기개발·설계기술자, 가전기기개발·설계기술자, 전자의료기기개발·설계기술자, 반도체공학기술자, 전자제어계측기술자, 연구원
	전기공학기술자, 연구원	★★★★	☺	±△	자동화전기설비·전기설계기술자, 전기기기·제품 개발기술자, 연구원, 발전설비기술자, 송·배전설비기술자, 전기공사기술자(공무·견적원 포함), 전기안전관리기술자, 전기감리기술자
	기계공학기술자, 연구원	★★★★	☺	±△	산업기계공학기술자, 메카트로닉스· 건설기계공학·금형공학·플랜트공학
	대학교수	★★★★	☺	±⇩	제어계측공학 교수
	전자부품· 제품생산직	★★★★	☹	±△	전자부품제조원, 인쇄회로기판제조원, 브라운관제조원, LED생산기조작원, 반도체제조장치조작원, 포토마스크제조장치조작원
	전기·전자시험원	★★★	☺	±△	전기제품시험원, 전기부품시험원, 전자제품시험원, 계측기기시험원, 계량기기시험원
	응용소프트웨어 개발자	★★★	☺	±⇧	네트워크·컴퓨터· 모바일게임프로그래머
	시스템소프트웨어 개발자	★★★	☺	±△	시스템소프트웨어·운영체제· 펌웨어프로그래머

직업군		고용지표	인공지능 대체 가능성	인력수급 전망	직업명
졸업 후 진출 가능한 직업	웹마스터, 웹개발자	★★★	☺	±⇧	웹마스터, 웹PD, 웹개발자, 웹프로그래머, 웹엔지니어
	발전·배전장치 조작원	★★★	☺	±△	수력발전장치조작원, 원자력발전장치조작원, 발전터빈조작원, 급전사령원, 발전배전반조작원
	통신공학기술자, 연구원	★★	☺	±△	통신기기·장비개발자, 연구원, 통신기술개발자·통신망운영기술자
	정보시스템운영자	★★	☺	±△	서버운영관리자, 네트워크운영관리자, IT기술지원전문가
	중·고등학교 교사	★★	☺	±▽	중학교 교사, 고등학교 교사
	방송장비설치·수리원	★★	☺	±△	방송송출장비설치·수리원, 방송화면조종기설치수리원, 방송장비설치수리원, 학교방송시설설치·수리원, 기업체방송시설설치·수리원, 인터넷방송장비설치수리원
	통신공학기술자, 연구원	★★	☺	±△	통신기기·장비개발자, 연구원, 통신기술개발자·통신망운영기술자
전공의 장점을 살릴 수 있는 직업	기계공학기술자, 연구원	★★★★	☺	±△	산업기계공학기술자, 메카트로닉스·건설기계공학·금형공학·플랜트공학
	전기공학기술자, 연구원	★★★★	☺	±△	자동화전기설비·전기설계기술자, 전기기기·제품 개발기술자, 연구원, 발전설비기술자, 송·배전설비기술자, 전기공사기술자(공무·견적원 포함), 전기안전관리기술자, 전기감리기술자
	기술영업원	★★★★★	☹	±△	전자·통신장비, 전산 관련, 의료장비, 산업용기계장비, 농업용기계장비, 자동차부품 관련, 화학제품 관련 영업원
	통신공학기술자, 연구원	★★	☺	±△	통신기기·장비개발자, 연구원, 통신기술개발자·통신망운영기술자
	전자제어계측 기술자, 연구원	★★★★	☺	±△	공장자동화전자설계기술자, 기계전자제어개발기술자, 전자제어프로그래머, 전자제어계측기술자
최근 생성된 직업	– 로봇공학기술자(지능형로봇연구·개발자, 로봇감성인지전문가, 로봇인식기술연구원) – 로봇제어기술자, 메카트로닉스기술자, 제어계측기술자, 전자제어프로그래머, 자삽프로그래머, 코딩로봇지도자, 아동로봇공학지도자, 창의로봇과학지도자, 로봇과학연구개발자, 마이크로프로세서응용관리자				

🔍 국가과학기술표준분류로 제어계측공학과 이해하기

구분	국가과학기술표준분류체계		
	대분류	중분류	소분류
제어계측공학	전기/전자	계측기기	계측센서·부품, 화학량시험·분석계측기, 물리량시험·분석계측기, 환경계측기, 안전감시·진단계측제어기 유체제어계측기, 전자계측기, 광계측기
		광응용기기	광계측/제어기기
	원자력	방사선기술	방사선 계측/선량평가기술
		원자력 계측/제어기술	센서/검출기술, 계측/제어시스템기술, 감시/보호시스템기술, 인간공학기술, 원격조작/제어기술 원전시뮬레이션기술

🔍 제어계측공학과 준비자를 위한 꿀팁

📑 학과 관련 고교 교과목과 준비사항

제어계측공학과의 경우 과학탐구영역(물리, 화학, 생물, 지구과학) 가운데 물리와 화학 과목의 관련성이 높으며, 특히 학업 수행에 있어서 수학적 기반이 중요하기 때문에 수학 과목도 매우 관련성이 높다. 아울러 컴퓨터 활용이 많으므로 직업탐구영역과 관련되어 있다.

📑 학과 관련 면허와 자격 현황

국가기술자격	산업계측제어기술사, 전자계산기제어산업기사, 소방설비산업기사, 반도체설계산업기사, 생산자동화산업기사, 전기산업기사, 전자계산기기사, 정보처리산업기사, 디지털제어기사, 정보통신산업기사
국가전문자격	기술지도사(전기전자), 변리사

제어계측공학은 공장자동화뿐만 아니라 전기, 전자, 항공기, 정보통신, 군수산업 등 다양한 분야에서 활용되므로 다양한 분야의 진출이 가능하다. 따라서 방위산업체 관련 동향도 중요하게 파악할 필요가 있다. 최근 디지털제어기술에 대한 산업적 수요가 증가되고 있다. 로봇산업과 관련성이 높으므로 관련 제도와 산업 동향에 대한 점검이 필요하다. 제어는 기계적인 것, 전기·전자적인 것, 화학적인 것 등을 자동화시키기 위한 학문이다. 따라서 산업자동화시스템과 관련한 뉴스에 관심을 갖도록 하자.

■ **제어계측공학과를 졸업하면 어디로 진출할까?**

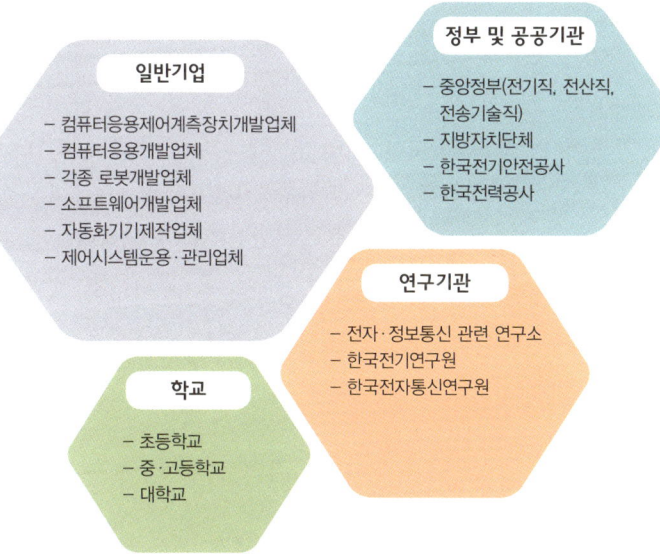

정부 및 공공기관
- 중앙정부(전기직, 전산직, 전송기술직)
- 지방자치단체
- 한국전기안전공사
- 한국전력공사

일반기업
- 컴퓨터응용제어계측장치개발업체
- 컴퓨터응용개발업체
- 각종 로봇개발업체
- 소프트웨어개발업체
- 자동화기기제작업체
- 제어시스템운용·관리업체

연구기관
- 전자·정보통신 관련 연구소
- 한국전기연구원
- 한국전자통신연구원

학교
- 초등학교
- 중·고등학교
- 대학교

진출 산업 분류

컴퓨터프로그래밍·시스템통합관리업(8.5%), 기계장비 관련 물품도매업(6.4%), 통신·방송장비제조업(6.4%), 사법·공공질서행정(6.4%), 자연과학·공학연구개발업(4.3%), 전기·통신공사업(4.3%), 영상·음향기기제조업(4.3%), 육상여객운송업(4.3%), 측정·시험·항해·제어·기타 정밀기기제조업-광학기제(4.3%)

에너지공학과

한눈에 보는 에너지공학과 현황과 전망

■ 학과 개요

에너지공학은 에너지의 발생, 생산, 변화, 특성, 활용, 영향 등을 종합적으로 탐구하는 응용학문이다. 에너지공학은 에너지공학과라는 명칭 외에 바이오환경에너지학과, 신재생에너지공학과, 신재생에너지학과, 에너지자원공학과, 전기에너지공학과, 원자료공학과 등 다양한 명칭으로 개설되어 있다. 졸업자의 취업률은 높은 편이며, 취업의 질도 높은 수준이다. 학생 수의 경우 여학생보다 남학생의 비율이 월등히 높다. 최근 에너지공학과의 입학자와 졸업자 수는 증가하고 있는 추세다.

■ 에너지공학과의 미래 고용 관련 전망은 어떨까?

· 고용률　　　★★★★　　　· 정규직 비율　　★★★★
· 전공 일치 비율　★★★　　　· 월평균 소득　　★★★★☆

긍정적 전망 요인	– 환경오염과 화석연료 고갈에 따른 신재생에너지 관련 인력수요 증가 – 에너지산업과 기술의 해외 수출 가능성 증가
부정적 전망 요인	– 에너지공학이 개설된 대학이 많지 많음 – 지진이나 안전욕구 증대에 따른 원자력 발전의 축소 가능성 – 학과 개설과 증원에 따른 에너지공학 인력의 노동공급 증가

■ 에너지공학과를 졸업하면 어떤 직업이 유망할까?

직업군		고용지표	인공지능 대체 가능성	인력수급 전망	직업명
졸업 후 진출 가능한 직업	에너지공학기술자, 연구원	★★★★★	☺	±△	에너지기술자, 에너지연구원, 신재생에너지개발자, 연구원, 원자력공학기술자, 태양열연구원, 풍력연구원, 대체에너지연구원
	비파괴검사원	★★★★★	😐	±△	용접제품비파괴검사원, 크레인비파괴검사원, 건축물비파괴검사원
	산업안전·위험 관리원	★★★★★	😐	±△	산업안전담당자, 관리자, 위험물관리원, 원자력폐기물관리원, 보건안전관리자, 위험물안전관리자, 산업위생관리기사
	생산·품질관리 사무원	★★★★★	☹	±△	생산·품질관리기술자, 생산·품질관리사무원
	자연과학시험원	★★★★	☺	±△	물리학시험원, 천문학시험원, 기상학시험원, 지학시험원
	전기공학기술자, 연구원	★★★★	☺	±△	자동화전기설비·전기설계기술자, 전기기기·제품 개발기술자, 연구원, 발전설비기술자, 송·배전 설비기술자, 전기공사기술자(공무·견적원 포함), 전기안전관리기술자, 전기감리기술자
	컴퓨터시스템 설계가, 분석가	★★★★	😐	±△	IT컨설턴트, 컴퓨터시스템감리기술자
	무역사무원	★★★	☹	±⇧	무역사무원, 관세사무원
	발전·배전장치 조작원	★★★	☺	±△	수력발전장치조작원, 원자력발전장치조작원, 발전터빈조작원, 급전사령원, 발전배전반조작원
	응용소프트웨어 개발자	★★★	☺	±⇧	네트워크·컴퓨터· 모바일게임프로그래머
	통신공학기술자, 연구원	★★	☺	±△	통신기기·장비개발자, 연구원, 통신기술개발자·통신망운영기술자
	에너지시험원	★★★★	😐	±▽	에너지, 태양열, 풍력, 원자력, 에너지효율

	직업군	고용지표	인공지능 대체 가능성	인력수급 전망	직업명
전공의 장점을 살릴 수 있는 직업	에너지공학기술자, 연구원	★★★★★	☺	±△	에너지기술자, 에너지연구원, 신재생에너지개발자, 연구원, 원자력공학기술자, 태양열연구원, 풍력연구원, 대체에너지연구원
	기계공학기술자, 연구원	★★★★	☺	±△	산업기계공학기술자, 건설기계공학기술자, 금형공학기술자(기계), 플랜트공학기술자(기계), 냉난방·공조공학기술자(기계)
	발전·배전장치 조작원	★★★	☺	±△	수력발전장치조작원, 원자력발전장치조작원, 발전터빈조작원, 급전사령원, 발전배전반조작원
최근 생성된 직업	신재생에너지입지환경분석가, 바이오환경에너지연구원, 에너지진단전문가, 온실가스진단전문가, 녹색산업성장지도사, 친환경에너지연구·개발자, 태양열소재개발자, 태양열발전연구·개발자 에너지진단전문가, 온실가스인증심사원, 에너지정책연구원, 폐기물에너지화연구원, 탄소배출권거래중개인, 온실가스처리연구원				

🔍 국가과학기술표준분류로 에너지공학과 이해하기

구분	국가과학기술표준분류체계		
	대분류	**중분류**	**소분류**
에너지 공학	에너지/ 자원	온실가스 처리	CO_2포집기술, CO_2전환기술, CO_2저장기술, non-CO_2처리기술
		자원탐사/개발/ 활용	자원조사/탐사, 석유/가스개발, 광물자원개발, 자원활용
		수화력발전	고온고압화발전기술, 석탄/석유청정화/이용기술, 수화력발전환경오염방지기술, 발전설비/기기개발, 첨단발전제어기술, 가스터빈기술, 발전설비운영기술
		송배전계통	전력계통감시/운영기술, 전력계통계획기술, 대용량전력수송/저장기술, 전력시장운용기술, 수요예측/관리기술, 송/변/배전시스템기술, 전력설비/기기개발/진단기술, 전력용신소재기술, 전력전자기술, 전자계환경기술, 전기안전기술

구분	국가과학기술표준분류체계		
	대분류	중분류	소분류
에너지 공학	에너지/ 자원	전력IT	IT기반고부가서비스기술, 마이크로그리드기술, 전력유비쿼터스기술, 직류송/배전기술, 지능형전력망플랫폼기술
		신재생에너지	태양광, 태양열, 바이오연료, 폐기물, 소수력, 풍력, 해양, 지열, 수소, 연료전지, 석탄가스화/액화, 합성연료
에너지 공학관련 융합기술 및 융합학문	물리학	기타에너지/자원	달리 분류되지 않는 에너지/자원
		입자/장물리	장이론/고에너지이론
		천체물리	고에너지 천체물리
	화학	광화학	태양에너지화학
		전기화학	에너지 변환/저장 전기화학
		고분자화학	에너지 고분자
	지구과학(지구/ 대기/해양/천문)	해양자원	해양에너지
		천문학	고에너지천문
		우주과학	암흑물질/암흑에너지
		천문우주관측기술	고에너지복사 관측기기
	농림수산식품	농업기계학	농업 동력/에너지
		임산공학	임산 에너지
	기계	에너지/ 환경기계시스템	에너지/환경제어설비, 에너지/환경기계시스템 관련 S/W
		정밀생산기계	광에너지 응용 가공기계
	재료	금속재료	에너지소재기술
		고분자재료	에너지/환경산업용 소재기술
	화공	무기화생방/ 화력탄약	고에너지레이저
	전기/전자	중전기기	에너지저장기기
	건설/교통	건설환경 설비기술	건물일체형 신재생에너지설비 설계/시공/관리기술
	경제/경영	분야별 경제	에너지/자원경제
	지리/지역/관광	도시/지역개발	지역에너지

🔍 에너지공학과 준비자를 위한 꿀팁

📋 학과 관련 고교 교과목과 준비사항

에너지공학과의 경우 과학탐구영역(물리, 화학, 생물, 지구과학) 가운데 물리와 화학 과목의 바탕이 중요하다. 학업 수행에 있어서 수학영역(수학, 확률과 통계, 미적분 등) 가운데 특히 미적분 과목의 활용성이 높다.

📑 학과 관련 면허와 자격 현황

국가기술자격	신재생에너지발전설비기능사(태양광), 신재생에너지발전설비산업기사(태양광), 에너지관리산업기사, 원자력발전기술사, 방사선비파괴검사산업기사, 원자력기사
국가전문자격	방사선취급감독자면허, 기술지도사
공인민간자격 및 기타	〈비공인〉 온실가스배출권거래중개사, 온실가스진단사, 에너지진단사(열, 전기)

🌱 학과 관련 비전과 이슈

신재생에너지산업의 경우 정부보조금(발전차액지원금 등), 지원제도(신재생에너지 공급의무화 등)와 밀접한 관련성이 있으므로, 정부 정책과 제도 변화 관련 이슈에 관심을 가질 필요가 있다. 원자력 발전의 국내와 해외 건설 동향, 신재생에너지 개발에 대한 투자와 건설 동향을 살펴볼 필요가 있다. 에너지는 크게 화석연료, 원자력에너지, 신재생에너지로 구분될 수 있다. 기존 화석연료가 고갈되고 있으며, 원자력의 위험성이 증가되고 있으므로, 신재생에너지에 대한 관심과 수요가 증가되고 있다. 에너지는 공공성이 높은 자원이다. 따라서 학문 특성상 공기업과의 관련성이 높다.

■ **에너지공학과를 졸업하면 어디로 진출할까?**

일반기업
- 한국원자력연료업체
- 에너지산업업체
- 에너지관리공단
- 원자력문화재단
- 엔지니어링업체
- 반도체업체

정부 및 공공기관
- 중앙정부
- 지방자치단체
- 한국가스공사
- 한국전력공사
- 한국광물자원공사

연구기관
- 한국원자력안전기술원
- 한국에너지기술연구원
- 에너지경제연구원
- 한국과학기술연구원

학교
- 중·고등학교
- 대학교

진출 산업 분류

자연과학·공학연구개발업(15.4%), 전기업(11.5%), 소프트웨어개발·공급업(7.7%), 전자부품제조업(7.7%), 기타 금속가공제품제조업(7.7%), 건물건설업(7.7%), 전기·통신공사업(3.8%), 기타 과학기술서비스업(3.8%), 일반 교습학원(3.8%)

섬유공학과

한눈에 보는 섬유공학과 현황과 전망

■ 학과 개요

섬유공학은 인간생활에 필요한 섬유를 생산, 가공하거나 새로운 신소재 섬유를 개발하는 실용학문이다. 섬유공학은 섬유공학과, 바이오섬유소재학과, 섬유산업학과, 섬유소재시스템공학과 등의 명칭으로 학과가 개설되어 있다. 졸업자의 취업률은 보통이며, 취업의 질도 보통 수준이다. 학생 수의 경우 여학생과 남학생 비율에 큰 차이가 없고 비슷하다.

■ 섬유공학과의 미래 고용 관련 전망은 어떨까?

- 고용률　　　★★★☆　　　　· 정규직 비율　★★★
- 전공 일치 비율 ★★★　　　　· 월평균 소득　★★

긍정적 전망 요인	– 여가생활 증가에 따른 패션에 대한 관심 증대 – 첨단 전도성 섬유 확대, 지능형 스마트섬유와 IT의 융합 확대
부정적 전망 요인	– 일반적으로 섬유산업은 개도국에서 많이 성장하며, 선진국은 사양산업의 경향을 보임 – 특정 산업의 경기요인과 투자계획에 민감

■ 섬유공학과를 졸업하면 어떤 직업이 유망할까?

	직업군	고용지표	인공지능 대체 가능성	인력수급 전망	직업명
졸업 후 진출 가능한 직업	섬유공학기술자, 연구원	★★★★	☺	±▽	섬유소재개발기술자, 섬유공정개발기술자, 염료개발기술자, 염색공정개발기술자, 원단개발원
	표백·염색원	★★★★	☹	±△	배색원, 염색조색원·배합원, 염색준비원
	섬유생산직 (기계조작)	★★	😐	±▽	방적원, 방사기조작원
	양장·양복제조원	★★	☺	±△	맞춤양복제조원, 맞춤양장제조원, 양장사, 양복사
	모피·가죽가공 검사원	★★	☹	±▽	피혁제조원, 가죽제조원
	재단사	★★	☺	±△	의복재단원, 모피재단원, 가죽의복재단원, 장갑재단원, 모자재단원, 재단보조원, 갑피재단원, 구두창재단원
	생산·품질관리 사무원	★★★★★	☹	±△	생산·품질관리기술자, 생산·품질관리사무원
	기획·마케팅 사무원	★★★★★	☺	±△	경영기획·마케팅·광고·홍보·영업·판매사무원
	금속·재료공학 기술자, 연구원	★★★★★	☺	±△	금속·재료공학기술자, 연구원(엔지니어)
	해외영업원	★★★★★	☹	±△	무역영업원, 해외영업원
	상품기획전문가	★★★★★	☺	±△	마케팅전문가, 판촉기법전문가, 분양기획전문가, 문화마케터, 상품기획전문가, 상품개발전문가, 제품기획전문가, 머천다이저(Merchandiser: MD), 쇼핑몰MD, 의류MD, 유아용품MD, 카테고리매니저, 퍼스널쇼퍼
	제품·광고영업원	★★★★	😐	±△	일반·제약·인테리어·인쇄·광고·식품·체인점관리영업원
	화학공학기술자, 연구원	★★★★	☺	±△	석유·고무·플라스틱·화학·농약·비료·도료·잉크·화장품·비누제품 화학기술자, 연구원, 가스기술자, 연구원
	대학교수	★★★★	☺	±⇩	섬유공학 교수
	경영지원관리자	★★★	😐	±▽	총무·인사·기획·홍보·재무·자재관리자
	중·고등학교 교사	★★	☺	±▽	중학교 교사, 고등학교 교사

	직업군	고용지표	인공지능 대체 가능성	인력수급 전망	직업명
졸업 후 진출 가능한 직업	패턴사	★	☺	±▽	패턴제작원, 옷본제작원, 옷본표시원, 가죽옷본제조원, 모피옷본제조원, 모자본제조원, 매트리스본제조원, 우산본제조원, 신발패턴사, 패턴그레이딩원, 샘플사
	상점판매원	★	☺	±▽	상점·일반소매점·백화점·대형마트·면세점 판매원, 매장관리원
	섬유·염료시험원	★★★★	☺	±▽	섬유시험원, 염료시험원, 염색시험원, 섬유분석원, 섬유소재분석원
전공의 장점을 살릴 수 있는 직업	섬유공학기술자, 연구원	★★★★	☺	±▽	섬유소재개발기술자, 섬유공정개발기술자, 염료개발기술자, 염색공정개발기술자, 원단개발원
	섬유생산직 (기계조작)	★★	☺	±▽	방적원, 방사기조작원
	섬유·염료시험원	★★★★	☺	±▽	섬유시험원, 염료시험원, 염색시험원, 섬유분석원, 섬유소재분석원
최근 생성된 직업	– 디지털섬유생산디자이너, 맞춤형의류리폼디자이너 – 섬유공예지도사, 천연섬유개발디자이너, 섬유화학분석전문가, 첨단융합섬유개발자, 최첨단섬유개발자				

🔍 국가과학기술표준분류로 섬유공학과 이해하기

구분	국가과학기술표준분류체계		
	대분류	중분류	소분류
섬유공학	화공	섬유제조	중합개질, 섬유방사, 천연섬유방적, 사가공기술, 제직기술, 방사설비, 사가공설비, 산업용섬유제조기술, 나노섬유제조기술, 제직설비
		섬유제품	부직포제조, 부직포가공기술, 봉제기술, 의류패션, 편직기술, 섬유제품설비, 산업용섬유제품, 나노섬유제품기술, 융합섬유제품
섬유공학관련 융합기술 및 융합학문	인력 및 인프라	연구 및 기타시설/장비	기계가공·시험 관련 연구시설 및 장비, 절작장비, 성형장비, 자동화 및 이송장비, 섬유기계장비, 반도체장비, 열유도체장비, 재료물성시험장비, 신뢰성시험장비

🔍 섬유공학과 준비자를 위한 꿀팁

📑 학과 관련 고교 교과목과 준비사항

섬유공학과는 화학(특기 유기화학, 물리화학, 섬유화학 등)과 밀접한 관련성이 있으며 수학적 기초가 중요하고, 물리(섬유물리 등)와도 관련되어 있다. 다른 공학과 비교해 상대적으로 수학과 과학에 대한 부담이 적다.

📋 학과 관련 면허와 자격 현황

국가기술자격	섬유산업기사, 섬유디자인산업기사, 섬유기술사, 섬유기사, 의류기사, 의류기술사, 패션디자인산업기사, 컬러리스트산업기사, 한복산업기사, 양복기능사, 공장관리기술사
국가전문자격	기술지도사(섬유)
공인민간자격 및 기타	〈비공인〉 섬유공예지도사, 패션디자인지도사

🌳 학과 관련 비전과 이슈

친환경, 신재생, 초경량은 섬유산업에 있어서 중요한 화두다. 여기에 최근 정보통신 기술이 빠르게 융합되고 있다. 대표적 기술 가운데 하나는 광섬유(polymeric optical fiber)와 의료섬유 분야다. 슈퍼섬유(탄소섬유, 아라미드 등)와 IT가 융합된 디지털 의류(웨어러블 컴퓨터 등) 산업이 확대될 전망이다. 염색, 직조와 방직 등은 선진국으로 갈수록 부가가치가 떨어지나, 개발과정에 있는 국가의 경우 여전히 중요한 산업 분야다. 국내 섬유산업의 경우 상대적 산업 규모가 축소되고 있으므로 해외시장 개척이 중요하다. 따라서 해외시장 개척 관련 뉴스에 관심을 가질 필요가 있다.

■ 섬유공학과를 졸업하면 어디로 진출할까?

일반기업
– 각종 섬유 관련 업체
– 섬유제조·가공업체
– 섬유소재생산업체
– 의류제조업체
– 유통업체
– 무역업체

정부 및 공공기관
– 중앙정부
– 지방자치단체

연구기관
– 신소재개발연구원
– 섬유가공연구소

학교
– 중·고등학교
– 대학교

진출 산업 분류

직물직조·직물제품제조업(7.9%), 기타 전문도매업(6.3%), 섬유제품염색·정리·마무리가공업(6.3%), 봉제의복제조업(5.6%), 음식점업(4.8%), 가정용품도매업(4.0%), 자연과학·공학연구개발업(3.2%), 종합소매업(3.2%), 기타 화학제품제조업(3.2%), 방적·가공사제조업(3.2%)

재료공학과

한눈에 보는 재료공학과 현황과 전망

■ 학과 개요

재료공학은 물리학에서 분화되었다. 물질이 가진 기계적, 화학적, 전기적, 전자적 특성과 성질을 탐구하는 응용학문이다. 재료공학은 나노융합공학과, 나노공학과, 고분자공학과, 유기재료공학과 등의 명칭으로 학과가 개설되어 있다. 졸업자의 취업률은 조금 높은 편이며, 취업의 질은 보통 수준이다. 학생 수의 경우 여학생보다 남학생의 비율이 월등히 높다.

■ 재료공학과의 미래 고용 관련 전망은 어떨까?

- 고용률　　　★★★☆
- 전공 일치 비율　★★
- 정규직 비율　　★★★
- 월평균 소득　　★★★★

긍정적 전망 요인	– 학제 간 융합 가능성 확대 – 새로운 용접과 도장기술의 필요성 증대 – 신소재와 새로운 재료 개발의 필요성 증대 – 실리콘 반도체, 화합물 반도체 등의 수요가 꾸준히 증가
부정적 전망 요인	– 선진국형 경제구조 진입에 따른 산업 수요 감소 – 재료공학이 개설된 학교가 많지 않음

■ 재료공학과를 졸업하면 어떤 직업이 유망할까?

	직업군	고용지표	인공지능 대체 가능성	인력수급 전망	직업명
졸업 후 진출 가능한 직업	금속·재료공학 시험원	★★★★★	😐	±△	금속표면시험원, 금속시험원, 재료시험원, 금속특성분석원, 재료특성분석원, 금속성분분석원, 재료성분분석원, 나노분석원, 나노측정원
	금속·재료공학 기술자, 연구원	★★★★★	🙂	±△	금속공학기술자, 연구원(엔지니어), 재료공학기술자, 연구원(엔지니어)
	생산·품질관리 사무원	★★★★★	🙁	±△	생산·품질관리기술자, 생산·품질관리사무원
	기술영업원	★★★★★	🙁	±△	전자·통신장비, 전산 관련, 의료장비, 산업용기계장비, 농업용기계장비, 자동차부품 관련, 화학제품 관련 기술영업원
	금속가공기계 조작원	★★★★	🙁	±△	압연기·금속열처리로·금속인발압출기조작원, 금속가공 관련 검사원
	섬유공학기술자, 연구원	★★★★	🙂	±▽	섬유소재개발기술자, 섬유공정개발기술자, 염료개발기술자, 염색공정개발기술자, 원단개발원
	화학공학기술자, 연구원	★★★★	🙂	±△	석유·고무·플라스틱·화학·농약·비료·도료·잉크·화장품·비누제품 화학기술자, 연구원, 가스기술자, 연구원
	대학교수	★★★★	🙂	±⇩	재료공학 교수
	금속기계부품 조립·검사원	★★★	😐	±△	공업·농업·건설·공작기계부품·부분품조립원
	경영지원관리자	★★★	🙁	±▽	자재관리자
	무역사무원	★★★	🙁	±⇧	무역사무원, 관세사무원
	중·고등학교 교사	★★	🙂	±▽	중학교 교사, 고등학교 교사
	통신공학기술자, 연구원	★★	🙂	±△	통신기기·장비개발자, 연구원, 통신기술개발자·통신망운영기술자
	재료공학기술자, 연구원	★★★★★	🙂	±△	요업·유리·시멘트·세라믹·나노개발·신소재개발기술자, 시멘트·신소재·배터리·전자세라믹·무기소재연구원

	직업군	고용지표	인공지능 대체 가능성	인력수급 전망	직업명
전공의 장점을 살릴 수 있는 직업	생산·품질관리 사무원	★★★★★	😞	±△	생산·품질관리기술자, 생산·품질관리사무원
	금속·재료공학 시험원	★★★★★	😐	±△	금속표면시험원, 금속시험원, 재료시험원, 금속특성분석원, 재료특성분석원, 금속성분분석원, 재료성분분석원, 나노분석원, 나노측정원
최근 생성된 직업	세라믹기술자, 반도체공학기술자, 시스템반도체설계기술자, 나노공학기술자, 연료전지개발자, 차세대디스플레이개발자, 세라믹산업기사, 안경사				

국가과학기술표준분류로 재료공학과 이해하기

구분	국가과학기술표준분류체계		
	대분류	중분류	소분류
재료공학	재료	금속재료	구조재료, 기능재료, 복합재료, 금속재료공정기술, 기계/전자부품소재기술, 에너지소재기술, 생체재료기술, 금속정제/회수기술, 재료분석/평가기술
		세라믹재료	구조재료, 시멘트/콘크리트/내화물, 원료/나노세라믹분말, 유리/유약/법랑, 도자기/타일등, 단결정, 세라믹제조공정기술, 화학/생체기능재료, 광/전자세라믹스, 고강도/열기능재료, 나노세라믹복합재료기술
		고분자재료	구조재료, 중합반응/공정기술, 개질기술, 복합재료제조기술, 전기/전자정보용소재기술, 의료용소재기술, 에너지/환경산업용소재기술, 특수기능성소재기술, 고분자재활용기술, 고분자가공기술, 나노소재기술
		주조/용접/접합	사형주조, 금형주조, 특수주조, 다이캐스팅, 주조/용접재료, Brazing/Soldering, 아크용접, 특수용접/접합기술 용접부분석평가기술, 주조/용접 관련 S/W
		소성가공/분말	단조기술, 압출기술, 인발기술, 압연기술, 판재성형기술, 분말제조기술, 분말가공기술, 소성가공 관련 S/W
		열/표면처리	열처리기술, 도금기술, 박막제조기술, 용사기술, 에칭기술, 부/방식기술, 침탄/질화기술, 전자부품표면처리기술, 표면물성개질기술
		분석/물성 평가기술	재료성분석기술, 재료구조/조직분석기술, 물리적특성평가기술, 화학적특성평가기술, 기계적특성평가기술 손상진단기술, 내구성평가/수명예측기술
		국방소재	장갑재, 대장갑재, 고강도구조재료, 경량구조재료 내열/단열재료, 스텔스재료, 전자재료/소자, 나노재료/공정, 특수기능소재, 재료특성예측/분석
		기타재료	달리 분류되지 않는 재료

구분	국가과학기술표준분류체계		
	대분류	중분류	소분류
재료공학관련 융합기술 및 융합학문	화학	물리화학	재료물리화학
		유기화학	유기재료화학
		전기화학	전기재료화학
	농림수산식품	임산공학	목질 복합재료
	보건의료	기능복원/보조/복지기기	생체재료
		의약품/의약품개발	바이오생체재료
		치의과학	치과생체재료학
	화공	고분자 공정기술	복합재료 제조공정기술
		정밀화학	유/무기재료 및 촉매, 감광재료
	전기/전자	중전기기	전력용재료
		전지	전지재료
		반도체소자/시스템	반도체 재료
		전기전자부품	자성재료/부품
	원자력	원자력안전 기술	원전재료 경년열화 대처기술 및 기기/구조건전성 평가기술
		핵연료/원자력소재	원자력재료개발기술, 원자력재료성능검증/평가기술
	환경	청정생산/설비	유해 원부재료 대체기술
	건설/교통	건설시공/재료	건설구조재료, 건설마감재료, 친환경/재생건설재료
	인력 및 인프라	연구 및 기타시설/장비	기계가공·시험 관련 연구시설 및 장비, 절작장비, 성형장비, 자동화 및 이송장비, 섬유기계장비, 반도체장비, 열유도체장비, 재료물성시험장비, 신뢰성시험장비

🔍 재료공학과 준비자를 위한 꿀팁

📖 학과 관련 고교 교과목과 준비사항

재료공학과의 경우 과학탐구영역(물리, 화학, 지구과학, 생물)에서 물리, 화학 과목과 관련성이 매우 높으며, 수학적 기초가 중요하다. 공업계열 교과목 중 금속처리, 금속제조, 재료가공 과목 등과도 관련성이 있다. 신소재의 경우 특히 화학과 관련성이 높다.

📑 학과 관련 면허와 자격 현황

국가기술자격	세라믹기술사, 금속제련기술사, 금속재료산업기사, 화학분석기능사, 용접산업기사, 초음파비파괴검사산업기사, 표면처리산업기사, 치공구설계산업기사, 산업위생관리산업기사, 위험물산업기사, 수질환경산업기사, 대기환경산업기사, 귀금속가공산업기사, 섬유기사, 누설비파괴검사기사
국가전문자격	기술지도사, 안경사

🌳 학과 관련 비전과 이슈

재료는 반드시 신소재만 있는 것이 아니다. 금속이나 세라믹과 같은 전통적 재료도 있다. 지원학과의 커리큘럼이 어디에 초점을 두고 있는지를 살펴보자. 재료공학은 반도체, 광소자, 폴리머와 같은 신소재부터 금속과 세라믹, 플라스틱과 같은 전통적 재료 등의 물리·화학·전기적 특성부터 제조공정과 산업·기술적 측면의 응용 등을 다루는 학과이므로, 비교적 광범위한 산업에 활용된다. 따라서 이 학과의 경우 세계 경제 성장률이 산업적 인력수요에 미치는 영향이 클 것이며, 새로운 저가의 고효율 신소재 개발이 기존의 재료를 빠르게 대체하게 된다. 이 학과의 경우 금속공학이나 재료공학과의 통폐합, 신소재공학과 등으로 학과 명칭 변경이 발생되고 있다.

■ 재료공학과를 졸업하면 어디로 진출할까?

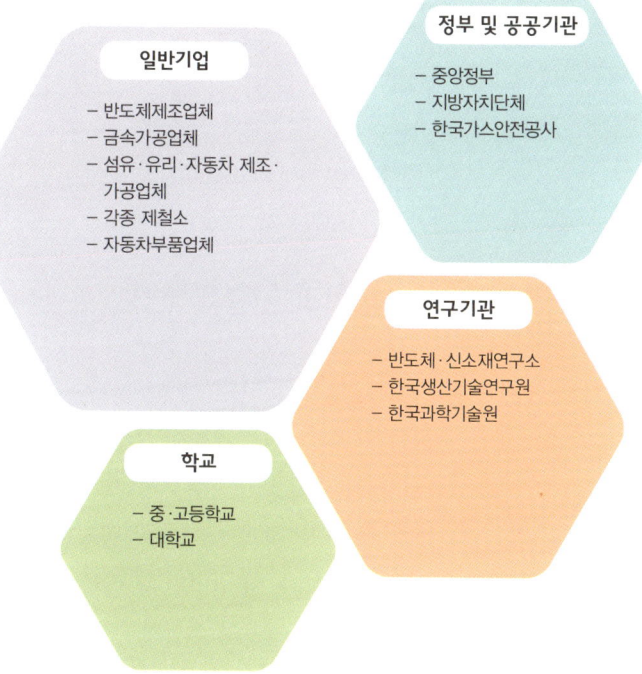

일반기업
- 반도체제조업체
- 금속가공업체
- 섬유·유리·자동차 제조·가공업체
- 각종 제철소
- 자동차부품업체

정부 및 공공기관
- 중앙정부
- 지방자치단체
- 한국가스안전공사

연구기관
- 반도체·신소재연구소
- 한국생산기술연구원
- 한국과학기술원

학교
- 중·고등학교
- 대학교

진출 산업 분류

자연과학·공학연구개발업(9.2%), 반도체제조업(6.7%), 고등교육기관(5.8%), 전자부품제조업(4.2%), 기타 금속가공제품제조업(4.2%), 건물건설업(3.3%), 입법·일반정부행정(3.3%), 기타 과학기술서비스업(2.5%), 일반 교습학원(2.5%), 통신·방송장비제조업(2.5%)

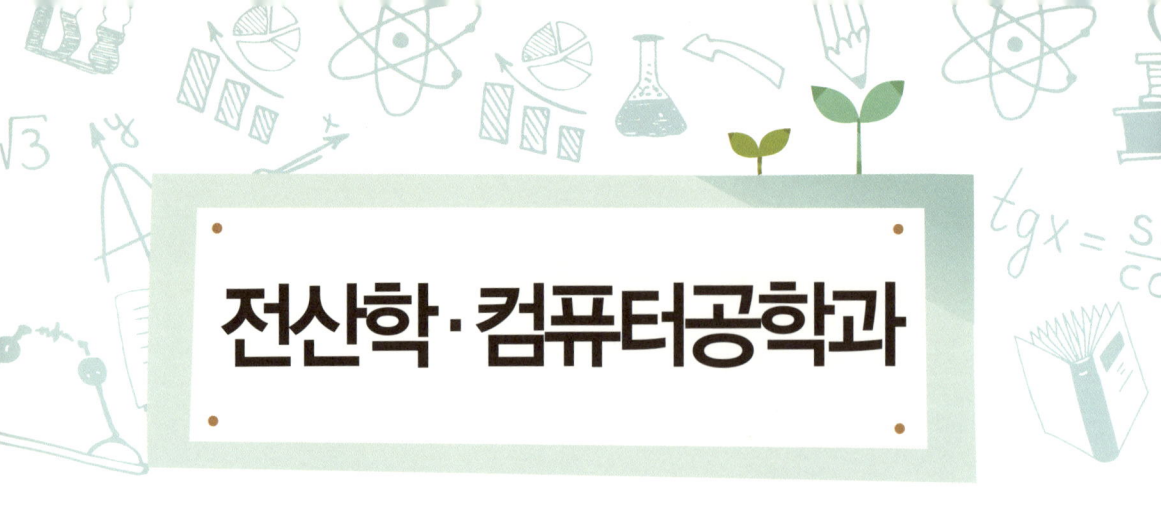

전산학·컴퓨터공학과

한눈에 보는 전산학·컴퓨터공학과 현황과 전망

■ 학과 개요

컴퓨터공학은 과거 전산학에서 분화되었으며, 컴퓨터공학의 주요 영역인 하드웨어와 소프트웨어, 정보망을 포괄하는 응용학문이다. 전산학·컴퓨터공학은 오래전 전산학과로 통용되던 학과명이 컴퓨터공학과로 이름이 변경된 사례가 많다. 이 학과의 경우 유사학과로 멀티미디어학과, 멀티미디어공학과, 응용컴퓨터공학, 컴퓨터과학과, 컴퓨터학과 등이 있다. 졸업자의 취업률은 높은 편이며, 취업의 질도 높은 수준이다. 학생 수의 경우 여학생보다 남학생비율이 높다.

■ 전산학·컴퓨터공학과의 미래 고용 관련 전망은 어떨까?

· 고용률　　★★★★　　　　· 정규직 비율　★★★☆
· 전공 일치 비율　★★★　　　　· 월평균 소득　★★★★

긍정적 전망 요인	– 인공지능과 빅데이터의 중요성이 확대되고 있음 – 4차 산업혁명 수혜 가능성
부정적 전망 요인	– 빠른 기술변화로 기업 간 경쟁이 심화 – 응용소프트웨어공학, 정보통신공학 등 대체 학과 개설이 증대

■ 전산학·컴퓨터공학과를 졸업하면 어떤 직업이 유망할까?

	직업군	고용지표	인공지능 대체 가능성	인력수급 전망	직업명
졸업 후 진출 가능한 직업	기술영업원	★★★★★	☹	±△	전자·통신장비, 전산 관련 영업원
	전산 관련 기술영업원	★★★★★	☹	±△	컴퓨터하드디스크, 컴퓨터소프트웨어, 전산장비, 전산기술, 데이터복구, 인터넷솔루션
	컴퓨터시스템· 네트워크보안 전문가	★★★★★	☺	±⇧	인터넷보안전문가, 인터넷정보보안연구원, 시스템보안전문가, 방화벽개발전문가, 보안 관련 프로그래머, 컴퓨터시스템보안 컨설턴트, 네트워크보안컨설턴트
	영업·판매 관련 관리자	★★★★★	😐	±△	전자상거래관리자
	온라인쇼핑몰 판매원	★★★★★	☺	±△	전자상거래판매원, 인터넷 판매원, 인터넷쇼핑몰관리인
	데이터베이스 설계·구축· 관리기술자	★★★★	☺	±⇧	데이터베이스전문가, 설계가, 매니저
	웹·멀티미디어 디자이너	★★★★	☺	±△	웹디자이너, 웹UI디자이너, 멀티미디어디자이너
	대학교수	★★★★	☺	±⇩	전산학 교수, 컴퓨터공학 교수
	컴퓨터시스템 설계가, 분석가	★★★★	😐	±△	IT컨설턴트, 컴퓨터시스템감리기술자
	네트워크시스템 분석가, 개발자	★★★★	😐	±△	네트워크전문가, 엔지니어, 개발자, 분석가
	웹마스터, 웹개발자	★★★	☺	±⇧	웹마스터, 웹PD, 웹개발자, 웹프로그래머, 웹엔지니어
	응용소프트웨어 개발자	★★★	☺	±⇧	네트워크·컴퓨터· 모바일게임프로그래머
	시스템소프트웨어 개발자	★★★	☺	±△	시스템소프트웨어·운영체제· 펌웨어프로그래머
	웹·멀티미디어 기획자	★★★	☺	±⇧	웹마케터, 컴퓨터·모바일게임기획자
	통신공학기술자, 연구원	★★	☺	±△	통신기술개발자, 통신망운영기술자
	정보시스템운영자	★★	😐	±△	서버운영관리자, 네트워크운영관리자, IT기술지원전문가

	직업군	고용지표	인공지능 대체 가능성	인력수급 전망	직업명
졸업 후 진출 가능한 직업	방송장비설치·수리원	★★	☺	±△	방송송출장비설치·수리원, 방송화면조종기설치수리원, 방송장비설치수리원, 학교방송시설설치·수리원, 기업체방송시설 설치·수리원, 인터넷방송장비설치수리원
	컴퓨터강사	★★	☺	±▽	컴퓨터학원강사, 웹디자인강사, 컴퓨터그래픽강사, 웹프로그래밍강사, 컴퓨터기초강사, 컴퓨터프로그래밍강사, 디지털실버인터넷강사
	컴퓨터·사무기기설치·수리원	★★	☹	±△	컴퓨터·사무기기설치·수리원
	중·고등학교 교사	★★	☺	±▽	중학교 교사, 고등학교 교사
	통신 관련 장비 설치·수리원	★	☹	±△	통신장비·기지국설치·수리원
전공의 장점을 살릴 수 있는 직업	컴퓨터시스템 설계가, 분석가	★★★★	☺	±△	인터넷보안전문가, 인터넷정보보안연구원, 시스템보안전문가, 방화벽개발전문가, 보안 관련 프로그래머, 컴퓨터시스템보안 컨설턴트, 네트워크보안컨설턴트
	웹·멀티미디어 디자이너	★★★★	☺	±△	웹디자이너, 웹UI디자이너, 멀티미디어디자이너
	응용소프트웨어 개발자	★★★	☺	±⇧	네트워크·컴퓨터·모바일게임프로그래머
	시스템소프트웨어 개발자	★★★	☺	±△	시스템소프트웨어·운영체제·펌웨어프로그래머
	전산 관련 기술영업원	★★★★★	☹	±△	컴퓨터하드디스크, 컴퓨터소프트웨어, 전산장비, 전산기술, 데이터복구, 인터넷솔루션
최근 생성된 직업	애플리케이션개발자, 증강현실개발전문가, 가상현실전문가, 디지털영상처리전문가, 음성처리전문가, 고객지원엔지니어, 컴퓨터프로그래밍지도전문가, 유아컴퓨터지도자, 컴퓨터프레젠테이션전문가, 컴퓨터인공지능개발자, 연구원, 컴퓨터그래픽스전문가				

🔍 국가과학기술표준분류로 전산학·컴퓨터공학과 이해하기

구분	국가과학기술표준분류체계		
	대분류	중분류	소분류
전산학· 컴퓨터공학	물리학	복합물리	전산물리
	화학	물리화학	양자화학/전산화학
	원자력	원자로계통/ 핵심기기기술	열유동 전산해석 기술
	언어	언어 일반	전산언어
	정보/통신	정보이론	컴퓨터이론, 알고리즘, 컴파일러, 프로그래밍언어/ 자연어처리, 데이터베이스, 소프트웨어공학, 오퍼레이팅시스템, 인공지능, 실시간시스템, 정보검색 HumanComputerInterface, Cloudcomputing/Gridcomputing
		소프트웨어	임베디드S/W, S/W솔루션, SystemIntegration, 인터넷S/W
	교육	실업교과교육	컴퓨터

🔍 전산학·컴퓨터공학과 준비자를 위한 꿀팁

📖 학과 관련 고교 교과목과 준비사항

전산학·컴퓨터공학과의 경우 소프트웨어 관련 학과는 수학과 영어(전산 언어의 경우 영어로 구성) 과목이 관련 있으며, 하드웨어 관련 학과는 물리 과목과 관련성이 높다. 직업탐구영역 가운데 컴퓨터일반과목과 특히 관련성이 높다.

📋 학과 관련 면허와 자격 현황

국가기술자격	정보처리기사, 정보처리산업기사, 컴퓨터활용능력, 정보기기운용기능사, 전자계산기제어산업기사, 사무자동화산업기사, 통신선로산업기사, 컴퓨터그래픽스운용기능사, 웹디자인기능사
국가전문자격	실기교사
공인민간자격 및 기타	디지털정보활용능력(DIAT), 인터넷정보관리사, PC활용능력평가시험, 정보기술프로젝트관리전문가(IT-PMP), PC정비사, 네트워크관리사

🌐 학과 관련 비전과 이슈

컴퓨터 관련 산업은 지속적으로 확장되고 있으며, 정보통신과 다른 산업이 융합해 새로운 부가가치를 창출하고 있다. 따라서 하드웨어와 소프트웨어 기술이 급속히 발전하고 있다. 최근 컴퓨터공학은 하드웨어 기술에서 소프트웨어 관련 기술로 그 중요성이 부각되고 있다.

■ 전산학·컴퓨터공학과를 졸업하면 어디로 진출할까?

일반기업
- 소프트웨어개발업체
- 컴퓨터개발업체
- 게임개발업체
- 웹페이지구축업체
- 웹프로그래밍업체
- 영상물제작업체

정부 및 공공기관
- 중앙정부(전송기술직)
- 지방자치단체
- 한국방송통신전파진흥원

연구기관
- 한국전자통신연구원
- 정보통신정책연구원
- 정보통신진흥연구원

학교
- 중·고등학교
- 대학교

진출 산업 분류

◆ 컴퓨터공학

소프트웨어개발·공급업(10.7%), 컴퓨터프로그래밍·시스템통합관리업(5.6%), 입법·일반정부행정(2.7%), 은행·저축기관(2.6%), 전기통신업(2.3%), 고등교육기관(2.2%), 일반교습학원(2.2%), 보험업(2.0%), 통신·방송장비제조업(1.9%)

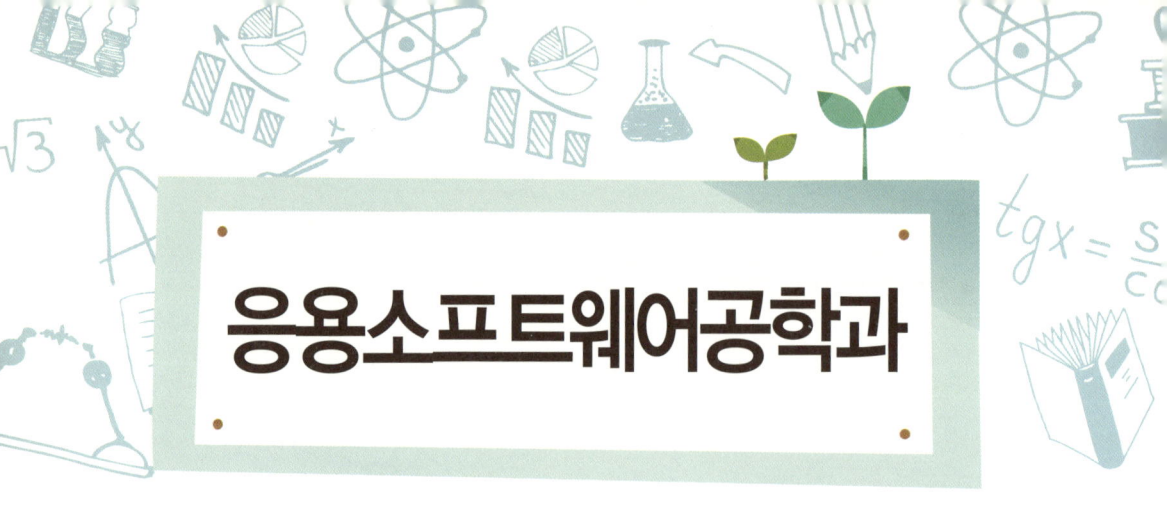

응용소프트웨어공학과

한눈에 보는 응용소프트웨어공학과 현황과 전망

■ 학과 개요

응용소프트웨어공학은 전산학을 거쳐 컴퓨터공학에서 분화되었으며, 소프트웨어의 관점에서 하드웨어적 기술을 병행하는 응용학문이다. 이 학문은 운영체제와 프로그래밍에 중점을 둔다. 응용소프트공학은 소프트웨어공학과, 게임공학과, 컴퓨터소프트웨어학과, 컴퓨터소프트웨어공학과, 게임콘텐츠학과, 모바일공학과, 소프트웨어융합과 등 다양한 명칭으로 학과가 개설되어 있다. 졸업자의 취업률은 높은 편이며, 취업의 질도 높은 수준이다. 학생 수의 경우 여학생보다 남학생의 비율이 매우 높다. 최근 학과 개설과 증원에 따라 입학자와 졸업자의 규모는 증가하고 있다.

■ 응용소프트웨어공학과의 미래 고용 관련 전망은 어떨까?

· 고용률　　　★★★★☆　　　· 정규직 비율　★★★☆
· 전공 일치 비율 ★★★　　　　· 월평균 소득　★★★☆

긍정적 전망 요인	– 인공지능과 빅데이터의 산업적 활용도가 커지고 있음 – 4차 산업혁명 수혜 가능성
부정적 전망 요인	– 빠른 기술변화에 따라 기업 간 경쟁이 심화 – 학과 개설과 증원에 따른 응용소프트웨어공학 인력의 노동공급 증가 추이

■ 응용소프트웨어공학과를 졸업하면 어떤 직업이 유망할까?

	직업군	고용지표	인공지능 대체 가능성	인력수급 전망	직업명
졸업 후 진출 가능한 직업	컴퓨터시스템· 네트워크보안 전문가	★★★★★	☺	±⇧	인터넷보안전문가, 인터넷정보보안연구원, 시스템보안전문가, 방화벽개발전문가, 보안 관련 프로그래머, 컴퓨터시스템 보안 컨설턴트, 네트워크보 컨설턴트
	웹·멀티미디어 디자이너	★★★★	☺	±△	웹디자이너, 웹UI디자이너, 멀티미디어디자이너
	데이터베이스 설계·구축·관리 기술자	★★★★	☺	±⇧	데이터베이스전문가, 설계가, 매니저
	대학교수	★★★★	☺	±⇩	응용소프트웨어공학 교수
	컴퓨터시스템 설계가, 분석가	★★★★	☺	±△	IT컨설턴트, 컴퓨터시스템감리기술자
	네트워크시스템 분석가, 개발자	★★★★	☺	±△	네트워크전문가, 엔지니어, 개발자, 분석가
	정보통신 관련 관리자	★★★★	☺	±△	소프트웨어회사관리자, 소프트웨어개발부서장, 디지털미디어개발부서장, 응용솔루션개발부서장, 정보시스템개발부서장
	응용소프트웨어 개발자	★★★	☺	±⇧	네트워크·컴퓨터· 모바일게임프로그래머
	웹·멀티미디어 기획자	★★★	☺	±⇧	웹마케터, 컴퓨터·모바일게임기획자
	시스템소프트웨어 개발자	★★★	☺	±△	시스템소프트웨어·운영체제· 임베디드·펌웨어프로그래머
	웹마스터, 웹개발자	★★★	☺	±⇧	웹마스터, 웹PD, 웹개발자, 웹프로그래머, 웹엔지니어
	정보시스템운영자	★★	☺	±△	서버운영관리자, 네트워크운영관리자, IT기술지원전문가
	통신공학기술자, 연구원	★★	☺	±△	통신기술개발자, 통신망운영기술자
	컴퓨터강사	★★	☺	±▽	컴퓨터학원강사, 웹디자인강사, 컴퓨터그래픽강사, 웹프로그래밍강사, 컴퓨터기초강사, 컴퓨터프로그래밍강사, 디지털실버인터넷강사

	직업군	고용지표	인공지능 대체 가능성	인력수급 전망	직업명
졸업 후 진출 가능한 직업	컴퓨터·사무기기설치·수리원	★★	☹	±△	컴퓨터·사무기기설치·수리원
	중·고등학교 교사	★★	☺	±▽	중학교 교사, 고등학교 교사
	통신 관련 장비설치·수리원	★	☹	±△	통신장비·기지국설치·수리원
전공의 장점을 살릴 수 있는 직업	컴퓨터시스템·네트워크보안전문가	★★★★★	😐	±⇧	인터넷보안전문가, 인터넷정보보안연구원, 시스템보안전문가, 방화벽개발전문가, 보안 관련 프로그래머, 컴퓨터시스템보안 컨설턴트, 네트워크보 컨설턴트
	응용소프트웨어 개발자	★★★	☺	±⇧	네트워크·컴퓨터·모바일게임프로그래머
최근 생성된 직업	콘텐츠전문가, 컴퓨터공학기술자, 게임마케터, 가상현실전문가, 디지털영상처리전문가, 음성처리전문가, 고객지원엔지니어, 소프트웨어코딩지도전문가, 소프트웨어자산관리자, 산업소프트웨어개발자, 인공지능전문가, 인공지능언어전문가, 게임음악가, 사이버수사요원, 테크니컬라이터				

🔍 국가과학기술표준분류로 응용소프트웨어공학과 이해하기

구분	국가과학기술표준분류체계		
	대분류	중분류	소분류
응용 소프트웨어 공학	정보/통신	정보이론	소프트웨어 공학
		소프트웨어	임베디드S/W, S/W솔루션, SystemIntegration 인터넷S/W
		RFID/USN	활용서비스 플랫폼 및 응용 S/W
응용 소프트웨어 공학 관련 융합 기술 및 융합 학문	기계	에너지/ 환경기계시스템	에너지/환경 기계시스템 관련 S/W
		산업/일반기계	산업/일반기계 관련 S/W
		요소부품	요소부품 관련 S/W
		정밀생산기계	CAD/CAM 관련 S/W
		조선/해양시스템	조선/해양시스템 관련 S/W
		로봇/자동화기계	로봇/자동화기계 관련 S/W
		항공시스템	항공시스템 관련 S/W
		나노/마이크로 기계시스템	나노 마이크로 기계시스템 관련 S/W
		우주발사체	우주발사체 관련 S/W
		인공위성	인공위성 관련 S/W
	재료	소성가공/분말	소성가공 관련 S/W
		주조/용접/접합	주조/용접 관련 S/W
	인력 및 인프라	연구 및 기타시설/ 장비	데이터 처리 관련 연구 시설 및 장비, 장비 하드웨어, 장비 소프트웨어

🔍 응용소프트웨어공학과 준비자를 위한 꿀팁

📑 학과 관련 고교 교과목과 준비사항

소프트웨어 관련 학과의 경우 수학, 영어(전산 언어의 경우 영어로 구성) 과목과 관련성이 있으며, 하드웨어 관련 학과의 경우 물리와 관련성이 높다. 다른 컴퓨터공학, 정보·통신공학, 전기·전자공학과 비교해 상대적으로 수학과 과학에 대한 부담이 적다.

📑 학과 관련 면허와 자격 현황

국가기술자격	전자산업기사, 통신선로산업기사, 사무자동화산업기사, 전자계산기제어산업기사, 전자계산기조직응용기사, 전자산업기사, 정보통신기술사, 멀티미디어콘텐츠제작전문가, 정보처리산업기사, 컴퓨터시스템응용기술사, 컴퓨터그래픽스운용기능사
국가전문자격	기술지도사(정보처리)
공인민간자격 및 기타	인터넷정보관리사, PC활용능력평가시험(PCT), 네트워크관리사, PC정비사, 소프트웨어설계기술인증시험

🌿 학과 관련 비전과 이슈

4차 산업혁명의 중심에 소프트웨어 기술이 있다. 특히 빅데이터를 활용한 인공지능은 4차 산업혁명의 핵심 기술이 될 것으로 보인다. 최근 여가의 확대 등으로 가상현실과 게임산업이 확대될 것으로 보이며, 각 산업 분야에서 응용소프트웨어와 관련한 인력수요가 활발하다.

■ 응용소프트웨어공학과를 졸업하면 어디로 진출할까?

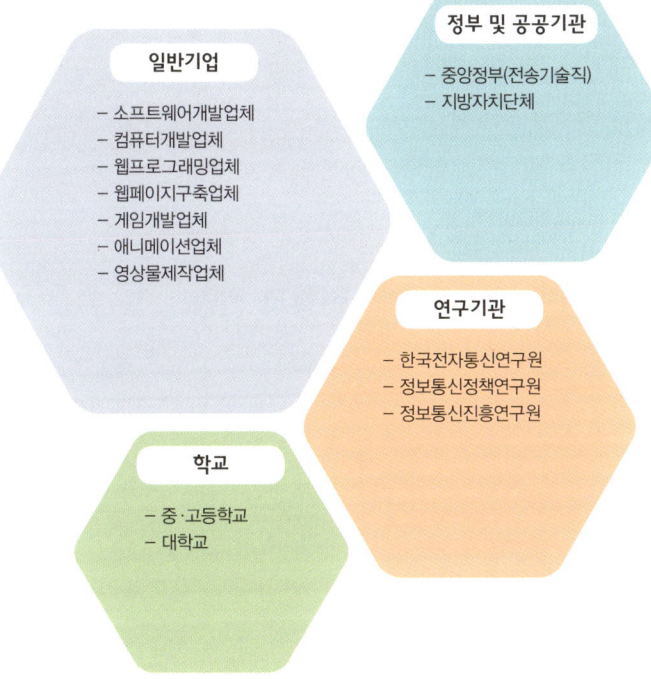

일반기업
- 소프트웨어개발업체
- 컴퓨터개발업체
- 웹프로그래밍업체
- 웹페이지구축업체
- 게임개발업체
- 애니메이션업체
- 영상물제작업체

정부 및 공공기관
- 중앙정부(전송기술직)
- 지방자치단체

연구기관
- 한국전자통신연구원
- 정보통신정책연구원
- 정보통신진흥연구원

학교
- 중·고등학교
- 대학교

진출 산업 분류

◆ 소프트웨어공학과

컴퓨터프로그래밍·시스템통합관리업(19.0%), 소프트웨어개발·공급업(14.3%), 기타 교육기관(9.5%), 보험업(9.5%), 고등교육기관(4.8%), 정보통신장비소매업(4.8%), 자연과학·공학연구개발업(4.8%), 반도체제조업(4.8%), 기계장비 관련 물품도매업(4.8%)

정보·통신공학과

한눈에 보는 정보·통신공학과 현황과 전망

■ 학과 개요

정보·통신공학은 정보와 통신이 결합된 응용학문이다. 이 학과의 경우 인터넷과 같은 네트워크와 통신망, 그리고 데이터 수집과 관리, 데이터 처리 등에 중점을 둔다. 정보·통신공학과는 IT정보공학과, 전자정보공학과, 디지털정보융합과, 전자통신공학과, 디지털정보공학과 등 다양한 명칭으로 학과가 개설되어 있다. 졸업자의 취업률은 높은 편이며, 취업의 질도 높은 수준이다. 학생수의 경우 여학생보다 남학생의 비율이 매우 높고, 입학자와 졸업자의 수는 완만한 감소 추이를 보인다.

■ 정보·통신공학과의 미래 고용 관련 전망은 어떨까?

- 고용률 ★★★★
- 전공 일치 비율 ★★☆
- 정규직 비율 ★★★☆
- 월평균 소득 ★★★★

긍정적 전망 요인	– 인공지능과 빅데이터의 산업적 활용도가 커지고 있음 – 4차 산업혁명 수혜 가능성 – 입학자와 졸업자 수의 감소 추이
부정적 전망 요인	– 영어능력을 기반으로 우수한 인도 근로자의 증가 – 경쟁국가와 비교해 창업 환경이 좋지 않음 – 정보통신산업의 특성상 승자독식이 발생될 수 있음

■ 정보·통신공학과를 졸업하면 어떤 직업이 유망할까?

	직업군	고용지표	인공지능 대체 가능성	인력수급 전망	직업명
졸업 후 진출 가능한 직업	기획·마케팅 사무원	★★★★★	☺	±△	경영기획·마케팅·광고·홍보·영업·판매관리사무원
	컴퓨터시스템·네트워크보안 전문가	★★★★★	☹	±⇑	인터넷보안전문가, 인터넷정보보안연구원, 시스템보안전문가, 보안 관련 프로그래머, 컴퓨터시스템보안컨설턴트
	웹·멀티미디어 디자이너	★★★★	☺	±△	웹디자이너, 웹UI디자이너, 멀티미디어디자이너
	대학교수	★★★★	☺	±⇓	정보·통신공학 교수
	정보통신 관련 관리자	★★★★	☺	±△	소프트웨어회사관리자, 소프트웨어개발부서장, 디지털미디어개발부서장, 응용솔루션개발부서장, 정보시스템개발부서장
	컴퓨터시스템 설계가, 분석가	★★★★	☹	±△	IT컨설턴트, 컴퓨터시스템감리기술자
	네트워크시스템 분석가, 개발자	★★★★	☹	±△	네트워크전문가, 엔지니어, 개발자, 분석가
	데이터베이스 설계·구축·관리 기술자	★★★★	☺	±⇑	Oracle DB전문가, MS-SQL전문가, MySQL전문가, DBA전문가, mSQL전문가, 데이터베이스전문가, 설계가
	시스템소프트웨어 개발자	★★★	☺	±△	시스템소프트웨어·운영체제·임베디드·펌웨어프로그래머
	응용소프트웨어 개발자	★★★	☺	±⇑	네트워크·컴퓨터·모바일게임프로그래머
	웹마스터, 웹개발자	★★★	☺	±⇑	웹마스터, 웹PD, 웹개발자, 웹프로그래머, 웹엔지니어
	웹·멀티미디어 기획자	★★★	☺	±⇑	웹마케터, 컴퓨터·모바일게임기획자
	컴퓨터하드웨어 기술자, 연구원	★★	☹	±⇑	컴퓨터하드웨어기술자, 연구원, 컴퓨터부품·주변기기 개발기술자, 연구원
	통신공학기술자, 연구원	★★	☺	±△	통신기술개발자, 통신망운영기술자
	통신·방송송출 장비기사	★★	☺	±△	통신송출기술자, 방송송출기술자

	직업군	고용지표	인공지능 대체 가능성	인력수급 전망	직업명
졸업 후 진출 가능한 직업	정보시스템운영자	★★	😐	±△	서버운영관리자, 네트워크운영관리자, IT기술지원전문가
	컴퓨터강사	★★	🙂	±▽	컴퓨터학원강사, 웹디자인강사, 컴퓨터그래픽강사, 웹프로그래밍강사, 컴퓨터기초강사, 컴퓨터프로그래밍강사, 디지털실버인터넷강사
	컴퓨터·사무기기설치·수리원	★★	🙁	±△	컴퓨터·사무기기설치·수리원
	중·고등학교 교사	★★	🙂	±▽	중학교 교사, 고등학교 교사
	통신 관련 장비설치·수리원	★	🙁	±△	통신장비·기지국설치·수리원
전공의 장점을 살릴 수 있는 직업	정보통신 관련 관리자	★★★★	🙂	±△	소프트웨어회사관리자, 소프트웨어개발부서장, 디지털미디어개발부서장, 응용솔루션개발부서장, 정보시스템개발부서장
	통신공학기술자, 연구원	★★	🙂	±△	통신기술개발자, 통신망운영기술자
	통신 관련 장비설치·수리원	★	🙁	±△	통신장비·기지국설치·수리원
최근 생성된 직업	- 사물인터넷엔지니어, 사물인터넷개발자, 스마트폰개발전문가, 가상현실전문가 - 시스템엔지니어, 시스템컨설턴트, 정보보호전문가, 영상콘텐츠개발자(3D 입영상 등), - 사이버수사요원, 테크니컬라이터				

국가과학기술표준분류로 정보·통신공학과 이해하기

구분	국가과학기술표준분류체계		
	대분류	중분류	소분류
정보·통신 공학	정보/통신	정보이론	컴퓨터이론, 알고리즘, 컴파일러, 프로그래밍언어/ 자연어처리, 데이터베이스, 소프트웨어공학, 오퍼레이팅시스템 인공지능, 실시간시스템, 정보검색 HumanComputerInterface, Cloudcomputing/Gridcomputing
		소프트웨어	임베디드S/W, S/W솔루션, SystemIntegration, 인터넷S/W
		정보보호	공통보안기술, 네트워크시스템보안, 서비스/ 응용보안, 산업보안/융합보안
		광대역 통합망	네트워크구조설계/운영지원, 서비스/제어, 전달망, 가입자망
		위성/전파	위성통신/방송전송, 위성통신/방송단말, 위성항법, 위성통신네트워크, 탑재체/관제, EMI/EMC, 전자파기기, 전자파진단/방호
		이동통신	이동통신서비스, 이동통신시스템, 이동통신단말기
		디지털방송	디지털방송서비스, 디지털방송매체, 디지털방송이동방송, 디지털방송통방융합, 디지털방송실감방송, 디지털방송단말
		홈네트워크	홈네트워크기기, 유/무선홈네트워킹기술, 지능형정보가전 홈네트워크응용/서비스기술
		RFID/USN	RFID기술, USN기술, 모바일-RFID, 활용서비스플랫폼 및 응용S/W, RFID/USN서비스
		U-컴퓨팅	U-컴퓨팅플랫폼/응용기술, 서버기술, U-컴퓨팅기기/주변기기
		정보통신 모듈/ 부품	이동통신모듈/부품, 위성/방송모듈/부품, 광통신모듈/부품 멀티미디어모듈/부품, 안테나모듈/부품
		ITS/텔레매틱스	ITS단말/기기, 텔레매틱스단말/기기, ITS응용서비스 텔레매틱스응용서비스
		재난정보 관리	재난정보관리체계, 재난취약요소진단정보관리기술 비상재난통신망구축기술, 예경보발령/전달체계 재난상황대응의사결정시스템, 재난지리정보기술
		국방정보 통신	정보시스템, 정보처리/전술데이터처리, HCI/시현, 정보공격, 정보보호, 통신망, 통신단말기, 데이터링크, M&S, 전술위성
		기타 정보/통신	달리 분류되지 않는 정보/통신

구분	국가과학기술표준분류체계		
	대분류	중분류	소분류
정보·통신 공학 관련 융합기술 및 융합학문	보건의료	영양관리	영양기능식품 표시개선/정보관리
		독성/안전성 관리 기반기술	독성정보학기술
		간호과학	간호정보표준화/보안
		보건학	보건정보관리
		한의과학	한의정보표준화시스템
		의료정보/시스템	의료정보표준화, 의료정보보안, 병원의료정보시스템/설비
		의생명과학	생물정보학
	농림수산식품	식품영양과학	식품영양정보구축/활용
		조경학	조경정보학
		농업기계학	생물공정/정보처리
	생명과학	바이오공정/기기	바이오전자/정보
		융합바이오	생물정보학
	화학	융합화학	화학정보학
	물리학	원자/ 분자물리	양자정보
	수학	이산/정보수학	정보이론
	원자력	원자력안전기술	확률론적 안전성평가/위험도 정보활용기술
	환경	환경예측/감시/ 평가	환경경영/정보화기술
	정치/행정	분야별/ 유형별행정/정책	정보통신/방송
	경제/경영	경영정보/e- 비즈니스	정보기술관리 및 전략, 정보시스템개발, DB/ 지식경영 정보통신경영, e-비즈니스/전자상거래, 지능형정보기술 엔터프라이즈시스템, 정보시스템보안
		회계	회계정보시스템
		경영과학	데이터마이닝/CRM

구분	국가과학기술표준분류체계		
	대분류	중분류	소분류
정보·통신 공학 관련 융합기술 및 융합학문	인력 및 인프라	연구 및 기타시설/ 장비	데이터처리 관련 연구시설 및 장비, 장비 하드웨어, 장비 소프트웨어
		연구정보	연구개발, 과학문헌, 기술, 지식재산권 및 상품정보를 수집, 보관, 가공, 분석, 유통을 위한 연구와 응용 분야, 비과학기술적 일반 콘텐츠의 제작, 가공, 분석 및 유통을 위한 연구와 응용 분야, 데이터베이스 구축과 관련된 연구와 응용 분야, 시스템구축과 관련된 연구와 응용 분야, 네트워크 등의 정보인프라 구축과 관련된 연구와 응용 분야
	지구과학(지구/ 대기/해양/천문)	천문우주 관측기술	우주전파기기
	전기/전자	무기센서 및 제어	위협/전파탐지
		영상/음향기기	화상통신기기
		가정용기기/ 전자응용기기	정보가전기기, 음성정보기술응용기기
	기계	조선/해양시스템	갑판설비/항해통신장치
		생산기반기술	산업정보화기술
	재료	고분자재료	전기/전자정보용 소재기술
	화공	화학공정 안전기술	화학공정 안전관리/정보화기술
	건설/교통	국토공간개발기술	국토지능화/공간정보
		시설물 설계/ 해석기술	설계 정보화기술
		철도교통기술	철도신호통신기술
		물류기술	물류정보화기술
		건설 환경설비 기술	건축/도시환경 시스템 정보화기술
	사회/인류/복지/ 여성	사회제도	정보/미디어사회
		문화/인류	정보/과학기술인류학
	지리/지역/관광	지적/지리정보	지도학/지리정보시스템
		관광	관광콘텐츠/정보

구분	국가과학기술표준분류체계		
	대분류	중분류	소분류
정보·통신 공학 관련 융합기술 및 융합학문	미디어/ 커뮤니케이션/ 문헌정보	정보조직/검색/ 시스템	데이터/메타데이터의미관리 데이터모델링/인포메이션아키텍처 데이터베이스설계/구축
		도서관/정보/ 이용자	도서관/정보정책, 독서지도/정보문해, 도서관/ 정보센터경영/평가, 도서관/정보서비스, 정보원/ 정보매체/장서관리, 정보행위/이용자연구
		기타	달리 분류되지 않는 미디어/커뮤니케이션/문헌정보
	인지/감성과학	인지과학	감각/지각/주의정보처리, 운동조절정보처리, 학습/ 기억정보처리, 언어정보처리, 고등사고정보처리, 인지신경정보처리

🔍 정보·통신공학과 준비자를 위한 꿀팁

📖 학과 관련 고교 교과목과 준비사항

정보·통신공학과의 경우 소프트웨어 관련 학과는 수학, 영어(전산 언어의 경우 영어로 구성)와 관련성이 있으며, 하드웨어 관련 학과는 물리 과목의 관련성이 높다. 직업탐구영역 가운데 컴퓨터일반 과목과 특히 관련성이 높다.

📋 학과 관련 면허와 자격 현황

국가기술자격	정보통신산업기사, 정보관리기술사, 정보처리산업기사, 정보처리기사, 전자계산기조직응용기사, 사무자동화산업기사, 컴퓨터시스템응용기술사, 전파전자통신산업기사, 통신선로산업기사, 전자계산기제어산업기사, 방송통신산업기사
국가전문자격	일반행정사, 무선통신사
공인민간자격 및 기타	정보기술프로젝트관리전문가, PC정비사, 네트워크관리사, 정보시스템감리사, 정보보호전문가, 정보기술자격(ITQ), PC활용능력평가시험(PCT)

🌐 학과 관련 비전과 이슈

최근 정보통신산업은 비약적으로 발전하고 있다. 각 경제 부문에서 디지털 장비가 증대되고 있으며, 유비쿼터스 시대가 구현되고 있다. 정보통신 네트워크가 확대됨에 따라 사물인터넷이 발달, 확대되고 있으며, 가상현실(Virtual Reality) 기술과 산업 또한 확대되고 있다. 아울러 정보통신에 있어서 인터넷 보안기술의 중요성이 증대되고 있다.

■ 정보·통신공학과를 졸업하면 어디로 진출할까?

정부 및 공공기관
- 중앙정부(전송기술직)
- 지방자치단체
- 한국방송통신전파진흥원

일반기업
- 각종 IT업체
- 시스템통합업체
- 이동통신업체
- 통신기기제조업체
- 정보통신설비업체
- 소프트웨어개발업체
- 반도체생산업체

연구기관
- 한국전자통신연구원
- 정보통신정책연구원
- 정보통신진흥연구원

학교
- 중·고등학교
- 대학교

진출 산업 분류

전기통신업(8.5%), 전기·통신공사업(6.8%), 컴퓨터프로그래밍·시스템통합관리업(5.5%), 소프트웨어개발·공급업(4.4%), 입법·일반정부행정(2.8%), 통신·방송장비제조업(2.8%), 전자부품제조업(2.8%), 자연과학·공학연구개발업(2.1%), 사법·공공질서행정(2.1%)

산업공학과

한눈에 보는 산업공학과 현황과 전망

■ 학과 개요

산업공학은 과거 공업경영학으로 일컬어지며, 이과 속의 문과라는 별칭을 가지고 있다. 포괄적 공학적 지식과 경영적 지식이 결합되어 있으며, 통계와 정보관리도 많이 활용된다. 산업공학은 경영공학과, 산업시스템공학과, 산업정보경영학과 등 다양한 명칭으로 학과가 개설되어 있다. 졸업자의 취업률은 높은 편이며, 취업의 질도 높은 수준이다. 학생 수의 경우 여학생보다 남학생 비율이 매우 높다.

■ 산업공학과의 미래 고용 관련 전망은 어떨까?

- 고용률 ★★★★
- 전공 일치 비율 ★★
- 정규직 비율 ★★★★
- 월평균 소득 ★★★★☆

긍정적 전망 요인	– 졸업 후 대부분의 업종으로 진출이 가능 – 공정관리와 품질관리 관련 꾸준한 인력수요
부정적 전망 요인	– 기존의 공업경영학이 확대될 경우 산업공학이 축소될 수 있음 – 산업공학도의 경우 실험이 많지 않으므로, 공학도로서의 전문성 확보가 어려울 수 있음

■ 산업공학과를 졸업하면 어떤 직업이 유망할까?

	직업군	고용지표	인공지능 대체 가능성	인력수급 전망	직업명
졸업 후 진출 가능한 직업	생산·품질관리 사무원	★★★★★	☹	±△	생산·품질관리기술자, 생산·품질관리사무원
	경영·진단전문가	★★★★★	🙂	±△	프랜차이즈·기업경영·M&A컨설턴트, 경영진단전문가, 경영분석가, 경영전략가, 경영지도사, 창업컨설턴트, 경영컨설턴트
	기술영업원	★★★★★	☹	±△	전자·통신장비, 전산 관련, 의료장비, 산업용기계장비, 농업용기계장비, 자동차부품 관련, 화학제품 관련 기술영업원
	산업안전· 위험관리원	★★★★★	🙂	±△	산업안전담당자, 산업안전관리자, 사업장안전관리자, 공장안전관리자, 기계안전기술자, 위험물관리원, 원자력폐기물관리원, 보건안전관리자, 위험물안전관리자, 산업위생관리기사
	기계공학기술자, 연구원	★★★★	😃	±△	산업기계공학기술자
	컴퓨터시스템 설계가, 분석가	★★★★	🙂	±△	IT컨설턴트, 컴퓨터시스템감리기술자
	네트워크시스템 분석가, 개발자	★★★★	🙂	±△	네트워크전문가, 엔지니어, 개발자, 분석가
	경영지원관리자	★★★	🙂	±▽	자재관리사무원
	통신공학기술자, 연구원	★★	😃	±△	통신기술개발자, 통신망운영기술자
	공업기계설치원, 정비원	★★	🙂	±△	식품·섬유·화학·공작· 전자제품제조·기계설치원, 정비원
	정보시스템운영자	★★	🙂	±△	서버운영관리자, 네트워크운영관리자, IT기술지원전문가
	산업전공	★★	🙂	±△	열차전기설비설치원, 전동차전기설비설치원, 조선전기설치원, 선박전기설치원, 조선전기설비설치원, 선박전기설비설치원, 철도전기원, 선박전기원, 항공기전기원

	직업군	고용지표	인공지능 대체 가능성	인력수급 전망	직업명
전공의 장점을 살릴 수 있는 직업	생산·품질관리 사무원	★★★★★	☹	±△	생산·품질관리기술자, 생산·품질관리사무원
	경영·진단전문가	★★★★★	☺	±△	프랜차이즈·기업경영·M&A컨설턴트, 경영진단전문가, 경영분석가, 경영전략가, 경영지도사, 창업컨설턴트, 경영컨설턴트
	산업안전· 위험관리원	★★★★★	☺	±△	산업안전담당자, 산업안전관리자, 사업장안전관리자, 공장안전관리자, 기계안전기술자, 위험물관리원, 원자력폐기물관리원, 보건안전관리자, 위험물안전관리자, 산업위생관리기사
최근 생성된 직업	산업품질경영전문가, 산업빅데이터분석전문가, 산업서비스전문가, 산업안전심리상담가, 산업보안전문가, 산업위험성평가관리자, 산업컨설턴트, 산업경영관리자, 산업보안관리자, 산업공학기술자, 산업공학기술자, 아이디어제품디자이너				

🔍 국가과학기술표준분류로 산업공학과 이해하기

구분	국가과학기술표준분류체계		
	대분류	중분류	소분류
산업공학	화학	전기화학	산업전기화학/전기화학공정
	지구과학(지구/ 대기/해양/천문)	기상과학	산업기상
	생명과학	산업바이오	바이오화학소재, 바이오플라스틱, 미생물/효소촉매 기능성바이오소재, 바이오화장품/소재, 기능성식품소재, 바이오환경, 바이오농축수산제제
	농림수산식품	식품조리/외식/ 식생활개선	식품산업통계, 식품산업마케팅
	보건의료	임상의학	산업의학
		보건학	산업보건
	기계	생산기반기술	산업정보화기술, 컴퓨터통합생산시스템
		산업/일반기계	인쇄/섬유기계, 식품포장기계, 건설/광산기계 일반가공기계, 방재소방기계, 운송하역기계 정보산업장비, 산업/일반기계 관련 S/W
		재난안전장비	산업시설 안전검사/시험평가/인증기술

구분	국가과학기술표준분류체계		
	대분류	중분류	소분류
산업공학	재료	고분자재료	에너지/환경산업용 소재기술
	화공	섬유제품	산업용 섬유제품
		정밀화학	전자산업용 정밀화학소재
		섬유제조	산업용 섬유제조기술
	정보/통신	정보보호	산업보안/융합보안
	환경	청정생산/설비	환경산업 부품소재기술
		작업환경기술	산업독성학, 산업인간공학
	문화/예술/체육	제품디자인	산업용 제품/기기디자인
	정치/행정	분야별/유형별행정/정책	산업/통상
	경제/경영	미시경제	산업조직론
		분야별 경제	산업/서비스경제
		사회복지서비스/임상	산업복지
		사회제도	산업사회
		문화/인류	도시/산업인류학
	심리	산업/조직/소비자심리	산업심리
	미디어/커뮤니케이션/문헌정보	미디어/수용자	미디어산업
		광고/홍보	광고산업 및 정책, 홍보산업 및 정책
	인지/감성과학	감성과학	감성의류/산업/환경
	인력 및 인프라	인력양성	산업노동 인적자원의 교육훈련 및 능력개발 지원

산업공학과 준비자를 위한 꿀팁

학과 관련 고교 교과목과 준비사항

수학 가운데 특히 통계학과 관련성이 높으며, 전반적 과학 기초 위에 사회 과목과의 관련성도 일부 있다. 따라서 산업공학을 공대 속 문과라고 칭하기도 한다. 전기·전자공학, 기계공학, 재료공학 등과 비교해 상대적으로 수학과 과학에 대한 부담이 적다.

학과 관련 면허와 자격 현황

국가기술자격	지적산업기사, 건설안전산업기사, 기계가공조립산업기사, 기계정비산업기사, 사출금형산업기사, 사출금형설계기사, 주조산업기사, 공조냉동기계산업기사, 프레스금형산업기사, 프레스금형설계기사, 정밀측정산업기사, 품질경영산업기사, 가스산업기사, 소방설비산업기사, 초음파비파괴검사산업기사, 표면처리산업기사
국가전문자격	감정평가사, 공인중개사, 기술지도사, 물류관리사
공인민간자격 및 기타	〈비공인〉 산업보안관리사

학과 관련 비전과 이슈

최근 기업에서 경영학 전공자에 대한 수요보다 산업공학에 대한 수요가 증가하고 있다. 이는 회계, 재무, 인사노무 등이 자동화로 전환됨에 따라 경영학 전공자의 수요가 감소했기 때문이다. 반면 융복합시대에 문과의 특성과 이과의 특성이 조화된 산업공학과를 선호하는 현상이 발생되고 있다.

■ **산업공학과를 졸업하면 어디로 진출할까?**

일반기업

- 경영컨설팅업체
- 정보시스템업체
- 자동차 관련 업체
- 각종 유통업체
- 화학제조업체
- 소프트웨어개발업체
- 반도체제조업체

정부 및 공공기관

- 중앙정부
- 지방자치단체

연구기관

- 각 산업연구원
- 각 산업기술원
- 산업과학연구원

학교

- 중·고등학교
- 대학교

진출 산업 분류

소프트웨어개발·공급업(4.3%), 일반목적용 기계제조업(3.8%), 고등교육기관(3.3%), 컴퓨터프로그래밍·시스템통합관리업(2.9%), 보험업(2.9%), 자동차부품제조업(2.9%), 플라스틱제품제조업(2.9%), 선박·보트건조업(2.9%), 토목건설업(2.4%), 반도체제조업(2.4%)

화학공학과

한눈에 보는 화학공학과 현황과 전망

■ 학과 개요

화학공학은 화학적 반응과 물리적 반응이 결합된 공학적 접근의 응용학문이다. 화학공학은 공업화학, 응용화학과, 나노화학공학과, 화공생명공학과, 화공신소재공학과, 고분자공학과 등 다양한 명칭으로 유사학과가 개설되어 있다. 졸업자의 취업률은 높은 편이며, 취업의 질도 높은 수준이다. 학생 수의 경우 여학생보다 남학생의 비율이 매우 높다.

■ 화학공학과의 미래 고용 관련 전망은 어떨까?

· 고용률　　　★★★☆　　　　· 정규직 비율　★★★☆
· 전공 일치 비율 ★★☆　　　　· 월평균 소득　★★★★

긍정적 전망 요인	– 화학회사 외 건설, 전자 등 폭넓은 분야로 진출이 가능 – 가스 관련 소비는 증가되고 있음 – 국가 차원에서 바이오화학산업을 육성하고 있음
부정적 전망 요인	– 석유가격은 하락하고 환경문제와 대체에너지 등으로 화석연료산업이 차지하는 비중은 축소되고 있음

■ 화학공학과를 졸업하면 어떤 직업이 유망할까?

	직업군	고용지표	인공지능 대체 가능성	인력수급 전망	직업명
졸업 후 진출 가능한 직업	재료공학기술자	★★★★★	😊	±△	요업·유리·시멘트·신소재개발·나노개발기술자
	자연과학연구원	★★★★★	😊	±⇧	화학연구원
	산업안전·위험관리원	★★★★★	😐	±△	산업안전관리자, 기계안전기술자, 위험물안전관리자
	보건위생·환경검사원	★★★★★	😐	±⇧	환경모니터요원, 환경생태조사원, 환경조사원, 보건위생검사원, 환경모니터링원, 토양시료채취원
	생산·품질관리사무원	★★★★★	🙁	±△	생산·품질관리기술자, 생산·품질관리사무원
	기술영업원	★★★★★	🙁	±△	화학제품 관련 영업원
	에너지공학기술자, 연구원	★★★★★	😊	±△	에너지기술자, 대체에너지연구원, 신재생에너지연구원
	화학공학기술자, 연구원	★★★★	😊	±△	석유·고무·플라스틱·화학·농약·비료·도료·잉크·화장품·비누제품화학기술자, 연구원, 가스기술자, 연구원
	화학물가공·생산직	★★★★	🙁	±△	화학물·화학제품원료생산직, 폐유처리장치·재생유장치 조작원
	화학제품생산직	★★★★	😊	±△	농약·비료·도료·잉크·의약품·화장품·비누생산직
	환경공학기술자, 연구원	★★★★	😊	±⇧	대기·수질·소음·폐기물·토양환경기술자, 연구원, 환경영향평가원
	제품 생산 관련 관리자	★★★★	😐	±△	화학제품생산관리자
	기계공학기술자, 연구원	★★★★	😊	±△	플랜트설계기술자, 산업공학기술자
	자연과학시험원	★★★★	😊	±△	물리학시험원, 천문학시험원, 기상학시험원, 지학시험원
	대학교수	★★★★	😊	±⇩	화학공학 교수
	중·고등학교 교사	★★	😊	±▽	중학교 교사, 고등학교 교사
전공의 장점을 살릴 수 있는 직업	화학공학기술자, 연구원	★★★★	😊	±△	석유·고무·플라스틱·화학·농약·비료·도료·잉크·화장품·비누제품화학기술자, 연구원, 가스기술자, 연구원
	변리사	★★★★	😊	±△	변리사, 특허전문가
최근 생성된 직업					– 환경안전전문가, 온실가스인증심사원, 에너지진단전문가, 연료전지연구원, 온실가스처리연구원, 화석연료청정화기술연구원 – 환경오염분석가, 환경컨설턴트, 수자원관리자, 환경시설진단연구원, 탄소배출권거래중개인

국가과학기술표준분류로 화학공학과 이해하기

구분	국가과학기술표준분류체계		
	대분류	중분류	소분류
화학공학	화공	화학공정	촉매/반응기술, 분리/정제기술, 공정시스템기술, 공정설비기술 기초유기소재공정기술, 기초무기소재공정기술, 석유화학부산물응용기술
		나노 화학공정기술	나노소재합성기술, 나노소재가공기술, 나노소재제조기술, 나노복합재제조기술, 나노공정시스템기술
		고분자 공정기술	고분자중합공정기술, 고분자입자제조기술, 고분자가공/성형기술 고분자박막/코팅제조기술, 유변공정기술, 복합재료제조공정기술
		생물화학 공정기술	발효공정기술, 대사공학기술, 효소생물공정기술, 생물분리정제공정기술, 생물환경공정기술, 나노생물융합공정기술, 분자생물공정기술
		정밀화학	의약중간체/원제, 의약제제, 농약중간체/원제, 농약제제, 염/안료 및 중간체, 계면활성제, 윤활유, 첨가제, 도료/코팅제, 접착제/실란트, 유/무기재료 및 촉매, 감광재료, 화장품, 전자산업용정밀화학소재, 나노응용기술
		화학제품	제지, 인조피혁, 천연피혁, 고무(타이어포함)
		섬유제조	중합개질, 섬유방사, 천연섬유방적, 사가공기술, 제직기술, 방사설비, 사가공설비, 산업용섬유제조기술, 나노섬유제조기술, 제직설비
		염색가공	침염기술, 날염기술, 사염기술, 가먼트염색기술, 물리/화학적가공기술, 염색설비, 가공설비
		섬유제품	부직포제조, 부직포가공기술, 봉제기술, 의류패션, 편직기술, 섬유제품설비, 산업용섬유제품, 나노섬유제품기술, 융합섬유제품
		화학공정 안전기술	화학공정안전관리/정보화기술, 유해화학물질물성해석기술, 위험성평가기술, 위험설비/시설진단기술, 사고원인/인적오류분석기술 피해예측/손실방지기술, 비상대응기술
		무기화생방/ 화력탄약	화생방위협분석, 화생방탐식/식별, 화생방보호, 연막차폐, 화생검증/폐기, 의료조치, 물리적환경, 탄약, 화약, 부식제/비마찰, 무기효과분석, 추진제/연료, 탄소섬유탄, 고섬광발사탄, 고에너지레이저, HPM, EMP, 초저주파음파, 입자무기, 전원/전력공급

🔍 화학공학과 준비자를 위한 꿀팁

📋 학과 관련 고교 교과목과 준비사항

화학공학과의 경우 과학탐구영역(물리, 화학, 생물, 지구과학)에서 물리, 화학 과목과 관련성이 높으며, 일부는 생물 과목과 관련성이 있다. 또한 학업 수행에 있어서 수학영역(수학, 확률과 통계, 미적분, 기하와 벡터)에서 미적분 과목이 많이 활용된다.

📑 학과 관련 면허와 자격 현황

국가기술자격	화공기사, 화공안전기술사, 화학분석기사, 화학류제조산업기사, 화약류관리산업기사, 화약류제조산업기사, 광학기기산업기사, 위험물산업기사, 대기환경산업기사, 수질환경산업기사, 폐기물처리산업기사, 토양환경기사, 해양환경기사, 환경기능사
국가전문자격	산업안전지도사, 기술지도사(화공)

🌿 학과 관련 비전과 이슈

화공 분야의 경우 내구성과 기능성 강화, 저가 소재 개발과 생산이 중요한 과제다. 화공은 크게 플랜트와 같은 화학 제조 관련 시설부터, 플라스틱, 가스, 도색제품 등 경제성장과 제조와 관련 각종 제품을 생산하는 분야다. 흔히 화학공학 하면 화학과의 관련성이 높다고 생각할 수 있으나, 교육이나 직무수행에 있어서 상당 부분이 기계공학과 관련되어 있다. 화학공학은 기계공학과 함께 국가 기간산업의 양대 축이다. 화학공학은 최근 바이오플라스틱산업의 특허 출원과 관심이 증대되고 있다.

■ 화학공학과를 졸업하면 어디로 진출할까?

일반기업
- 석유화학업체
- 정밀화학업체
- 환경에너지업체
- 엔지니어링업체
- 각종 제약업체
- 각종 반도체업체

정부 및 공공기관
- 중앙정부(화공직)
- 지방자치단체

연구기관
- 한국화학연구원

학교
- 중·고등학교
- 대학교

진출 산업 분류

기타 화학제품제조업(6.1%), 기초화학물질제조업(5.7%), 기타 전문도매업(4.2%), 입법·일반정부행정(3.4%), 자연과학·공학연구개발업(3.3%), 중등교육기관(2.8%), 일반 교습학원(2.7%), 석유정제품제조업(2.3%), 가정용품도매업(2.2%), 고등교육기관(2.1%)

응용공학과

한눈에 보는 응용공학과 현황과 전망

■ 학과 개요

응용공학과의 범주를 명확히 규정하기는 쉽지 않다. 응용공학은 공조냉동, 소방방재, 안전공학, 화장품 등 다양한 분야가 이 범주에 속한다. 응용공학은 공조냉동, 안전공학, 소방방재 등 다양한 용어로 학과가 개설되어 있다. 따라서 학과에 따라 다루는 분야나 공학적 특성의 차이가 클 수 있으므로 주의를 요한다. 졸업자의 취업률은 높은 편이며, 취업의 질도 높은 수준이다. 학생 수의 경우 여학생보다 남학생의 비율이 높다.

■ 응용공학과의 미래 고용 관련 전망은 어떨까?

- 고용률　　　　★★★☆　　　　・ 정규직 비율　★★★☆
- 전공 일치 비율　★★☆　　　　・ 월평균 소득　★★★☆

긍정적 전망 요인	－ 바이오 메카트로닉스 분야의 확대 － 환경친화적 공조냉동시설과 장치의 중요성 확대 － 소득 수준과 삶의 질 향상에 따른 안전 욕구와 투자 증대 － 자연·사회 재난의 사전 예방과 대응의 중요성 확대 － 재난과 안전 관련 규제 강화
부정적 전망 요인	－ 경기 침체에 따른 안전과 재난 관련 투자 기피 － 재정위기 가능성에 따른 안전과 소방방재 관련 투자 기피 － 기후변화에 따른 냉매 물질과 장치에 대한 규제 강화

■ 응용공학과를 졸업하면 어떤 직업이 유망할까?

	직업군	고용지표	인공지능 대체 가능성	인력수급 전망	직업명
졸업 후 진출 가능한 직업	소방관	★★★★★	☺	±△	소방관, 119구조대원, 화재감식전문가
	산업안전·위험물관리원	★★★★★	😐	±△	산업·사업장·공장·보건·위험물안전관리자, 기계안전기술자, 위험물·원자력폐기물관리원, 산업위생관리기사
	생산·품질관리 사무원	★★★★★	☹	±△	생산·품질관리기술자, 생산·품질관리사무원
	기획·마케팅 사무원	★★★★★	☺	±△	마케팅·광고·홍보사무원, 영업·판매관리사무원
	총무사무원	★★★★	☹	±△	총무·병원행정·학교행정·일반사무원, 대학행정조교
	화학공학기술자, 연구원	★★★★	☺	±△	석유·고무·플라스틱·화학·농약·비료·도료·잉크·화장품·비누제품 화학기술자, 연구원, 가스기술자, 연구원
	소방공학기술자, 연구원	★★★★	☹	±△	소방설비설계·감리기술자, 소방설비시공 기술자, 방재·소방관리기술자, 소방산업 관련 연구원, 소방방재기술 관련 연구원
	기계공학기술자, 연구원	★★★★	☺	±△	산업기계공학기술자, 메카트로닉스·건설기계공학·금형공학·플랜트공학
	제품·광고영업원	★★★★	😐	±△	일반·제약·인테리어·인쇄·광고·식품·체인점관리영업원
	대학교수	★★★★	☺	±⇩	응용공학 교수
	건설배관공	★★★	😐	±△	소방배관원
	청원경찰	★★★	☹	±△	청원경찰, 철도공안원, 은행청원경찰
	경영지원관리자	★★★	😐	±▽	자재관리자
	응용소프트웨어 개발자	★★★	☺	±⇧	네트워크·컴퓨터·모바일게임프로그래머
전공의 장점을 살릴 수 있는 직업	소방관	★★★★★	☺	±△	소방관, 119구조대원, 화재감식전문가
	소방공학기술자, 연구원	★★★★	☹	±△	소방설비설계·감리기술자, 소방설비시공 기술자, 방재·소방관리기술자, 소방산업 관련 연구원, 소방방재기술 관련 연구원
	화학공학기술자, 연구원	★★★★	☺	±△	석유·고무·플라스틱·화학·농약·비료·도료·잉크·화장품·비누제품 화학기술자, 연구원, 가스기술자, 연구원
최근 생성된 직업	– 소방안전교육사, 소방시설관리사 – 생활안전지도사, 안전교육지도자, 재난안전관리자, 방재안전관리자, 체험학습안전관리자, 안전예방지도사, 안전심리사				

국가과학기술표준분류로 응용공학과 이해하기

구분	국가과학기술표준분류체계		
	대분류	중분류	소분류
응용공학	기계	측정표준/시험평가기술	융합기술측정표준, 신뢰성/비파괴평가
		생산기반기술	물류시스템, 인간공학기술
		요소부품	체결용요소부품, 전동용요소부품, 완충/제동용요소부품 회전축용요소부품, 배관용요소부품, 유공압부품, 액추에이터, 절삭/연삭공구, 치공구, 금형, 요소부품 관련 S/W
		나노/마이크로기계시스템	나노마이크로센서, 초소형구동장치, 초소형디바이스, 초소형가공/조립/측정기술, 시스템특성분석/신뢰성평가기술, 시스템집적화기술, 시스템통합화기술, 나노마이크로기계시스템 관련 S/W
		에너지/환경기계시스템	공기조화/냉동기계
		산업/일반기계	인쇄/섬유기계, 식품포장기계, 방재소방기계
		조선/해양시스템	주기/보기 및 추진계통부품
		인공위성	인공위성체/탑재체시스템, 인공위성추진기관, 인공위성전력계, 인공위성궤도/자세제어기술, 인공위성구조/열제어기술, 인공위성수신/관제/원격탐사/추적/감시기술, 인공위성 관련 S/W, 인공위성지상설비시스템
		재난안전장비	위험설비안전진단/평가기술, 산업시설안전검사/시험평가/인증기술, 수방장비, 방재용중장비, 소방시설/장비시스템기술, 소방대상물화재안전성평가기술, 재난피해조사장비, 위험감지/모니터링장비
		국방플랫폼	인간시스템
	재료	금속재료	기계/전자부품소재기술
		세라믹재료	원료/나노세라믹분말, 나노세라믹복합재료기술
		고분자재료	구조재료, 중합반응/공정기술, 개질기술, 복합재료제조기술, 전기/전자정보용소재기술, 의료용소재기술, 에너지/환경산업용소재기술, 특수기능성소재기술, 고분자재활용기술, 고분자가공기술, 나노소재기술
		열/표면처리	전자부품 표면처리기술
		국방소재	나노재료/공정

구분	국가과학기술표준분류체계		
	대분류	중분류	소분류
응용공학	화공	나노화학 공정기술	나노소재합성기술, 나노소재가공기술, 나노소재제조기술, 나노복합재제조기술, 나노공정시스템기술
		고분자 공정기술	고분자중합공정기술, 고분자입자제조기술, 고분자가공/성형기술, 고분자박막/코팅제조기술, 유변공정기술, 복합재료제조공정기술
		생물화학 공정기술	나노생물 융합 공정기술
		정밀화학	화장품, 나노응용기술
		섬유제조	나노섬유제조기술
		섬유제품	나노섬유제품기술
	전기/전자	광응용기기	레이저 관련 부품/발생장치, 광부품
		반도체장비	패키징장비, 반도체장비용핵심부품/제조장비
		전기전자부품	센서부품, PCB부품, 커패시터/부품, 자성재료/부품, 기록매체부품, 복합부품, 초고주파발생소자, 플라즈마발생용부품
		계측기기	계측센서/부품
		영상/음향기기	TV수상기, 방송수신기, 3차원영상기기, AV재생/기록기기 화상통신기기, 카메라/캠코더, 전광판, 휴대용AV기기
		디스플레이	디스플레이 부품/소재
	정보/통신	위성/전파	위성통신/방송전송, 위성통신/방송단말, 위성항법, 위성통신네트워크, 탑재체/관제, EMI/EMC, 전자파기기, 전자파진단/방호
		정보통신 모듈/부품	이동통신모듈/부품, 위성/방송모듈/부품, 광통신모듈/부품 멀티미디어모듈/부품, 안테나모듈/부품
		재난정보관리	재난정보관리체계, 재난취약요소진단정보관리기술, 비상재난통신망구축기술, 예경보발령/전달체계, 재난상황대응의사결정시스템, 재난지리정보기술
		국방정보통신	전술위성

구분	국가과학기술표준분류체계		
	대분류	중분류	소분류
응용공학	원자력	원자력 계측/제어기술	인간공학기술
		원자력안전기술	안전조치/방재기술
		핵융합	핵융합노심기술, 핵융합로통합설계기술, 동력변환계통기술, 핵융합부품소재기술, 핵융합로핵심기기기술, 연료주기기술, 안전성/환경영향평가기술, 운영 및 유지/보수기술
	환경	환경보건	환경보건모니터링기술, 환경독성평가기술, 노출평가기술 환경유해물질 관련 건강영향평가, 환경역학 관련 기술, 환경보건관리인프라기술, 기후변화환경보건대응기술, 미래환경보건문제예측/대응기술
		청정생산/설비	환경산업 부품소재기술
		작업환경기술	산업인간공학
	건설/교통	시설물 설계/해석기술	플랜트
		건설시공/재료	플랜트시공기술
		철도교통기술	철도시스템 안전방재
		해양안전/교통기술	해양안전 방재기술
		물류기술	물류운송기술, 보관기술, 하역기술, 물류정보화기술, 물류시스템운용기술, 교통수단별물류운용기술, 물류표준화기술
		시설물 안전/유지관리 기술	시설물 소방안전관리기술
		건설 환경설비 기술	친환경 토목시설물 설계/시공/관리기술
	문화/예술/체육	디자인 일반	디자인 공학
		제품디자인	가정용제품디자인, 산업용제품/기기디자인, 환경/공공시스템디자인
		시각디자인	멀티미디어디자인, 비쥬얼커뮤니케이션
		환경디자인	디스플레이/전시디자인
		영화	영상매체/매체기술
		콘텐츠	디지털 영상
	생명과학	융합바이오	나노바이오소재
		산업바이오	바이오화장품/소재

구분	국가과학기술표준분류체계		
	대분류	중분류	소분류
응용공학	농림수산식품	임산공학	목재조직/분류, 목재물리/목구조/목재역학, 목재절삭/목공, 목재건조/보존, 목재화학, 목질복합재료, 펄프/종이, 임산미생물/버섯, 임산에너지
		어업생산/이용가공	수산물 저장/포장
		식품과학	식품저장/유통/포장
	보건의료	의약품/의약품개발	바이오생체재료, 바이오인공장기, 기능성화장품개발
		보건학	환경 관련 질환평가/관리
		식품안전관리	식품용기포장/살균소독제관리, 바이오식품관리
		의약품안전관리	의약외품/화장품 평가관리
		독성/ 안전성 관리 기반기술	바이오메디기반기술 나노물질독성평가
	물리학	광학	나노 광학
		응집물질물리	나노/중시물리
	화학	고분자화학	고분자합성, 고분자구조/물성, 고분자물리화학, 생체의료용고분자, 전기/전자/광특성고분자, 기능성고분자, 환경친화성고분자, 에너지고분자
		광화학	고분자광화학
		나노화학	나노소재화학, 나노물성화학, 나노의약화학, 무기나노화학, 나노고분자화학, 나노바이오화학, 나노광화학, 나노구조화학
	인력 및 인프라	연구정보	시스템구축과 관련된 연구와 응용 분야
		연구 및 기타시설/장비	광학·기계가공·시험 관련 연구시설 및 장비 – 절작장비, 성형장비, 자동화 및 이송장비, 섬유기계장비, 반도체장비, 열유도체장비, 재료물성시험장비, 신뢰성시험장비
	정치/행정	분야별/유형별행정/정책	소방/방재
	경제/경영	경영전략/ 윤리	기술경영
	사회/인류/복지/여성	사회구조/문제	환경/재난
	지리/지역/관광	지적/지리정보	지적학이론/지적사, 지적행정/법, 지적측량/정보, 계량지리/방법론, 지적/지리정보, 지도학/지리정보시스템
	심리	사회심리	재난심리
	미디어/커뮤니케이션/문헌정보	미디어/수용자	영상
		정보조직/검색/시스템	시스템분석/설계

응용공학과 준비자를 위한 꿀팁

학과 관련 고교 교과목과 준비사항

응용공학과의 경우 과학탐구영역(물리, 화학, 생물, 지구과학) 가운데 물리, 화학, 생물 과목과 관련성이 높다. 학업 수행에 있어서 수학적 기초가 중요하나 전기공학, 기계공학 등과 비교해 그 중요성은 상대적으로 낮다.

학과 관련 면허와 자격 현황

국가기술자격	소방설비기사, 위험물산업기사, 산업안전기사, 가스기사
국가전문자격	소방시설관리사, 소방안전교육사
공인민간자격 및 기타	〈비공인〉 안전교육지도사, 어린이안전지도자, 재난안전지도사

학과 관련 비전과 이슈

공조냉동(냉동, 냉방, 공기정화, 난방, 급탕, 환기 등)은 선박이나, 건축물, 구조물 등에 보편적으로 적용되는 분야로 최근 기후변화가 커졌기에 공조냉동시설과 장치의 중요성이 커지고 있다. 아울러 친환경 공조냉동시설과 냉매개발도 중요한 이슈다. 소득 수준 향상에 따라서 안전에 대한 욕구와 투자가 증대되고 있으며, 기업에 있어서 소방방재 등 재난 관련 투자도 증가되고 있다. 우리 건설 기업과 난방 관련 기업(보일러제조사 등)의 해외 진출 동향도 잘 살펴볼 필요가 있다. 이 학과 지망생의 경우 공조냉동 관련 박람회나 기능인력의 수요나 공급에 대한 관심이 필요하다.

■ 응용공학과를 졸업하면 어디로 진출할까?

연구기관

■ 소방방재학과
- 중앙정부(소방직)
- 지방자치단체
- 소방방재청

■ 화장품과학과
- 중앙정부(보건직)
- 지방자치단체
- 식약청

일반기업

■ 소방방재학과
- 소방설비시공감리업체
- 소방방재IT업체
- 위험물 관련 업체
- 재난관리 관련 업체
- 소방기구·설비제조업체

■ 화장품과학과
- 생명공학 관련 업체
- 화장품제조업체
- 각종 제약업체
- 화장품재료업체
- 각종 피부 관련 업체
- 향료업체

연구기관

■ 소방방재학과
- 한국소방산업기술원
- 방재시험연구소
- 한국소방산업기술원

■ 화장품과학과
- 화장품 관련 연구소
- 생명공학 관련 연구소

학교

■ 소방방재학과
- 중·고등학교
- 대학교

■ 화장품과학과
- 중·고등학교
- 대학교

진출 산업 분류

◆ 응용공학

건축기술·엔지니어링 관련 기술서비스업(16.1%), 건물건설업(5.4%), 선박·보트건조업(5.4%), 일반목적용 기계제조업(4.3%), 특수목적용 기계제조업(3.2%), 자동차·모터사이클수리업(3.2%), 고등교육기관(2.2%), 입법·일반정부행정(2.2%), 자동차용 엔진·자동차제조업(2.2%), 토목건설업(2.2%)

자연계열

자연계열 학과 정보

- 농업학과
- 수산학과
- 산림·원예학과
- 생명과학과
- 생물학과
- 동물·수의학과
- 자원학과
- 화학과
- 환경학과
- 가정관리학과
- 식품영양학과
- 의류·의상학과
- 수학과
- 통계학과
- 물리·과학과
- 천문·기상학과
- 지구·지리학과

# 진리 탐구의 최선봉에서 횃불을 밝히는 기초학문

자연계열은 자연철학적 주제들을 다룬다. 인류 역사에 가장 큰 영향을 미친 주요 이론은 대부분 이과계열과 관련되어 있다. 다윈의 종의 기원, 아인슈타인의 상대성이론, 보어와 코펜하겐학파의 양자론, 멘델의 유전법칙, 페르마의 정리, 멘델레예프의 주기율표 등이 근현대 과학의 핵심이다.

자연계열에 속한 물리학, 수학, 화학, 생물학 등을 제외하고 자연철학을 논할 수 없다. 과학의 궁극적 목적은 진리 추구와 탐구다. 따라서 자연계열 학과들은 기초 과학이자 순수학문이므로 학습 분량도 많고 학문의 깊이도 깊다. 따라서 4년제 학부 과정에서 전공을 제대로 소화하기는 사실상 어렵고 대학원 과정을 밟아야 그 빛을 발할 수 있다. 자연계열의 주요 학과는 물리학과, 화학과, 생물학과, 수학과, 천문학과, 지질학과, 미생물학과 등이 있다.

자연계열 학과의 이러한 특성 때문에 학부 과정만 거친 사람이 과학자의 꿈을 펼치는 사례는 많지 않다. 과학자가 되겠다는 부푼 꿈을 안고 대학에 입학했지만 졸업 후 물리나 어학 강사, 중고등학교 교사, 상점판매원, 경리사무원, 영양사, 총무사무원, 제품·광고 영업 직원, 기획·마케팅 사무원 등이 된다. 즉 상당수 졸업자가 전공과 관련성이 낮은 일을 하는 게 현실이다. 따라서 자연계열 학과로 진학을 희망하는 사람이라면 진로 설계를 할 때 사전에 대학원 진학을 고려하는 것이 좋다. 물론 대학원 진학 시 자연계열 학과 외에 공학계열 학과 등으로 진로를 변경하는 것도 가능하다.

수능 과목으로 보면 과학탐구 중에서는 물리, 화학, 생물, 지구과학 등의 과목과 일치성이 높으며, 수리탐구, 직업탐구 중에서는 농업생명산업, 공업 등의 과목이 자연계열에 속한다. 따라서 자연계열 전공의 특성은 수를 얼마나 잘 다루느냐가 중요하다. 즉 논리력과 수리능력이 중요하다.

하지만 진정한 이과생은 진리 탐구를 위해서 힘든 반복적 풀이과정과 실험을 참을 수 있는 끈기가 가장 중요하다. 긴 실험과 고민 후에 외치는 유레카(eureka, 무언가에 대한 답을 알아냈을 때 기쁨을 나타내는 말로 '바로 이거야!'라는 의미)의 기쁨을 안다면 당신은 진정한 자연계열 학과의 DNA를 갖고 있다.

🚹 = 500명　🚹 = 1000명

관련 학과	4년제 대학		2~3년제 대학	
농림·수산	농업학	🚹	농수산	🚹
	수산학	🚹	원예	🚹
	산림·원예학	🚹		
생물·화학	생명과학	🚹🚹🚹🚹🚹🚹🚹🚹🚹🚹🚹	생물	🚹🚹
	생물학	🚹🚹	자원	🚹
	동물·수의학	🚹🚹	환경	🚹
	자원학	🚹🚹🚹		
	화학	🚹🚹		
	환경학	🚹🚹🚹🚹		
생활과학	가정관리학	🚹	가정관리	🚹
	식품영양학	🚹🚹🚹🚹🚹	식품·조리	🚹🚹🚹🚹🚹🚹🚹🚹🚹🚹🚹🚹🚹🚹
	의류·의상학	🚹	의류·의상	🚹
	교양생활과학	🚹🚹		
수학·물리·천문·지리	수학	🚹🚹🚹	지적	🚹
	통계학	🚹🚹		
	물리·과학	🚹🚹🚹		
	천문·기상학	🚹		
	지구·지리학	🚹		
	교양 자연과학	🚹🚹🚹🚹🚹		

■ 만약 우리나라에 자연계열을 졸업한 취업자가 100명이라면

👤 = 1명 👥 = 10명

경영지원, 행정 관련 사무원	13
학원강사, 학습지교사	12
영업원, 상품중개인	7
학교 교사	6
판매원, 상품대여원	5
생산 관련 사무원	4
회계, 경리 관련 사무원	3
작물재배종사자	3
의료, 보건서비스 관련 종사자	3
환경공학기술자 · 연구원, 관련 시험원	3
금융, 보험 관련 사무원	2
자동차운전원	2
주방장, 조리사	2
안내 · 접수, 고객응대, 통계조사 관련 사무원	1
식당서비스 관련 종사자	1
경찰 · 소방 · 교도 관련 종사자	1
디자이너	1
소프트웨어개발전문가	1
보험 관련 영업원	1
수의사	1
건축 · 토목 관련 기술자, 시험원	1
보육교사 · 육아도우미, 생활지도원	1
비서, 사무보조원	1
계산원, 매표원	1
낙농, 사육 관련 종사자	1
기타	23
합계	100

농업학과

 한눈에 보는 **농업학과 현황과 전망**

■ 학과 개요

농업학과는 크게 농학과 축산학 두 가지로 구분된다. 농학의 경우 쌀, 밀, 옥수수와 같이 인간과 가축이 먹을 수 있는 식용작물 재배와 이 작물을 재배하기 위한 농약, 농기계 등이 주된 관심이다. 축산학은 축산물의 생산과 활용을 위해 육종, 번식, 영양, 축산가공, 축산경영에 관한 이론과 사양관리 등의 실제 실무를 탐구하는 학문이다. 주요 학습내용은 가축위생, 가축유전, 동물번식, 동물영양, 사료 등이 있다. 농학은 농학과, 축산생명공학과, 축산학과 등의 명칭으로 학과가 개설되어 있다. 졸업자의 상대적 취업률은 조금 높은 편이며, 취업의 질은 보통이다. 남학생 비율이 높으며, 입학자 수는 완만하게 감소하는 추이를 보인다.

■ 농업학과의 미래 고용 관련 전망은 어떨까?

- 고용률　　　★★★☆
- 전공 일치 비율　★★
- 정규직 비율　　★★☆
- 월평균 소득　　★★☆

긍정적 전망 요인	– 기후변화, 인구증가 등으로 식량 주권의 중요성 부각 – 웰빙에 따른 친환경 농업의 중요성 증대(안전한 먹거리에 대한 관심 증대)
부정적 전망 요인	– FTA 체결에 따른 저가 농산물 유입 – 유전자 변형 농산물의 확대

■ 농업학과를 졸업하면 어떤 직업이 유망할까?

	직업군	고용지표	인공지능 대체 가능성	인력수급 전망	직업명
졸업 후 진출 가능한 직업	사육사·조련사	★★★★★	☺	±⇩	동물원사육사, 돌고래·말·물개·맹인견·강아지·수색견조련사
	식품공학기술자, 연구원	★★★★★	☺	±⇧	식품공학기술자, 천연식품연구원, 식품분석연구원
	생산·품질관리 사무원	★★★★★	☹	±△	생산·품질관리기술자, 생산·품질관리사무원
	마케팅사무원	★★★★★	☺	±△	종묘, 농약, 비료, 농자재, 농산물, 육가공품, 동물사료
	대학교수	★★★★	☺	±⇩	농업학 교수
	농림어업시험원	★★★★	☺	±⇧	농업 관련 시험원, 어업 관련 시험원, 임업 관련 시험원, 양식시험원, 식물시험원, 어장시험원
	생명과학연구원, 농림어업연구원	★★★★	☺	±△	식량자원연구원, 생물학연구원, 축산연구원, 식물자원연구원, 원예연구원, 수산학연구원, 농촌지도사, 산림기술자, 양식기술자, 농약기술자, 육종기술자, 염림자문가, 조림자문가, 원예기술자, 토양기술자, 육림기술자, 산림전문가, 농산물검역원, 농산물방역기술자, 농가지도원, 산림설계원, 수목치료원, 인공수정사, 어병치료사
	원예작물재배원	★★★	☹	±⇩	화훼재배종사자, 육묘재배자, 버섯재배자
	중·고등학교 교사	★★	☺	±▽	중학교 교사, 고등학교 교사
	곡식작물재배원	★	☹	±⇩	곡식작물재배자(벼, 보리, 밀, 감자, 고구마, 땅콩, 옥수수)
	채소·특용작물 재배원	★	☹	±△	하우스채소재배자, 약용작물재배자, 담배재배자, 섬유작물재배자, 채유작물재배자, 고추재배자, 마늘재배자, 생강재배자, 콩나물재배자
	과수작물재배원	★	☹	±△	과수작물재배자, 사과재배자, 복숭아재배자, 감귤재배자
	국가·지방· 공공행정사무원	★★★★	☺	±△	농업직, 임업직, 축산직

	직업군	고용지표	인공지능 대체 가능성	인력수급 전망	직업명
전공의 장점을 살릴 수 있는 직업	식품공학기술자, 연구원	★★★★★	☺	±⇧	식품공학기술자, 천연식품연구원, 식품분석연구원
	사육사·조련사	★★★★★	☺	±⇩	동물원사육사, 돌고래·말·물개·맹인견·강아지·수색견조련사
	곡식작물재배원	★	☹	±⇩	곡식작물재배자(벼, 보리, 밀, 감자, 고구마, 땅콩, 옥수수)
최근 생성된 직업	나무치료사, 생태어메니티전문가, 친환경제품인증심사원, 친환경농법컨설턴트, 축산물등급판정사, 도시농업지도관리자, 도시농업전문가, 친환경농산물유통관리자, 친환경유기농채소재배원, 동물·어류사료개발자, 김치연구원, 농촌생활연구원, 친환경농법연구원				

국가과학기술표준분류로 농업학과 이해하기

구분	국가과학기술표준분류체계		
	대분류	중분류	소분류
농업학	농림수산식품	식량작물과학	식량작물유전자원, 식량작물유전/육종, 식량작물생리/생태, 식량작물재배/생산, 식량작물생명공학, 식량작물품질/수확후관리, 공예/사료/약용작물
		농생물학	식물미생물분류/동정/생태, 식물미생물생리/유전, 식물미생물생명공학, 작물보호(식물병리/해충방제), 곤충분류/동정/생태, 곤충자원/병리, 곤충생명공학
		농화학	생물/화학농약, 잡초, 토양/비료, 천연물화학, 유해물질/안전성관리
		농업생태환경	식물검역, 형질전환식물안전성관리, 농업생태계관리, 농업환경정화, 기후변화대응, 바이오매스/활용, 농업자원활용
		농업 기계학	농업생산기계, 농업동력/에너지, 농축산물가공/품질계측, 농업생산자동화, 농업생산시설/환경, 생물공정/정보처리
		농업 토목학	농업시설, 농지공학, 농업수리/관개배수, 농촌환경공학, 농촌계획공학
		농림 수산식품 경영/ 정보	농림수산식품 경영/경제, 농림수산식품유통, 농림수산식품정보, 농업금융/보험, 농촌사회/문화, 농어업/농어촌정책
	지구과학 (지구/ 대기/해양/천문)	기상과학	농업기상
	경제/경영	분야별 경제	농업경제

농업학과 준비자를 위한 꿀팁

학과 관련 고교 교과목과 준비사항

농업학과의 경우 과학탐구영역 가운데 생물, 화학 과목과 매우 높은 관련성을 가진다. 이 외 과학탐구영역 전반에 걸쳐 약간의 관련성이 있다. 공대와 비교해 비교적 수학에 대한 부담은 적으나 임상과 실습에 대한 부담이 있다.

학과 관련 면허와 자격 현황

국가기술자격	농화학기사, 유기농업산업기사, 종자기사, 축산기사, 식육처리기능사, 농업기계산업기사, 임업종묘기사, 임산가공산업기사, 토양환경기술사, 종자산업기사, 농기계운전기능사, 농기계정비기능사, 유기농업산업기사, 식품산업기사
국가전문자격	가축인공수정사, 농산물검사원, 농산물품질관리사, 경매사(축산)
공인민간자격 및 기타	〈비공인〉 도시농업전문가, 도시농업지도사, 도시농업가드너

학과 관련 비전과 이슈

환경오염과 이상기후로 인해 물과 식량의 부족이 심화될 가능성이 있다. 고령화사회 도래에 따른 귀농과 도시농부는 증가될 수 있다. 아울러 농업 분야의 경우 각종 정부지원제도가 많으므로 지원제도의 변화 등을 살펴볼 필요가 있다. 예를 들어 축산발전기금 등의 폐지 가능성이 그 예다.

■ 농업학과를 졸업하면 어디로 진출할까?

정부 및 공공기관

■ 농업학과
- 중앙정부(농업직, 기계직, 토목직)
- 한국농어촌공사
- 지방자치단체
- 농촌진흥청

■ 축산학과
- 중앙정부(농업직, 축산직)
- 지방자치단체
- 식품의약품안전청
- 한국농어촌공사
- 농촌진흥청

일반기업

■ 농업학과
- 식품가공·유통업체
- 각종 종묘업체
- 각종 비료업체
- 각종 농약업체
- 농축산물업체
- 육가공업체

■ 축산학과
- 각종 식품가공업체
- 각종 농축산물업체
- 육가공업체
- 동물약품업체
- 축산 관련 업체(농협, 축협, 축산 관련 협회)

연구기관

■ 농업학과
- 식품의약품안전청
- 식품개발연구소
- 식품위생연구소
- 농업연구소

■ 축산학과
- 농업연구소
- 축산기술연구소

학교

■ 농업학과
- 중·고등학교
- 대학교

■ 축산학과
- 중·고등학교
- 대학교

진출 산업 분류

작물재배업(16.2%), 은행·저축기관(9.5%), 사회·산업정책행정(8.1%), 입법·일반정부행정(5.9%), 기타 상품전문소매업(3.6%), 종합소매업(2.7%), 육상여객운송업(2.7%), 기타 전문도매업(2.3%), 사법·공공질서행정(2.3%), 음·식료품·담배도매업(2.3%)

수산학과

 한눈에 보는 **수산학과 현황과 전망**

■ 학과 개요

수산학은 주로 바다, 그 외 물속(하천, 호수 등)에 사는 물고기와 조개류와 같은 생물을 사람들의 생활에 활용하기 위한 학문 분야다. 수산학은 주로 국립대학에 개설되어 있으며, 수산학과는 수산생명의학과, 해양학과, 해양생산학과, 해양생명의학과 등의 명칭으로 학과가 개설되어 있다. 졸업자의 상대적 취업률은 조금 높은 편이며, 취업의 질은 보통이다. 학생 수는 남학생의 비율이 높으며, 입학자 수는 크게 변화가 없다.

■ 수산학과의 미래 고용 관련 전망은 어떨까?

· 고용률　　　　★★★　　　　· 정규직 비율　★★★☆
· 전공 일치 비율 ★★★　　　　· 월평균 소득　★★

긍정적 전망 요인	– 해양 수원의 중요성 부각, 대체 수자원 확보 필요성 증가 – 수산가공식품의 증대
부정적 전망 요인	– FTA로 인한 저가의 수산물 유입 – 기후온난화로 인한 해양생태계 파괴 위험성이 증대

■ 수산학과를 졸업하면 어떤 직업이 유망할까?

	직업군	고용지표	인공지능 대체 가능성	인력수급 전망	직업명
졸업 후 진출 가능한 직업	수산물가공원	★★	☹	±△	수산물염장원, 어류가공기조작원, 수산물원료처리원
	식품공학기술자, 연구원	★★★★★	☺	±⇧	식품공학기술자, 수산식품연구원, 식품분석연구원
	보건위생·환경검사원	★★★★★	😐	±⇧	환경모니터요원, 환경생태조사원, 환경조사원
	생명과학시험원	★★★★★	☺	±⇧	생물학 관련 시험원, 미생물시험원, 의약품시험원
	생명과학연구원, 농림어업연구원	★★★★	☺	±△	생물학연구원, 수산학연구원, 양식기술자
	대학교수	★★★★	☺	±⇩	수산학 교수
	농림어업시험원	★★★★	☺	±⇧	농업 관련 시험원, 어업 관련 시험원, 임업 관련 시험원, 양식시험원, 식물시험원, 어장시험원
	총무사무원	★★★★	☹	±△	총무·병원행정·학교행정·일반사무원, 대학행정조교
	육류·어패류·낙농품가공생산직	★★	☹	±△	수산물가공원
	선장, 항해사, 도선사	★★	☹	±△	어선선장, 도선사, 항해사, 선박기관사, 수로안내인
	중·고등학교 교사	★★	☺	±▽	중학교 교사, 고등학교 교사
	상품중개인, 경매사	★★	☹	±⇩	수산물위탁중개인, 수산물경매사
	양식원	★★	☹	±⇩	양식원, 물고기·어패류·해조류·진주양식원
	국가·지방·공공 행정사무원	★★★★	😐	±△	국가·지방행정사무원, 공공기관행정사무원
전공의 장점을 살릴 수 있는 직업	식품공학기술자, 연구원	★★★★★	☺	±⇧	식품공학기술자, 수산식품연구원, 식품분석연구원
	선장, 항해사, 도선사	★★	☹	±△	어선선장, 도선사, 항해사, 선박기관사, 수로안내인
	양식원	★★	☹	±⇩	양식원, 물고기·어패류·해조류·진주양식원
최근 생성된 직업	수산제조기사, 어로기사, 수산양식기사, 수산종묘관리기사, 아쿠아리스트, 해양수산기술자, 해양생태조사원, 물고기사료개발원, 물고기치료사, 수산질병관리사				

국가과학기술표준분류로 수산학과 이해하기

구분	국가과학기술표준분류체계		
	대분류	중분류	소분류
수산학	농림수산식품	수산양식	수산생물유전/육종, 수산생물생리/번식, 수산생물사육/생산, 수산생물병리, 수산바이오자원활용, 양식사료, 양식시설/자재
		수산자원/어장환경	수산자원생물, 수산자원변동, 수산자원생태, 수산자원평가/관리, 수산자원예측, 어장환경분석/평가, 어장환경복원/처리, 어장환경보전/관리, 연안생태/기후변화, 적조구제/방제, 양식생물/독성평가
		어업생산/이용가공	어구/어법, 어업기기/어선, 어군행동/어장, 인공어초/자원조성, 수산물가공/공정, 수산물저장/포장, 수산물성분/독성, 수산물기능성식품
		농수축산물 위생/품질관리	수산물 위생/품질관리
		농림수산식품 경영/정보	농림수산식품경영/경제, 농림수산식품유통, 농림수산식품정보
	정치/행정	분야별/유형별행정/정책	농림수산

수산학과 준비자를 위한 꿀팁

📑 학과 관련 고교 교과목과 준비사항

수산학과의 경우 과학탐구영역 가운데 생물 과목과 매우 높은 관련성을 가진다. 화학이나 지구과학 등의 과목과도 관련성이 있으므로 과학탐구영역 전반에 걸쳐 관련성이 있다. 공대와 비교해 비교적 수학에 대한 부담은 적으나 임상이나 실습에 대한 부담이 있다.

🧪 학과 관련 면허와 자격 현황

국가기술자격	생물분류기사, 자연환경관리기술사, 수산제조기사, 어로기술사, 해양조사산업기사, 수산양식기사, 해양환경기사, 자원생태복원산업기사, 환경기능사, 수질환경산업기사, 유기농업산업기사
국가전문자격	경매사(수산), 수산질병관리사

🐢 학과 관련 비전과 이슈

지구온난화에 따라 해수온도가 상승하고 있으며, 기후변화 관련 이슈가 부각되고 있다. 아울러 조선업, 해운사업의 침체에 따른 사회적 이슈가 많다. 해양보호, 해양자원관리 등도 중요한 이슈다. 수산업과 관련한 주요 관심사는 근해, 심해의 해양자원 개발, 수산물의 저장, 수산물의 가공 등이 있다.

■ 수산학과를 졸업하면 어디로 진출할까?

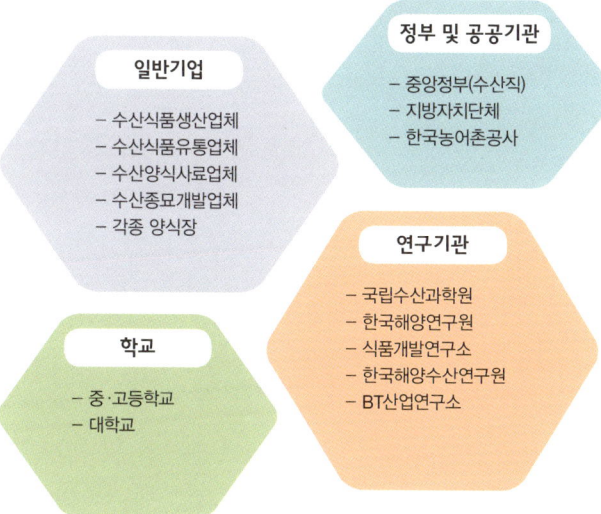

일반기업
- 수산식품생산업체
- 수산식품유통업체
- 수산양식사료업체
- 수산종묘개발업체
- 각종 양식장

정부 및 공공기관
- 중앙정부(수산직)
- 지방자치단체
- 한국농어촌공사

연구기관
- 국립수산과학원
- 한국해양연구원
- 식품개발연구소
- 한국해양수산연구원
- BT산업연구소

학교
- 중·고등학교
- 대학교

진출 산업 분류

기타 금속가공제품제조업(8.3%), 음·식료품·담배도매업(8.3%), 중등교육기관(8.3%), 육상여객운송업(4.2%), 사회·산업정책행정(4.2%), 입법·일반정부행정(4.2%), 사법·공공질서행정(4.2%), 작물재배업(4.2%), 보험업(4.2%)

산림·원예학과

 한눈에 보는 **산림·원예학과 현황과 전망**

■ 학과 개요

산림학은 산림자원을 개발하고, 기후변화에 따른 환경보전을 위한 사막화 방지와 산림조성, 산림자원의 활용·관리를 위한 학문이다. 주요 학습내용은 조림, 임목육종, 자원경제, 자원경영, 자원정책, 공원휴양, 산림환경보전 등이 있다. 산림·원예학은 산림학과, 원예학과 외에 삼림환경과학과, 원예생명과학과, 원예과학과, 산림과학과, 화훼학과, 화훼원예학과, 환경원예학과 등의 명칭으로 학과가 개설되어 있다. 졸업자의 취업률은 조금 높은 편이며, 취업의 질은 보통 수준이다. 학생 수는 여학생과 남학생의 비율이 비슷하며, 입학자 추이는 크게 변화가 없다.

■ 산림·원예학과의 미래 고용 관련 전망은 어떨까?

· 고용률	★★★★	· 정규직 비율	★★☆
· 전공 일치 비율	★★	· 월평균 소득	★☆

긍정적 전망 요인	– 환경오염과 이상기후로 인한 산림자원 보존 필요성 증가 – 소득증가에 따른 화훼산업 규모의 증가 가능성
부정적 전망 요인	– 개설된 학과가 많지 않음 – 졸업자에 대한 제한된 산업적 수요 – 다른 전공과 연계되기 어려운 학과 특성

■ 산림·원예학과를 졸업하면 어떤 직업이 유망할까?

	직업군	고용지표	인공지능 대체 가능성	인력수급 전망	직업명
졸업 후 진출 가능한 직업	문화재보존원	★★★★★	☺	±△	문화재보존가
	원예치료사	★★★★★	☺	±△	원예치료사
	조경기술자	★★★★	☺	±△	조경시설물설계사, 조경시공기술자
	농림어업연구원, 기술자	★★★★	☺	±△	식물자원연구원, 원예연구원, 수산학연구원, 농촌지도사, 산림기술자, 육종기술자, 원예기술자, 육림기술자, 산림전문가, 수목치료원
	농림어업시험원	★★★★	☺	±⇧	임업 관련 시험원
	대학교수	★★★★	☺	±⇩	산림학 교수, 원예학 교수
	환경공학기술자, 연구원	★★★★	☺	±⇧	대기환경·수질환경·소음진동환경·폐기물환경·토양환경기술자, 연구원, 환경영향평가원
	도시·교통설계 전문가	★★★	☻	±△	도시계획가, 관광지설계가, 테마파크설계기술자, 테마파크디자이너, 단지설계기술자, U-City 설계기술자, U-City 기획자
	원예작물재배원	★★★	☹	±⇩	화훼재배종사자, 육묘재배자, 버섯재배자
	중·고등학교 교사	★★	☺	±▽	중학교 교사, 고등학교 교사
	목재가공 관련 조작원	★	☻	±△	목재화학처리원, 목재건조원, 목재가공원, 합판제조원
	조경원	★★★	☺	±▽	조경원, 원예사, 토피어리디자이너, 식물관리원
	국가·지방·공공 행정사무원	★★★★	☻	±△	국가·지방행정사무원, 공공기관행정사무원
전공의 장점을 살릴 수 있는 직업	문화재보존원	★★★★★	☺	±△	문화재보존가
	원예치료사	★★★★★	☺	±△	원예치료사
	조경기술자	★★★★	☺	±△	조경시설물설계사, 조경시공기술자
최근 생성된 직업	산림테라피스트, 생태어메니티전문가, 목재보존처리전문가, 농촌체험관광가이드, 친환경산림자원관리자, 친환경농업유통관리자, 친환경생태관리자, 힐링원예코디네이터, 힐링원예지도사, 나무치료사, 나무의사, 수목보호기술자				

국가과학기술표준분류로 산림·원예학과 이해하기

구분	국가과학기술표준분류체계		
	대분류	중분류	소분류
산림·원예학	농림수산식품	원예작물과학	원예작물유전자원, 원예작물유전/육종, 원예작물시설/재배, 원예작물채종/종묘, 원예작물화훼장식, 원예작물생명공학, 원예작물품질관리
		산림 자원학	임목유전/육종/수목분류, 조림/육림, 종자/육묘/생리, 산림환경/생태/복원, 산림보호, 야생동물생태/보전관리, 산림공학/수문학, 산림측정/경영/수확, 산림휴양/경제/정책
		조경학	조경계획, 조경설계, 조경식물/생태/복원, 조경시공/재료, 조경관리학, 조경정보학
		임산공학	목재조직/분류, 목재물리/목구조/목재역학, 목재절삭/목공, 목재건조/보존, 목재화학, 목질복합재료, 펄프/종이, 임산미생물/버섯, 임산에너지

 산림·원예학과 준비자를 위한 꿀팁

 학과 관련 고교 교과목과 준비사항

산림·원예학과의 경우 과학탐구영역 가운데 생물 과목과 매우 높은 관련성을 가진다. 산림·원예학의 경우 화학이나 지구과학 등의 과목과 관련성이 있으므로 과학탐구영역 전반에 걸쳐 관련성이 있다. 공대와 비교해 비교적 수학에 대한 부담은 적으나 임상이나 실습에 대한 부담이 있다.

 학과 관련 면허와 자격 현황

국가기술자격	식물보호기사, 임산가공기사, 임업종묘기사, 시설원예기사, 조경기사, 화훼장식기사, 종자기술사, 원예기능사, 산림기사, 산림산업기사, 환경기능사, 자연환경관리기술자, 토양환경기술사, 시설원예기술사
국가전문자격	기술지도사(환경), 산림교육전문가
공인민간자격 및 기타	〈비공인〉 원예관리사, 원예심리상담사, 힐링원예코디네이터, 산림체험지도사

🌳 학과 관련 비전과 이슈

최근 기후변화로 인해 산림자원의 보호와 중요성이 부각되고 있다. 장례문화에 있어서도 수목장이 확대되고 있으며, 여가가 확대됨에 따라 산속 휴양림에 대한 관심과 사회적 수요도 증가되고 있다. 각 지역별로 산림자원을 활용한 둘레길 조성이 활발하다. 아울러 산림생태의 보호와 각종 식물자원 관련 정보서비스도 활발하다.

■ 산림·원예학과를 졸업하면 어디로 진출할까?

일반기업
- 국·공·사립 공원
- 국·공·사립 수목원
- 자연·생태계보호업체
- 목재생산업체
- 원예·조경유통업체
- 원예작물재배업체
- 조경자재판매업체
- 산림개발업체
- 자연환경보호단체
- 관광휴양업체

정부 및 공공기관
- 중앙정부(환경직, 임업직)
- 지방자치단체
- 산림청
- 농촌진흥청
- 농업기술원

연구기관
- 임업연구소
- 임업시험장
- 산림환경연구소
- 농업기술연구소
- 화학연구소
- 원예연구소
- 식물연구소

학교
- 초등학교
- 중·고등학교
- 대학교

◆ **산림자원학과**

입법·일반정부행정(5.6%), 사법·공공질서행정(5.6%), 가정용품도매업(5.6%), 토목건설업(5.6%), 보관·창고업(5.6%), 은행·저축기관(5.6%), 종합소매업(5.6%), 병원(5.6%), 유리·유리제품제조업(5.6%)

◆ **원예학과**

작물재배업(21.7%), 기타 상품전문소매업(8.7%), 일반 교습학원(5.4%), 기타 전문도매업(4.3%), 입법·일반정부행정(3.3%), 비거주 복지시설운영업(3.3%), 건물건설업(3.3%), 축산업(3.3%), 고등교육기관(3.3%), 조경관리·유지서비스업(3.3%)

생명과학과

 ## 한눈에 보는 생명과학과 현황과 전망

■ 학과 개요

생명과학은 동물, 식물, 미생물 등의 생명체가 가지는 성질과 이들의 생명과 관련한 현상을 과학적으로 탐구하는 응용학문이다. 생명과학과의 경우 생물학과와 유사하나, 조직배양과 생화학, 산업적 응용과 실용성이 다소 강조된다. 생명과학과의 주요 학습내용으로는 일반생물, 미생물, 유전, 생화학, 면역, 분자생물, 유전자재조합기술, 세포생물, 환경생물 등이 있다. 생명과학은 생명과학과, 동물생명과학과, 미생물분자생명과학과, 바이오시스템공학과, 분자생명과학과, 생명건강공학과, 생명화학공학과, 해양생명과학과, 바이오공학과, 의생명화학과 등 매우 다양한 명칭으로 학과가 개설되어 있다. 졸업자의 취업률은 조금 높은 편이며, 취업의 질은 보통 수준이다. 학생 수는 여학생과 남학생의 비율이 비슷하며, 입학자 증감 추이는 크게 변화가 없다.

■ 생명과학과의 미래 고용 관련 전망은 어떨까?

- 고용률 　　★★★
- 전공 일치 비율 ★★
- 정규직 비율 　★★★
- 월평균 소득 　　★★

긍정적 전망 요인	– 헬스케어산업의 증대 – 건강과 장수에 대한 관심 증대
부정적 전망 요인	– 순수 기초학문으로 산업적 응용과 취업의 연계성이 미흡 – 인구절벽에 따른 대학입시 관련 일자리 수요 감소

■ 생명과학과를 졸업하면 어떤 직업이 유망할까?

	직업군	고용지표	인공지능 대체 가능성	인력수급 전망	직업명
졸업 후 진출 가능한 직업	생명과학시험원	★★★★★	☺	±⇧	생물학 관련 시험원, 미생물시험원, 의약품시험원
	생명과학연구원, 농림어업연구원	★★★★	☺	±△	분자생물연구원, 생물학연구원, 유전공학연구원, 생약제제연구원, 의료약품연구원, 세포연구원
	식품가공검사원·등급원	★★★★★	☹	±△	고기선별원, 음식품검사원, 음식품등급원, 담배등급원, 담배검사원, 채소선별원, 과실선별원
	기획·마케팅 사무원	★★★★★	☺	±△	경영기획·마케팅·광고·홍보·영업·판매사무원
	보건위생·환경검사원	★★★★★	☹	±⇧	환경모니터요원, 환경생태조사원, 환경조사원
	식품공학기술자, 연구원	★★★★★	☺	±⇧	식품공학기술자, 수산식품연구원, 식품분석연구원
	환경공학기술자, 연구원	★★★★	☺	±⇧	대기환경·수질환경·소음진동환경·폐기물환경·토양환경기술자, 연구원, 환경영향평가원
	대학교수	★★★★	☺	±⇩	생명과학 교수
	임상병리사	★★★	☺	±⇧	병원미생물실험기사, 병원세균검사기사, 해부병리기사, 혈액검사기사, 근전도기사, 뇌파기사, 폐기능검사기사, 심전도기사, 인공심폐기기사, 성분수혈검사기사
	중·고등학교 교사	★★	☺	±▽	중학교 교사, 고등학교 교사
	국가·지방·공공 행정사무원		☹	±△	환경직, 보건직
전공의 장점을 살릴 수 있는 직업	생명과학시험원	★★★★★	☺	±⇧	생물학 관련 시험원, 미생물시험원, 의약품시험원
	생명과학연구원, 농림어업연구원	★★★★	☺	±△	분자생물연구원, 생물학연구원, 유전공학연구원, 생약제제연구원, 의료약품연구원, 세포연구원
최근 생성된 직업	바이오의약품연구원, 온실가스인증심사원, 해충방제전문가, 자연환경안내원, 환경컨설턴트, 친환경제품인증심사원, 임상실험모니터요원, 생명정보학자, 임상통계전문가				

국가과학기술표준분류로 생명과학과 이해하기

구분	국가과학기술표준분류체계		
	대분류	중분류	소분류
생명과학	생명과학	분자세포생물학	신호전달, 세포구조/운동, 세포분화/사멸, 막생물학, 유전자발현조절
		유전학/ 유전공학	분자유전학, 세포유전학, 집단/인류유전학, 유전체학, 형질전환생물모델, 유전자치료
		발생/ 신경생물학	배아발생/기관형성, 내분비생물학, 생식생물학, 신경생화학/생리학, 신경질환생물학, 줄기세포생물학
		면역학/생리학	면역계발생/기능, 선천성면역, 세포성/체액성면역, 세포생리학, 전기생리학
		분류/생태/ 환경생물학	계통분류학, 진화학, 생태학, 환경생물학, 행동생물학, 생물자원/다양성
		생화학/구조 생물학	단백질 구조와 기능, 핵산생화학, 단백질체학, 당생물학, 지질생화학, 구조생물학
		융합바이오	바이오칩, 바이오센서, 나노바이오소재, 바이오이미징, 시스템생물학, 생물정보학
		생물공학	발효공학, 생물분리/정제, 탄수화물공학, 효소공학, 생물공정, 대사공학, 세포/조직공학, 생물청정기술
		산업 바이오	바이오화학소재, 바이오플라스틱, 미생물/효소촉매, 기능성바이오소재, 바이오화장품/소재, 기능성식품소재, 바이오환경, 바이오농축수산제제
		바이오공정/기기	바이오공정기술, 바이오전자/정보, 바이오엔지니어링기술, 바이오공정기기, 바이오분석기기
		생물 위해성	생물위해성평가, 생물위해성관리, 환경영향평가, 생물재해관리기술
		기타 생명과학	달리 분류되지 않는 생명과학
	지구과학 (지구/ 대기/해양/천문)	해양생명	해양생물자원, 해양생물자원 유전현상 규명, 신소재가공, 해양생물공정
	농림수산 식품	식량 작물과학	식량작물 생명공학
		원예작물과학	원예작물 생명공학
		농생물학	식물미생물생명공학, 곤충생명공학
		동물 자원과학	동물 생명공학
	과학기술과 인문사회	과학기술사	생명과학사
		과학기술 철학	생명과학철학

생명과학과 준비자를 위한 꿀팁

학과 관련 고교 교과목과 준비사항

생명과학과의 경우 과학탐구영역 가운데 생물 과목과 매우 높은 관련성을 가진다. 생명과학의 경우 화학이나 지구과학 등의 과목과 관련성이 있으므로 과학탐구영역 전반에 걸쳐 관련성이 있다. 공대와 비교해 비교적 수학에 대한 부담은 적으나 임상이나 실습에 대한 부담이 있다.

학과 관련 면허와 자격 현황

국가기술자격	생물분류기사, 축산기사, 자연생태복원산업기사, 환경기능사, 토양환경기술사, 자연환경관리기술사, 수질환경산업기사, 대기환경산업기사, 소음진동산업기사, 폐기물처리산업기사
국가전문자격	수산질병관리사
공인민간자격 및 기타	〈비공인〉 생명과학교육강사, 생명과학지도사, 융합생명과학지도사

학과 관련 비전과 이슈

의학대학원입학시험(MEET)과 약학대학원입학시험(PEET) 관련 제도변화와 선발인원에 대한 관심이 필요하다. 또한 최근 생명과학 관련 산업의 중요성이 커지고 있어 헬스케어산업이 급성장할 수 있다. 레드바이오기술(인공장기, 세포치료제, 항체치료제 등의 개발), 그린바이오기술(유전자변형작물, 식물공장 등), 줄기세포기술 등이 그 예다.

■ 생명과학과를 졸업하면 어디로 진출할까?

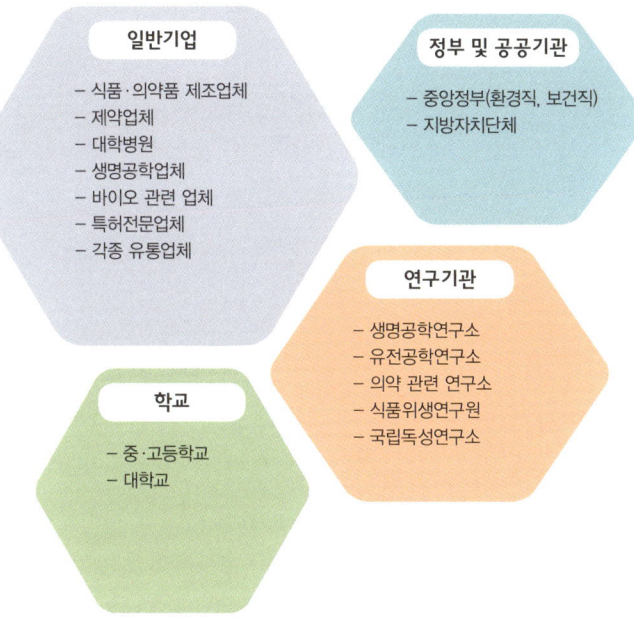

일반기업
- 식품·의약품 제조업체
- 제약업체
- 대학병원
- 생명공학업체
- 바이오 관련 업체
- 특허전문업체
- 각종 유통업체

정부 및 공공기관
- 중앙정부(환경직, 보건직)
- 지방자치단체

연구기관
- 생명공학연구소
- 유전공학연구소
- 의약 관련 연구소
- 식품위생연구원
- 국립독성연구소

학교
- 중·고등학교
- 대학교

진출 산업 분류

병원(9.2%), 자연과학·공학연구개발업(9.2%), 일반 교습학원(7.1%), 고등교육기관
(7.1%), 가정용품도매업(4.1%), 의약품제조업(4.1%), 기타 상품전문소매업(3.1%), 입법·
일반정부행정(3.1%), 기타 교육기관(3.1%), 중등교육기관(3.1%)

생물학과

한눈에 보는 생물학과 현황과 전망

■ 학과 개요

생물학은 자연의 일부로서 인간을 포함해 동물과 식물, 미생물 등의 생명현상을 탐구하는 순수학문이다. 연구방법에 따라 유전학, 발생학, 생리학, 생태학 등으로 구분이 가능하다. 생물학은 생물학과, 농생물학과, 미생물학과, 분자생물학과, 생물공학과, 생물과학과, 식물의학과, 응용생물학과, 미생물생명공학과, 생물과학과 등의 다양한 명칭으로 학과가 개설되어 있다. 졸업자의 취업률은 조금 높은 편이며, 취업의 질은 보통 수준이다. 학생 수는 여학생과 남학생의 비율이 비슷하며, 의학전문대학원 제도로 인해 입학자는 다소 증가하는 추이를 보이고 있다.

■ 생물학과의 미래 고용 관련 전망은 어떨까?

- 고용률 　★★★
- 전공 일치 비율 ★★
- 정규직 비율 　★★☆
- 월평균 소득 　★

긍정적 전망 요인	– 바이오산업의 중요성이 확대 – 약학대학원과 보건의료 분야로 진학, 취업 가능성
부정적 전망 요인	– 기초학문으로 산업적 응용과 취업 연계성이 미흡 – 인구절벽에 따른 대학입시 관련 일자리 수요 감소

■ 생물학과를 졸업하면 어떤 직업이 유망할까?

	직업군	고용지표	인공지능 대체 가능성	인력수급 전망	직업명
졸업 후 진출 가능한 직업	수의사	★★★★★	😐	±⇧	수의사
	생명과학시험원	★★★★★	☺	±⇧	생물학 관련 시험원, 미생물시험원, 의약품시험원
	생명과학연구원	★★★★	☺	±△	유전공학연구원, 분자생물연구원, 생물학연구원)
	환경공학기술자, 연구원	★★★★	☺	±⇧	대기환경·수질환경·소음진동환경·폐기물환경·토양환경기술자, 연구원, 환경영향평가원
	자연과학연구원	★★★★★	☺	±⇧	물리연구원, 미생물시험원
	보건위생·환경검사원	★★★★★	😐	±⇧	환경모니터요원, 환경생태조사원, 환경조사원
	식품공학기술자, 연구원	★★★★★	☺	±⇧	식품공학기술자, 수산식품연구원, 식품분석연구원
	식품가공검사원·등급원	★★★★★	☹	±△	고기선별원, 음식품검사원, 음식품등급원, 담배등급원, 담배검사원, 채소선별원, 과실선별원
	기획·마케팅 사무원	★★★★★	☺	±△	경영기획·마케팅·광고·홍보·영업·판매사무원
	대학교수	★★★★	☺	±⇩	생물학 교수
	임상병리사	★★★	☺	±⇧	병원미생물실험기사, 병원세균검사기사, 해부병리기사, 혈액검사기사, 근전도기사, 뇌파기사, 심전도기사, 인공심폐기기사, 성분수혈검사기사
	중·고등학교 교사	★★	☺	±▽	중학교 교사, 고등학교 교사
	국가·지방·공공 행정사무원	★★★★	😐	±△	환경직, 보건직
전공의 장점을 살릴 수 있는 직업	수의사	★★★★★	😐	±⇧	수의사
	생명과학시험원	★★★★	☺	±△	생물학 관련 시험원, 미생물시험원, 의약품시험원
	생명과학연구원	★★★★	☺	±△	유전공학연구원, 분자생물연구원, 생물학연구원)
	대학교수	★★★★	☺	±⇩	생물학 교수
최근 생성된 직업	– 지엠오(GMO)위해성검증평가사 – 자연생태복원전문가, 생물안전관리자, 생물보존전문가, 곤충학자, 나무의사, 수목보호기술자				

국가과학기술표준분류로 **생물학과 이해하기**

구분	국가과학기술표준분류체계		
	대분류	중분류	소분류
생물학	수학	응용통계	의학/생물통계
	물리학	복합물리	생물물리
	화학	광화학	생물광화학
		융합화학	화학생물학
	지구과학 (지구/대기/해양/천문)	해양과학	생물해양학
		해양생명	해양생물자원, 해양생물자원 유전현상 규명, 해양생물공정
		극지과학	극지생물자원탐사/수집/활용, 극지저온생물학/적응생리
		천문학	천체생물학/천체화학
	생명과학	분자세포생물학	신호전달, 세포구조/운동, 세포분화/사멸 막생물학, 유전자발현조절
		융합바이오	시스템생물학, 생물정보학
		유전학/ 유전공학	형질전환 생물모델
		생물공학	생물분리/정제, 생물공정, 생물청정기술
		발생/ 신경생물학	배아발생/기관형성, 내분비생물학, 생식생물학, 신경생화학/생리학, 신경질환생물학, 줄기세포생물학
		분류/생태/환경생물학	계통분류학, 진화학, 생태학, 환경생물학, 행동생물학, 생물자원/다양성
		생물위해성	생물위해성평가, 생물위해성관리, 환경영향평가, 생물재해관리기술
		생화학/구조생물학	단백질 구조와 기능, 단백질체학, 당생물학, 지질생화학, 구조생물학
	농림수산식품	농업기계학	생물공정/정보처리
		농생물학	식물미생물분류/동정/생태, 식물미생물생리/유전 식물미생물생명공학, 작물보호(식물병리/해충방제), 곤충분류/동정/생태, 곤충자원/병리, 곤충생명공학
		농화학	생물/화학농약
		수산양식	수산생물유전/육종, 수산생물생리/번식, 수산생물사육/생산, 수산생물병리
		수의과학	수의 미생물/기생생물

구분	국가과학기술표준분류체계		
	대분류	중분류	소분류
생물학	농림수산식품	수산자원/ 어장환경	수산자원 생물
		식품과학	식품미생물학
	보건의료	의생명과학	분자세포생물학, 미생물/기생생물학, 생물정보학
		치료/진단기기	임상화학/생물 분석기기
		치의과학	구강생물학
		독성/안전성 관리 기반기술	분자생물학적 안전성/유효성평가
		식품안전관리	식품미생물/식중독관리 식품농약/항생물질관리등오염물질관리
		의약품안전관리	생물학적동등성/품질동등성평가, 생물의약품국가표준품확립관리, 생물진단의약품평가관리
	화공	생물화학 공정기술	발효공정기술, 대사공학기술, 효소생물공정기술, 생물분리정제공정기술, 생물환경공정기술, 나노생물융합공정기술, 분자생물공정기술
	원자력	방사선기술	방사선 농생물/식품공학 이용기술
	심리	실험심리	생물심리
	교육	자연과학 교과교육	생물
	뇌과학	뇌신경생물	신경발생 및 분화, 신경재생 및 사멸, 시냅스 및 신경신호전달, 뇌고위기능의분자/유전신경생물, 시스템통합조절신경생물
	인력 및 인프라	연구소재	연구에 활용되는 물질적, 생물학적 소재를 수집, 보관, 가공, 보급 및 정보제공 등을 위한 전문적인 연구와 관련 분야 연구에 활용되는 물질적, 생물학적 소재와 관련된 안전, 윤리 및 통제 등을 위한 전문적인 연구와 관련 활동을 수행하는 분야 연구에 활용되는 물질적, 생물학적 소재와 관련된 인프라구축을 위한 연구와 관련 활동을 수행하는 분야 기타 연구에 활용되는 물질적, 생물학적 소재와 관련된 분야

생물학과 준비자를 위한 꿀팁

학과 관련 고교 교과목과 준비사항

생물학과의 경우 과학탐구영역 가운데 생물 과목과 매우 높은 관련성을 가진다. 생물의 경우 화학이나 지구과학 등의 과목과 관련성이 있으므로 과학탐구영역 전반에 걸쳐 관련성이 있다. 공대와 비교해 비교적 수학에 대한 부담은 적으나 임상이나 실습에 대한 부담이 있다.

학과 관련 면허와 자격 현황

국가기술자격	자연환경관리기술사, 자연생태복원기사, 환경기능사
국가전문자격	환경측정분석사, 수산질병관리사
공인민간자격 및 기타	〈비공인〉 생물안전관리자, 생태학습지도사, 생태관광활동가, 자연생태놀이지도사

학과 관련 비전과 이슈

의학대학원입학시험(MEET)과 약학대학원입학시험(PEET) 관련 제도변화와 선발인원에 대한 관심이 필요하다.

■ 생물학과를 졸업하면 어디로 진출할까?

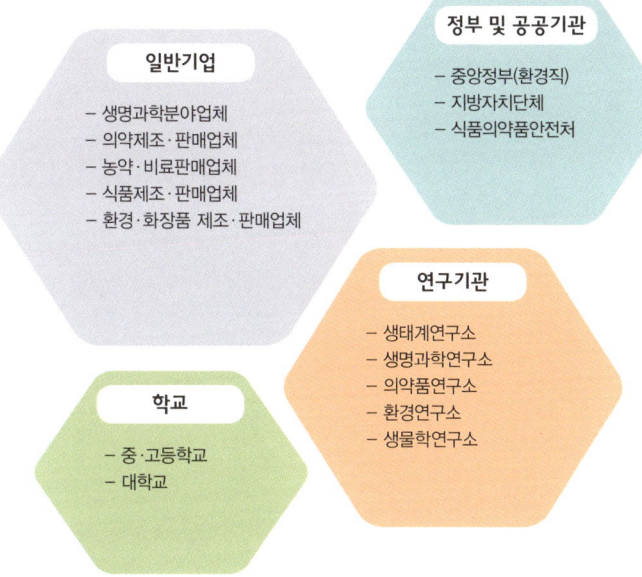

일반기업
- 생명과학분야업체
- 의약제조·판매업체
- 농약·비료판매업체
- 식품제조·판매업체
- 환경·화장품 제조·판매업체

정부 및 공공기관
- 중앙정부(환경직)
- 지방자치단체
- 식품의약품안전처

연구기관
- 생태계연구소
- 생명과학연구소
- 의약품연구소
- 환경연구소
- 생물학연구소

학교
- 중·고등학교
- 대학교

진출 산업 분류

일반 교습학원(11.7%), 자연과학·공학연구개발업(7.0%), 고등교육기관(6.5%), 중등교육기관(5.7%), 입법·일반정부행정(3.9%), 의약품제조업(3.5%), 기타 교육기관(3.0%), 사법·공공질서행정(3.0%), 가정용품도매업(2.2%)

동물·수의학과

 한눈에 보는 동물·수의학과 현황과 전망

■ 학과 개요

동물·수의학은 주로 수의사를 양성하기 위한 교육으로, 동물의 생명 현상을 탐구하기 위한 실용학문이다. 동물·수의학은 주로 국립대학에 많이 개설되어 있으며, 수의학과 수의예과, 특수동물학과, 동물매개치료학과 등의 명칭으로 학과가 개설되어 있다. 졸업자의 취업률은 높은 편이며, 취업의 질도 괜찮은 편이다. 학생 수는 여학생보다 남학생의 비율이 높으며, 입학자 추이는 크게 변화를 보이지 않고 있다.

■ 동물·수의학과의 미래 고용 관련 전망은 어떨까?

- 고용률 ★★★★
- 전공 일치 비율 ★★★★
- 정규직 비율 ★★
- 월평균 소득 ★★★

긍정적 전망 요인	− 소득증가에 따른 반려동물 관련 산업수요 증가 − 고령화와 1인 가구 증가에 따른 반려동물 수요 증대 − 검역과 질병 관리 관련 규제 강화 가능성
부정적 전망 요인	− 협소한 고용시장이므로 노동시장 변화에 민감 − 반려동물에 대한 낮은 사회의식

■ 동물·수의학과를 졸업하면 어떤 직업이 유망할까?

	직업군	고용지표	인공지능 대체 가능성	인력수급 전망	직업명
졸업 후 진출 가능한 직업	수의사	★★★★★	😐	±⇑	수의사
	사육사·조련사	★★★★★	🙂	±⇓	동물원사육사, 말조련사, 강아지조련사, 동물사육사, 애견트레이너
	애완동물미용사	★★★★★	🙂	±△	애완견미용사, 애완동물미용사
	생명과학시험원	★★★★★	🙂	±⇑	생물학 관련 시험원, 미생물시험원, 의약품시험원
	생명과학연구원	★★★★	🙂	±△	축산연구원, 인공수정사
	대학교수	★★★★	🙂	±⇓	동물학 교수, 수의학 교수
	환경공학기술자, 연구원	★★★★	🙂	±⇑	대기환경·수질환경·소음진동환경·폐기물환경·토양환경기술자, 연구원, 환경영향평가원
	임상병리사	★★★	🙂	±⇑	병원미생물실험기사, 병원세균검사기사, 해부병리기사, 혈액검사기사, 근전도기사, 폐기능검사기사, 심전도기사, 인공심폐기기사, 성분수혈검사기사
	애완동물장의사	★★	🙁	±△	애완동물장의사
	중·고등학교 교사	★★	🙂	±▽	중학교 교사, 고등학교 교사
	국가·지방·공공 행정사무원	★★★★	😐	±△	축산직
전공의 장점을 살릴 수 있는 직업	수의사	★★★★★	😐	±⇑	수의사
	생명과학시험원	★★★★★	🙂	±⇑	생물학 관련 시험원, 미생물시험원, 의약품시험원
	생명과학연구원	★★★★	🙂	±△	축산연구원, 인공수정사
	동물임상병리사, 동물임상실험연구원, 동물백신개발연구원, 동물원관리자, 동물원큐레이터, 실험동물사육원, 곤충양식자, 야생동물생태복원사, 자연학습교사, 동물보호단체종사자				
최근 생성된 직업	– 반려동물관리사, 펫시터, 동물돌봄이, 동물훈련가, 동물복지사육사, 애견트레이너, 브리더 – 반려동물애견미용사, 동물교감심리상담사, 반려동물장애관리사, 반려동물건강지도사, 동물교감사, 동물간호사				

국가과학기술표준분류로 동물·수의학과 이해하기

구분	국가과학기술표준분류체계		
	대분류	중분류	소분류
동물·수의학	농림수산식품	수의과학	수의전염병, 수의공중보건, 수의병리, 수의미생물/기생생물 수의약리/독성, 수의생리/생화학, 수의해부/조직, 임상수의 실험동물, 동물질병예방
		동물자원과학	동물유전자원, 동물유전/육종, 동물생명공학, 동물번식생리 동물영양생리, 동물사료/조사료, 동물소재공학, 동물시설/환경

 ## 동물·수의학과 준비자를 위한 꿀팁

학과 관련 고교 교과목과 준비사항

동물·수의학과의 경우 과학탐구영역(물리, 화학, 생물, 지구과학) 가운데 생물과 화학 과목이 직간접적인 관련성을 가진다. 공과대학과 비교해 수학에 대한 부담은 적으나 실습의 비중이 높기 때문에 또 다른 부담이 있다.

학과 관련 면허와 자격 현황

국가기술자격	축산기사, 식육처리기능사, 생물분류기사(동물), 자연생태복원산업기사
국가전문자격	수의사, 말조련사, 재활승마지도사
공인민간자격 및 기타	〈비공인〉 반려동물관리사, 동물매개심리사, 동물매개심리복지사

🌿 학과 관련 비전과 이슈

1인 가구 증가로 인해 반려동물에 대한 사회적 관심과 수요가 증가되고 있다. 아울러 소득증대에 따라 수의학은 공중보건의 관점보다 동물보호 측면이 중요시되고 있다. 과학기술 발달에 꼭 필요한 실험동물과 관련한 이슈가 부각되고 있으며, 동물에 대한 생명윤리 관점이 중요시되고 있다. 세계화에 따라 국가 간 사람과 동물의 이동이 많아짐에 따라 동물에 대한 검역과 질병관리 등도 중요한 사회적 이슈로 부각되고 있다.

■ **동물·수의학과를 졸업하면 어디로 진출할까?**

일반기업
- 국·공·사립 동물원
- 각종 동물병원
- 각종 사료업체
- 동물약품업체
- 각종 동물훈련기관
- 각종 축산업체
- 동물 관리업체
- 동물보호단체

정부 및 공공기관
- 중앙정부(수의직, 축산직)
- 지방자치단체

연구기관
- 국립수의과학검역원
- 국립보건원
- 가축위생시험소
- 축산기술연구소
- 국립공원관리공단
- 유전공학 연구소
- 실험동물연구소
- 인공수정소

학교
- 중·고등학교
- 대학교

진출 산업 분류

◆ **수의학**

수의업(58%), 자연과학·공학연구개발업(8%), 기타 교육기관(6%), 사회·산업정책행정(4%), 음·식료품·담배도매업(4%), 고등교육기관(2%), 가정용품도매업(2%), 음식점업(2%), 축산업(2%), 기타 운송 관련 서비스업(2%), 산업용농축산물·산동물도매업(2%)

자원학과

 한눈에 보는 **자원학과 현황과 전망**

■ 학과 개요

자원학과는 인류를 위해 각종 자원(물, 공기, 토양, 생물, 광물 등)의 개발과 관리, 활용과 관련한 응용학문이다. 자원학은 자원학과, 동물자원과학과, 산림자원학과, 식물자원학과, 식품자원학과, 생약자원학과, 자원생물학과, 특용작물학과, 자원경제학과, 바이오자원공학과 등 다양한 명칭으로 학과가 개설되어 있다. 주요 주제는 크게 생물(동물, 식물)과 광물로 구분된다. 졸업자의 취업률은 다소 높은 편이며, 취업의 질은 보통 수준이다. 학생 수는 여학생보다 남학생의 비율이 조금 높은 편이다.

■ 자원학과의 미래 고용 관련 전망은 어떨까?

• 고용률	★★★★	• 정규직 비율	★★★
• 전공 일치 비율	★★	• 월평균 소득	★☆

긍정적 전망 요인	– 난개발, 도시화로 인한 환경훼손에 따른 자원보존 문제 부각 – 공공부문의 취업 가능성과 통일에 따른 수혜 가능성
부정적 전망 요인	– 자원학 관련 개설대학이 많지 않으므로 접근성이 낮음 – 산림자원을 제외하면 특별한 자원이 없는 한국적 현실

■ 자원학과를 졸업하면 어떤 직업이 유망할까?

	직업군	고용지표	인공지능 대체 가능성	인력수급 전망	직업명
졸업 후 진출 가능한 직업	식품공학기술자, 연구원	★★★★★	☺	±⇧	식품공학기술자, 수산식품연구원, 식품분석연구원
	생명과학시험원	★★★★★	☺	±⇧	생물학 관련 시험원, 미생물시험원, 의약품시험원
	보건위생·환경검사원	★★★★★	☺	±⇧	환경모니터요원, 환경생태조사원, 환경조사원
	식품가공검사원·등급원	★★★★★	☹	±△	고기선별원, 음식품검사원, 음식품등급원, 담배등급원, 담배검사원, 채소선별원, 과실선별원
	기획·마케팅 사무원	★★★★★	☺	±△	경영기획·마케팅·광고·홍보·영업·판매사무원
	대학교수	★★★★	☺	±⇩	자원학 교수
	생명과학연구원, 농림어업연구원	★★★★	☺	±△	식량자원연구원, 식물자원연구원
	환경공학기술자, 연구원	★★★★	☺	±⇧	대기환경·수질환경·소음진동환경·폐기물환경·토양환경기술자, 연구원, 환경영향평가원
	측량·지리정보 전문가	★★★	☺	±△	측량기술자, 사진측량·분석가, 지도·해도제작기술자
	도시·교통설계 전문가	★★★	☺	±△	도시계획가, 국토개발전문가, 관광지설계가, 테마파크설계기술자, 테마파크디자이너, 단지설계기술자, U−City 설계기술자, U−City 기획자
	임상병리사	★★★	☺	±⇧	병원미생물실험기사, 해부병리기사, 혈액검사기사, 근전도기사, 뇌파기사, 폐기능검사기사, 심전도기사, 인공심폐기기사, 성분수혈검사기사
	중·고등학교 교사	★★	☺	±▽	중학교 교사, 고등학교 교사
	해양공학기술자	★★★★★	☺	±△	해양자원조사전문가, 해양자원개발전문가
	국가·지방·공공 행정사무원	★★★★	☺	±△	환경직, 보건직
전공의 장점을 살릴 수 있는 직업	생명과학연구원, 농림어업연구원	★★★★	☺	±△	식량자원연구원, 식물자원연구원
	환경공학기술자, 연구원	★★★★	☺	±⇧	대기환경·수질환경·소음진동환경·폐기물환경·토양환경기술자, 연구원, 환경영향평가원
	생명과학시험원	★★★★★	☺	±⇧	생물학 관련 시험원, 미생물시험원, 의약품시험원
최근 생성된 직업	− 목조주택시공기사, 목재바이오에너지전문가 − 자원공학기술자, 에너지공학기술자, 해양자원관리자, 동물자원관리자, 식물자원관리자				

국가과학기술표준분류로 **자원학과 이해하기**

구분	국가과학기술표준분류체계		
	대분류	중분류	소분류
자원학	지구과학 (지구/대기/해양/천문)	지질과학	광상/자원지질학
		해양자원	해양광물자원, 해양수자원, 해양에너지, 해양탐사/관측기술
		해양생명	해양생물자원
		극지과학	극지생물자원탐사/수집/활용
	생명과학	분류/생태/환경생물학	생물자원/다양성
	농림수산 식품	식량작물과학	식량작물 유전자원
		원예작물과학	원예작물 유전자원
		산림자원학	임목유전/육종/수목분류, 조림/육림, 종자/육묘/생리, 산림환경/생태/복원, 산림보호, 야생동물생태/보전관리, 산림공학/수문학, 산림측정/경영/수확, 산림휴양/경제/정책
		농생물학	곤충 자원/병리
		농업생태환경	농업자원 활용
		동물자원과학	동물유전자원, 동물유전/육종, 동물생명공학, 동물번식생리, 동물영양생리, 동물사료/조사료, 동물소재공학, 동물시설/환경
		수산양식	수산바이오 자원 활용
		수산자원/어장환경	수산자원생물, 수산자원변동, 수산자원생태, 수산자원평가/관리, 수산자원예측
		어업생산/이용가공	인공어초/자원조성
	에너지/ 자원	온실가스 처리	CO2포집기술, CO2전환기술, CO2저장기술, non-CO2처리기술
		자원탐사/개발/활용	자원조사/탐사, 석유/가스개발, 광물자원개발, 자원활용
		수화력발전	고온고압화발전기술, 석탄/석유청정화/이용기술, 수화력발전환경오염방지기술, 발전설비/기기개발, 첨단발전제어기술, 가스터빈기술, 발전설비운영기술
		송배전계통	전력계통감시/운영기술, 전력계통계획기술, 대용량전력수송/저장기술, 전력시장운용기술, 수요예측/관리기술, 송/변/배전시스템기술, 전력설비/기기개발/진단기술, 전력용신소재기술, 전력전자기술, 전자계환경기술, 전기안전기술

구분	국가과학기술표준분류체계		
	대분류	중분류	소분류
자원학	에너지/자원	전력IT	IT기반고부가서비스기술, 마이크로그리드기술, 전력유비쿼터스기술, 직류송/배전기술, 지능형전력망플랫폼기술
		신재생에너지	태양광, 태양열, 바이오연료, 폐기물, 소수력, 풍력, 해양, 지열, 수소, 연료전지, 석탄가스화/액화, 합성연료
		기타 에너지/자원	달리 분류되지 않는 에너지/자원
	환경	폐기물 관리/자원순환	폐기물자원화기술
	건설/교통	수공시스템 기술	수자원계획기술, 수자원통합관리기술
	정치/행정	분야별/유형별행정/정책	환경/자원
	경제/경영	분야별 경제	에너지/자원경제
	지리/지역/관광	관광	관광자원/리조트/테마파크/상품개발

자원학과 준비자를 위한 꿀팁

 학과 관련 고교 교과목과 준비사항

자원학과의 경우 과학탐구영역(물리, 화학, 생물, 지구과학) 가운데 생물, 화학, 지구과학 과목과 관련성이 높다. 자원의 경제적 측면이 고려될 수 있으므로 사회탐구영역(생활과 윤리, 한국사, 세계지리, 경제, 사회문화) 가운데 경제 과목도 일부 관련성을 가진다.

학과 관련 면허와 자격 현황

국가기술자격	광해방지기사, 측량 및 지형 공간 정보산업기사, 임업종묘기사, 임산가공산업기사, 응용지질기사, 산림산업기사, 자연생태복원기사, 자연환경관리기술사, 환경기능사, 해양자원개발기사, 해양조사산업기사, 해양환경기사
국가전문자격	문화재수리기술자(식물보호), 산림교육전문가, 환경측정분석사
공인민간자격 및 기타	〈비공인〉 생물안전관리자

학과 관련 비전과 이슈

자원 관련 이슈는 동물자원, 에너지자원, 식물자원, 산림자원, 식품자원, 생물자원 등이 있다. 이 가운데 고용이란 관점에서 볼 때, 산림자원과 광물자원이 산업적 활용도가 높은 분야다. 산림자원, 광물자원의 경우 공공성이 높은 분야이므로 산림청, 지방자치자체, 각종 공사 등의 일과 연계되니, 관련 분야 취업인원과 고용동향을 파악해볼 필요가 있다.

■ 자원학과를 졸업하면 어디로 진출할까?

연구기관
- 중앙정부(농업직, 축산직, 수산직, 임업직)
- 지방자치단체
- 한국석유공사
- 한국가스공사
- 한국전력공사
- 한국에너지공단
- 산림청

일반기업
- 광해방지 관련 업체
- 광산개발업체
- 에너지자원개발업체
- 각종 식품 관련 업체
- 각종 한방 관련 업체
- 엔지니어링업체
- 각종 산림 관련 업체
- 각종 관광업체

연구기관
- 자원공학연구소
- 에너지연구소
- 식품·제약연구소
- 한국지질자원연구소
- 한국환경정책연구소
- 한국해양연구소

학교
- 초등학교
- 중·고등학교
- 대학교

진출 산업 분류

◆ 산림자원학과

가정용품도매업(5.6%), 입법·일반정부행정(5.6%), 사법·공공질서행정(5.6%), 병원(5.6%), 건물건설업(5.6%), 은행·저축기관(5.6%), 임업(5.6%), 종합소매업(5.6%), 기반조성·시설물축조 관련 전문공사업(5.6%), 비거주 복지시설운영업(5.6%)

화학과

 한눈에 보는 **화학과 현황과 전망**

■ 학과 개요

화학과는 물질의 성질, 조성, 구조, 변화를 탐구하는 기초학문이다. 화학과는 일상생활, 산업과 긴밀한 연관성이 있는 순수학문 분야다. 화학과는 화학과, 농화학, 정밀화학, 응용화학, 나노화학 등의 명칭으로 학과가 개설되어 있다. 졸업자의 상대적 취업률은 낮은 편이며, 학과의 입학자도 감소하는 추세다. 기초학문이므로 대학원 진학이나 약학대학입학자격시험(PEET)을 사전에 고려해두면 좋다.

■ 화학과의 미래 고용 관련 전망은 어떨까?

- 고용률　　　★★★
- 전공 일치 비율 ★★

- 정규직 비율　★★★
- 월평균 소득　★★☆

긍정적 전망 요인	– 제약 분야, 약학대학원 진학, 취업 가능성 – 과학커뮤니케이터 등의 산업적 수요 증가 가능성
부정적 전망 요인	– 기초학문으로 산업적 응용과 취업 연계성이 미흡 – 인구절벽에 따른 대학입시 관련 일자리 수요 감소

■ 화학과를 졸업하면 어떤 직업이 유망할까?

	직업군	고용지표	인공지능 대체 가능성	인력수급 전망	직업명
졸업 후 진출 가능한 직업	자연과학연구원	★★★★★	☺	±⇧	화학연구원
	재료공학기술자, 연구원	★★★★★	☺	±△	요업·유리·시멘트·신소재개발기술자, 소재연구원
	석유·천연가스 생산직	★★★★★	☹	±△	천연가스정제장치조정실운전원, 처리장치운전원
	기술영업원	★★★★★	☹	±△	화학제품 관련 영업원
	환경공학기술자, 연구원	★★★★	☺	±⇧	대기환경·수질환경·소음진동환경·폐기물환경·토양환경기술자, 연구원, 환경영향평가원
	화학물·화학제품 원료생산직	★★★★	☹	±△	화공약품제조원, 화학물분쇄혼합원, 화학물가열장치조작원, 화학제품 원료제조원
	화학공학기술자, 연구원	★★★★	☺	±△	석유·고무·플라스틱화학·농약·비료·도료·잉크·화장품·비누제품화학기술자, 연구원, 가스기술자, 연구원
	화학제품생산기 조작원	★★★★	☺	±△	농약·비료생산직, 도료·잉크생산직, 의약품생산직, 화장품·비누생산직
	제품생산 관련 관리자	★★★★	😐	±△	화학제품생산관리자
	대학교수	★★★★	☺	±⇩	화학과 교수
	중·고등학교 교사	★★	☺	±▽	중학교 교사, 고등학교 교사
	타이어·고무제품 생산직	★★	☹	±△	고무사출기조작원, 고무압출성형기조작원, 고무유압프레스기조작원, 타이어조작원
	플라스틱제품 생산직	★★	☹	±△	플라스틱사출성형기조작원, 플라스틱압출성형기조작원
	고무·플라스틱 제품조립원	★	☹	±△	고무제품조립원, 플라스틱제품조립원
	화학시험원	★★★★	☺	±△	화학시험원, 분석원, 시험사, 원료시험원, 공정분석원, 실험실기사
전공의 장점을 살릴 수 있는 직업	자연과학연구원	★★★★★	☺	±⇧	화학연구원
	화학공학기술자, 연구원	★★★★	☺	±△	석유·고무·플라스틱화학·농약·비료·도료·잉크·화장품·비누제품화학기술자, 연구원, 가스기술자, 연구원
	화학제품생산기 조작원	★★★★	☺	±△	농약·비료생산직, 도료·잉크생산직, 의약품생산직, 화장품·비누생산직
최근 생성된 직업	에너지관리사, 위험물취급기사, 분석기사, 대기수질환경기사, 신재생에너지분석기사, 폐기물에너지화연구원				

국가과학기술표준분류로 **화학과 이해하기**

구분	국가과학기술표준분류체계		
	대분류	중분류	소분류
화학·화공 분야 제외	화학	물리화학	열역학/통계열역학, 양자화학/전산화학, 분광학, 반응동력학, 표면/계면화학, 고체물리화학, 생물물리화학, 재료물리화학, 자기공명학
		유기화학	천연물화학, 유기합성/전합성, 유기합성방법론, 이론/물리유기화학, 유기초분자화학, 유기금속시약화학, 생유기화학, 의약/조합화학, 유기재료화학, 유화학
		무기화학	이론무기화학, 무기초분자화학, 유기금속화학, 생무기화학, 고체무기화학/결정학, 무기소재화학, 촉매화학, 무기의약화학
		분석화학	분리분석화학, 분광분석화학, 표면분석화학, 구조분석화학, 환경분석화학, 질량분석학, 화학기기학, 생분석화학, 마이크로칩화학분석
		고분자화학	고분자합성, 고분자구조/물성, 고분자물리화학, 생체의료용고분자, 전기/전자/광특성고분자, 기능성고분자, 환경친화성고분자, 에너지고분자
		생화학	핵산분자생화학, 단백질/효소분자생화학, 탄수화물분자생화학, 지질분자생화학, 구조생화학, 대사분자생화학, 신경계분자생화학, 단백질체학
		광화학	유기광화학, 무기광화학, 생물광화학, 고분자광화학, 물리광화학, 광소재화학, 태양에너지화학, 전기광화학
		전기화학	물리전기화학, 분석전기화학, 분자전기화학, 에너지변환/저장전기화학, 부식/표면처리, 산업전기화학/전기화학공정, 생전기화학, 전기재료화학
		나노화학	나노소재화학, 나노물성화학, 나노의약화학, 무기나노화학, 나노고분자화학, 나노바이오화학, 나노광화학, 나노구조화학
		융합화학	환경화학, 화학생물학, 화학유전체학, 화학정보학, 계산화학 화학적바이오칩, 고효율생리활성검색, 핵/방사화학
		기타 화학	달리 분류되지 않는 화학

구분	국가과학기술표준분류체계		
	대분류	중분류	소분류
화학 관련 융합 기술 및 융합 학문	물리학	복합물리	화학물리
	지구과학 (지구/대기/해양/천문)	해양과학	화학해양학
		지구화학	지구연대학, 지하유체지구화학, 환경지구화학
		대기과학	대기화학
		천문학	천체생물학/천체화학
	생명과학	산업바이오	바이오화학소재
		생화학/구조 생물학	핵산생화학, 지질생화학
	농림수산식품	농화학	생물/화학농약, 잡초, 토양/비료, 천연물화학, 유해물질/안전성관리
		임산공학	목재화학
		수의과학	수의 생리/생화학
		식품과학	식품화학
	보건의료	의생명과학	생화학
		치료/진단기기	임상화학/생물 분석기기
	재료	세라믹재료	화학/생체 기능재료
		분석/물성 평가기술	화학적 특성평가 기술
	전기/전자	계측기기	화학량 시험/분석 계측기
	원자력	핵연료주기/방사성 폐기물 관리기술	방사화학/악티나이드 화학기술
	문화/예술/체육	스포츠과학	운동영양학/운동생화학
	교육	자연과학 교과교육	화학

화학과 준비자를 위한 꿀팁

학과 관련 고교 교과목과 준비사항

화학과의 경우 과학탐구영역 가운데 화학과 관련성이 매우 높으며, 화학은 생화학의 경우 생물과 관련되고, 물리 화학의 경우 물리학, 수학과 관련된다. 특히 물리 화학은 미적분이 많이 활용된다.

학과 관련 면허와 자격 현황

국가기술자격	화학분석기사, 화공기사, 위험물산업기사, 대기환경산업기사, 폐기물처리산업기사, 토양환경기술사
국가전문자격	산업안전지도사(화공안전), 기술지도사(화공)

학과 관련 비전과 이슈

화학과의 경우 순수한 기초학문이므로 대학 진학 시 대학원 입학을 생각해 볼 필요가 있다. 이 학과의 경우 약학대학원입학시험(PEET) 제도와 관련되어 있다. 따라서 제도변화와 선발인원에 대한 관심이 필요하다. 화학과 졸업자의 경우 제약회사, 약품회사, 화장품회사와 관련되어 있으므로 이들 산업의 동향을 잘 살펴볼 필요가 있다.

■ **화학과를 졸업하면 어디로 진출할까?**

일반기업
- 의약·화장품제조업체
- 석유화학업체
- 화학공학업체
- 신소재개발업체
- 화학제품제조업체
- 반도체업체

정부 및 공공기관
- 중앙정부(화공직)
- 지방자치단체

연구기관
- 화학 관련 연구소
- 화학분석연구소
- 생명과학연구소
- 환경연구소

학교
- 중·고등학교
- 대학교

진출 산업 분류

일반 교습학원(11.4%), 의약품제조업(11.4%), 기계장비 관련 물품도매업(5.7%), 자연과학·공학연구개발업(5.7%), 중등교육기관(2.9%), 플라스틱제품제조업(2.9%), 비알코올음료·얼음제조업(2.9%), 인력공급·고용알선업(2.9%), 기타 가정용품소매업(2.9%), 기초화학물질제조업(2.9%)

환경학과

 한눈에 보는 **환경학과 현황과 전망**

■ 학과 개요

환경학과는 인간과 자연을 둘러싼 환경문제를 생물·화학적인 분석을 통해 안전하고 깨끗한 지구 환경을 만들기 위한 응용학문이다. 환경학과는 환경학과, 환경공학과, 바이오환경학과, 바이오환경공학과 등의 다양한 명칭으로 학과가 개설되어 있다. 졸업자의 취업률은 조금 낮은 편이며, 학과의 입학자는 완만하게 증가하는 편이다. 여학생의 비율은 낮은 편이다. 환경학과에서 다루는 주요 학습내용으로는 수질, 대기, 폐기물, 토양, 생태 독성, 소음, 진동 등이 있다.

■ 환경학과의 미래 고용 관련 전망은 어떨까?

· 고용률　　　★★★☆　　　· 정규직 비율　★★★☆
· 전공 일치 비율 ★★☆　　　· 월평균 소득　★★☆

긍정적 전망 요인	− 기후변화에 따른 환경규제 강화 − 인구증가에 따른 환경파괴 증가의 대응 인력 증가 − 자원소비, 폐기물 처리, 재활용 관련 규제 증가 − 황사, 대기오염, 환경질환의 증가
부정적 전망 요인	− 환경문제의 중요성에 대한 공감대 형성 미흡 − 정치적 논리와 규제 완화 요구 따른 환경규제 완화 가능성

■ 환경학과를 졸업하면 어떤 직업이 유망할까?

	직업군	고용지표	인공지능 대체 가능성	인력수급 전망	직업명
졸업 후 진출 가능한 직업	환경공학기술자, 연구원	★★★★	☺	±⇧	대기환경·수질환경·소음진동·폐기물처리·환경·토양환경기술자, 연구원, 환경영향평가원
	보건위생·환경검사원	★★★★★	😐	±⇧	환경모니터요원, 환경생태조사원, 환경조사원, 보건위생검사원, 환경모니터링원, 토양시료채취원
	산업안전·위험관리원	★★★★★	😐	±△	산업안전관리자, 기계안전기술자, 위험물안전관리자
	비파괴검사원	★★★★★	😐	±△	용접제품비파괴검사원, 크레인비파괴검사원, 건축물비파괴검사원
	대학교수	★★★★	☺	±⇩	환경학 교수
	시민단체활동가	★★★★	😐	±⇧	환경운동가, 사회단체활동가
	배관세정원·방역원	★★★★	☹	±△	방역원, 구충·병충해박멸원, 수조원, 병충해방역원
	조경기술자	★★★★	☺	±△	조경건축가, 조경설계기술자, 조경시설물설계사, 조경설계건축가, 공원설계기술자, 문화재조경설계사, 골프장조경설계기술자, 조경시공기술자
	생명과학연구원, 농림어업연구원	★★★★	☺	±△	식량자원연구원, 식물자원연구원
	측량·지리정보전문가	★★★	😐	±△	사진측량·분석가, 지도·해도제작기술자
	중·고등학교 교사	★★	☺	±▽	중학교 교사, 고등학교 교사
	환경공학시험원	★★★★	☺	±⇧	대기환경측정원, 시험원, 수질오염분석원
	국가·지방·공공행정사무원	★★★★	😐	±△	환경직공무원
전공의 장점을 살릴 수 있는 직업	환경공학기술자, 연구원	★★★★	☺	±⇧	대기환경·수질환경·소음진동·폐기물처리·환경·토양환경기술자, 연구원, 환경영향평가원
	보건위생·환경검사원	★★★★★	😐	±⇧	환경모니터요원, 환경생태조사원, 환경조사원, 보건위생검사원, 환경모니터링원, 토양시료채취원
	자연환경안내원, 바이오에너지연구·개발자, 환경정책연구원				
최근 생성된 직업	– 자원거래사, 탄소거래사, 정수장운영관리사, 정수처리운영관리사 – 친환경건축컨설턴트, 환경컨설턴트, CSR컨설턴트 – 친환경관리사, 친환경컨설턴트, 친환경도시조성전문가, 친환경치료사, 친환경보존전문가, 환경교육지도자, 생활환경관리전문가				

198 취업이 잘되는 유망 학과 백과 2

국가과학기술표준분류로 **환경학과 이해하기**

구분	국가과학기술표준분류체계		
	대분류	중분류	소분류
환경학	환경	대기질 관리	대기오염방지기술, 미세먼지오염개선기술, 오존/스모그오염개선기술, 실내/유해대기오염물질관리기술
		물관리	수질오염방지기술, 정수장효율향상/고도처리기술, 관망최적관리기술, 양질의상수원수확보/유지관리기술, 하/폐수고도처리/핵심요소기술, 친환경방류수처리/관리기술
		토양/지하수 복원/관리	사전예방기술, 오염조사기술, 오염정화기술, 사후관리기술
		생태계 복원/관리	훼손된 자연생태계 복원기술, 생태환경이용/관리기술
		소음/진동 관리	소음/진동배출특성 및 음질평가 관리기술, 소음/진동방지/저감기술, 차음/방진성능향상기술
		해양환경	해양오염방지기술, 해양환경보전기술, 해양생태계관리기술, 해양위해성평가기술, 기후변화대응기술
		폐기물관리/자원순환	폐기물감량/관리기술, 폐기물자원화기술, 유해폐기물처리/처분기술
		위해성평가/관리	위해성관리/요소기술, 인체위해성평가기술, 생태위해성평가기술
		환경보건	환경보건모니터링기술, 환경독성평가기술, 노출평가기술 환경유해물질 관련 건강영향평가, 환경역학 관련 기술, 환경보건관리인프라기술, 기후변화환경보건대응기술, 미래환경보건문제예측/대응기술
		환경예측/감시/평가	국제환경협약/예측/평가기술, 환경경영/정보화기술, 환경재해예측/저감기술
		친환경 소재/제품	환경오염유발물질대체물질(소재)개발, 오염물질제거효율향상소재/제품개발
		친환경 공정	배출량저감최적화기술, 유해물질제거/유용물질회수공정기술
		측정분석장비/장치	고정밀센서기술, 측정분석장비기술, 원격모니터링기술
		청정생산/설비	청정생산공정설계, 공정개선기술, 공정/생산관리기술, 유해원부재료대체기술, 환경친화적제품설계기술, 환경친화제품제조기술, 환경설비기술, 환경산업부품소재기술

구분	국가과학기술표준분류체계		
	대분류	중분류	소분류
환경학	환경	작업환경 기술	작업환경관리기술, 작업환경유해요인측정기술, 작업환경유해요인위해성평가기술, 산업독성학, 산업인간공학
		기타 환경	달리 분류되지 않는 환경
수학 관련 융합 기술 및 융합 학문	수학	응용통계	환경통계
	화학	분석화학	환경분석화학
		융합화학	환경화학
	지구과학(지구/대기/해양/천문)	지구물리학	응용/환경 지구물리학
		지구화학	환경지구화학
		대기과학	응용환경대기과학
		기후학	응용/환경 기후학
	생명과학	산업바이오	바이오환경
		분류/생태/환경생물학	환경생물학
		생물위해성	환경영향평가
	농림수산식품	농업기계학	농업생산 시설/환경
		농업토목학	농촌 환경 공학
		산림자원학	산림환경/생태/복원
		농업생태환경	농업생태계관리, 농업환경정화
		동물자원과학	동물 시설/환경
		수산자원/어장환경	어장환경분석/평가, 어장환경복원/처리, 어장환경보전/관리, 연안생태/기후변화
	보건의료	보건학	환경 관련 질환평가/관리
	기계	에너지/환경기계시스템	에너지/환경제어설비, 에너지/환경기계시스템 관련 S/W
		조선/해양시스템	해양환경/안전설비
	재료	고분자재료	에너지/환경산업용 소재기술
	화공	생물화학 공정기술	생물환경 공정기술
		무기화생방/화력탄약	물리적환경
	전기/전자	계측기기	환경계측기

구분	국가과학기술표준분류체계		
	대분류	중분류	소분류
수학 관련 융합 기술 및 융합 학문	에너지/자원	수화력발전	수화력발전 환경오염방지기술
		송배전계통	전자계 환경기술
	원자력	핵연료주기/ 방사성폐기물 관리기술	원자력시설 제염/해체 및 환경복원 기술
		방사선기술	방사선 공업/환경 이용기술
		원전 건설/ 운영기술	환경영향평가 및 부지안전성 조사/평가기술
		원자력 안전기술	방사선 방호/환경방사선 관리기술
		핵융합	안전성/환경영향평가기술
	문화/예술/체육	제품디자인	환경/공공시스템디자인
		환경디자인	디스플레이/전시디자인, 실내/공간디자인, 공공디자인
	법	분야별전문법	환경법
		국제법	국제환경법
	정치/행정	분야별/ 유형별행정/정책	환경/자원
	경제/경영	분야별 경제	환경경제
	사회/인류/복지/ 여성	사회구조/문제	환경/재난
		문화/인류	환경/생태인류학
		여성/젠더	여성주의 공간/생태/환경
	생활	주거	주거환경/친환경주거
	지리/지역/관광	도시/지역개발	환경계획/평가
		관광	녹색/환경/생태관광
	교육	실업교과교육	환경
	과학기술과 인문사회	생명/의료윤리	환경생태윤리
	인력 및 인프라	연구 및 기타 시설/장비	환경조성·환경조성형시설, 이동형시설, 생물사육시설

환경학과 준비자를 위한 꿀팁

📖 학과 관련 고교 교과목과 준비사항

환경학과의 경우 과학탐구영역 전반에 직간접적 관련성을 가지며, 화학과 생물 과목과의 관련성이 특히 높다. 대학 수업과정에 수학이 비교적 많이 활용되므로 수학탐구영역과의 관련성도 높다.

📑 학과 관련 면허와 자격 현황

국가기술자격	품질관리기술사, 산업위생관리산업기사, 자연환경관리기사, 환경기능사, 자연생태복원기사, 수질환경산업기사, 대기환경산업기사, 폐기물처리산업기사, 소음진동산업기사, 토양환경기술사, 시설원예기사
국가전문자격	정수시설운영관리사, 기술지도사(환경), 환경측정분석사
공인민간자격 및 기타	〈비공인〉 EM녹색환경지도사, EM친환경생활지도사, 환경오염예방지도사, 환경관리지도사, 친환경관리사

🌿 학과 관련 비전과 이슈

수질, 대기, 토양, 폐자원 등이 대표적 환경 관련 분야다. 수질의 경우 하천이나 호수 외에 일상 지하수, 수도와 관련한 환경문제가 있다. 주요한 이슈는 수질오염을 저감하는 장치와 기술에 관심이 많다. 대기의 경우 미세먼지, 초미세먼지가 점점 부각되고 있으며, 기후변화는 국제 이슈다. 토양의 경우 산업폐기물, 가정 쓰레기, 비료, 농약 등이 주요 요인으로 토양오염을 방지하는 장치, 오염된 토양을 복원하는 기술에 방점을 찍는다. 폐자원의 경우 기업측면에서 관심이 많다. 이 경우 환경도 생각하지만 재활용을 통한 부가가치 창출, 폐자원을 통한 에너지생산 등이 가능하기 때문이다. 환경 분야는 감시와 측정 등을 통한 환경보호 관련 이슈, 그리고 친환경에너지(바이오연료 등), 친환경제품(바이오플라스틱 등)과 관련한 공학적 접근도 가능하다.

■ 환경학과를 졸업하면 어디로 진출할까?

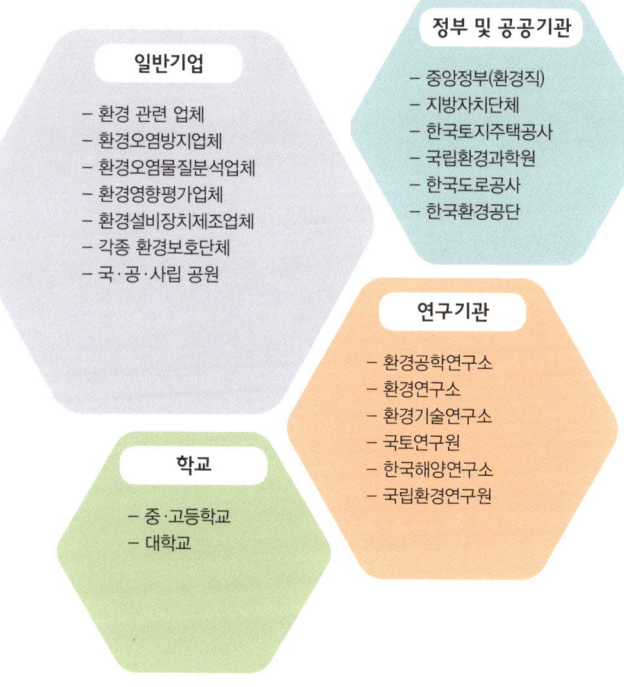

일반기업
- 환경 관련 업체
- 환경오염방지업체
- 환경오염물질분석업체
- 환경영향평가업체
- 환경설비장치제조업체
- 각종 환경보호단체
- 국·공·사립 공원

정부 및 공공기관
- 중앙정부(환경직)
- 지방자치단체
- 한국토지주택공사
- 국립환경과학원
- 한국도로공사
- 한국환경공단

연구기관
- 환경공학연구소
- 환경연구소
- 환경기술연구소
- 국토연구원
- 한국해양연구소
- 국립환경연구원

학교
- 중·고등학교
- 대학교

진출 산업 분류

◆ 환경(공)학

입법·일반정부행정(6.4%), 기타 과학기술서비스업(3.9%), 건축기술·엔지니어링 관련 기술서비스업(3.9%), 자연과학·공학연구개발업(3.6%), 토목건설업(3.6%), 사회·산업정책행정(2.8%), 일반목적용 기계제조업(2.8%), 폐기물처리업(2.8%), 하수·폐수·분뇨처리업(2.8%), 기타 화학제품제조업(2.5%)

가정관리학과

 한눈에 보는 **가정관리학과 현황과 전망**

■ **학과 개요**

가정관리학과는 사회와 생활환경의 변화에 따라 가정생활을 종합적으로 탐구하는 응용학문이다. 가정관리학과는 가정관리학과, 가족주거학과, (소비자)가족학과, 생활환경복지과, 가족아동학과 등의 다양한 명칭으로 학과가 개설되어 있다. 졸업자의 취업률은 다소 높은 편이나, 취업의 질은 높지 않다. 학생수는 상대적으로 여학생 비율이 매우 높다. 가정관리학과에서 다루는 주요 학문적 영역은 아동학, 가족학, 소비자학 등이다.

■ **가정관리학과의 미래 고용 관련 전망은 어떨까?**

· 고용률　　　　★★★☆　　　· 정규직 비율　★★★
· 전공 일치 비율　★★☆　　　　· 월평균 소득　★★

긍정적 전망 요인	– 여가의 확대, 가계 총 소비의 중요성 부각 – 경제학, 복지학, 아동학, 의상학 등 다 학문적 특성을 가짐
부정적 전망 요인	– 산업적 응용과 취업의 연계성 미흡 – 협소한 고용시장이므로 시장변화에 민감하게 반응

■ 가정관리학과를 졸업하면 어떤 직업이 유망할까?

	직업군	고용지표	인공지능 대체 가능성	인력수급 전망	직업명
졸업 후 진출 가능한 직업	유치원 교사	★★★★★	☺	±▽	유치원 교사
	임상심리사	★★★★★	☺	±△	임상심리상담원, 심리치료사, 정신보건임상심리사
	상담전문가, 청소년지도사	★★★★★	☺	±⇧	청소년·재활·노인·성폭력상담사, 가정폭력상담원
	사회복지사	★★★★★	☺	±⇧	자활프로그램개발자, 정신보건·장애인·학교·노인사회복지사
	보육교사	★★★★	☺	±△	보육교사, 놀이방교사, 어린이집교사, 영아교사, 시설보육사
	시민단체활동가	★★★★	😐	±⇧	사회단체활동가, NGO간사, 시민운동가, 인권운동가, 환경운동가
	육아도우미	★★★★	☹	±△	베이비시터, 아기돌보기도우미
	대학교수	★★★★	☺	±⇩	가정관리학 교수
	사회과학연구원	★★★	☺	±△	아동연구원, 사회복지연구원
	초등학교 교사	★★★	☺	±▽	초등학교 교사, 기간제교사
	학습지방문교사	★★★	😐	±△	학습지방문교사
	보조교사, 기타 교사	★★	☹	±▽	컴퓨터보조교사, 실습보조교사, 과학보조교사, 영어보조교사, 학습매니저
	직업상담사, 취업알선원	★	☺	±⇧	경력컨설턴트, 헤드헌터, 커리어코칭전문가
	국가·지방·공공 행정사무원	★★★★	😐	±△	교육직, 교육직공무원
	사회복지 관련 관리자	★★★★★	☺	±△	종합·아동·노인복지관, 사회복지협회장
	기타 사회복지 관련 종사원	★★★★★	☺	±△	노인·아동·장애인생활지도원, 사회복지·시설보조원
전공의 장점을 살릴 수 있는 직업	유치원 교사	★★★★★	☺	±▽	유치원 교사
	보육교사	★★★★	☺	±△	보육교사, 놀이방교사, 어린이집교사, 영아교사, 시설보육사
	사회복지사	★★★★★	☺	±⇧	자활프로그램개발자, 정신보건·장애인·학교·노인사회복지사
최근 생성된 직업	건강가정사, 분노조절심리상담전문가, 타로심리상담사, 진로심리상담사, 감정대화상담사, 부모교육상담전문가, 생활적응심리상담사, 가족상담사, 가정문제상담사, 행복가정복지사, 주거환경복지사				

국가과학기술표준분류로 가정관리학과 이해하기

구분	국가과학기술표준분류체계		
	대분류	중분류	소분류
가정 관리학	생활	가정자원경영	가정철학/윤리, 가정생활문화, 가정경영이론/정책, 가사노동/여가관리/생활시간, 가족기업/공공가정관리
		가족	가족정책, 가족관계, 가족생활사, 가족상담/가족문제, 가족생활교육, 가족발달/노년학
		아동/청소년	아동/청소년정책, 영유아보육, 아동/청소년발달, 아동/청소년상담/치료, 청소년활동/문화, 부모교육
		소비자	소비자이론/정책, 소비자행태, 소비자정보/소비자교육, 소비문화/트렌드, 가계경제/재무
		주거	주거이론/정책, 주거/단지계획 및 디자인, 주거환경/친환경주거, 주거관리/평가, 주거사회/문화
가정의학 관련 융합 기술 및 융합 학문	보건의료	임상의학	가정의학
		보건학	노인 및 가족보건
	교육	실업교과교육	가정
	사회/인류/복지/여성	사회구조/문제	가족/성
		문화/인류	가족/친족/혼인
		여성/젠더	여성과 가족
	생활	가족	가족정책, 가족관계, 가족생활사, 가족상담/가족문제, 가족생활교육, 가족발달/노년학
		가정자원경영	가족기업/공공가정관리
		주거	주거사회/문화
	심리	발달심리	가족심리

가정관리학과 준비자를 위한 꿀팁

학과 관련 고교 교과목과 준비사항

가정관리학과 교육과정 중에 소비자경제 관련 내용이 있으므로 사회탐구영역 가운데 경제 과목과 관련성이 높다. 직업탐구영역 가운데 가사실업 과목과의 연관성이 높다.

학과 관련 면허와 자격 현황

국가기술자격	소비자전문상담사, 직업상담사, 품질관리기술사
국가전문자격	공인중개사, 청소년지도사, 청소년상담사, 사회복지사
공인민간자격 및 기타	주거복지사, 실천예절지도사, 수화통역사

학과 관련 비전과 이슈

최근 1인 가구 증가에 따른 해당 전공 수요의 필요성이 저하되고 있는 것이 현실이다. 여성의 사회적 지위 향상과 사회진출이 활발해졌다. 즉 가정관리가 여성의 전유물이 아닌 양성(남성, 여성)의 문제로 확대되고 있다. 예를 들어 남성의 육아휴직 확대가 그 예다. 가정은 소비의 주체다. 따라서 가정관리학 전공의 주요 관심사는 소비자 트렌드와 관련한 이슈가 많다. 특히 100세 시대가 올 경우 가정의 역할은 증대될 것이다. 이 전공은 여러 학문이 접목된다. 예를 들어 소비자경제, 육아와 아동교육, 여성정책, 청소년, 의류와 요리 등 다양한 학문과 접목된 학과다. 따라서 이들 주제와 관련된 이슈를 잘 살펴볼 필요가 있다.

■ 가정관리학과를 졸업하면 어디로 진출할까?

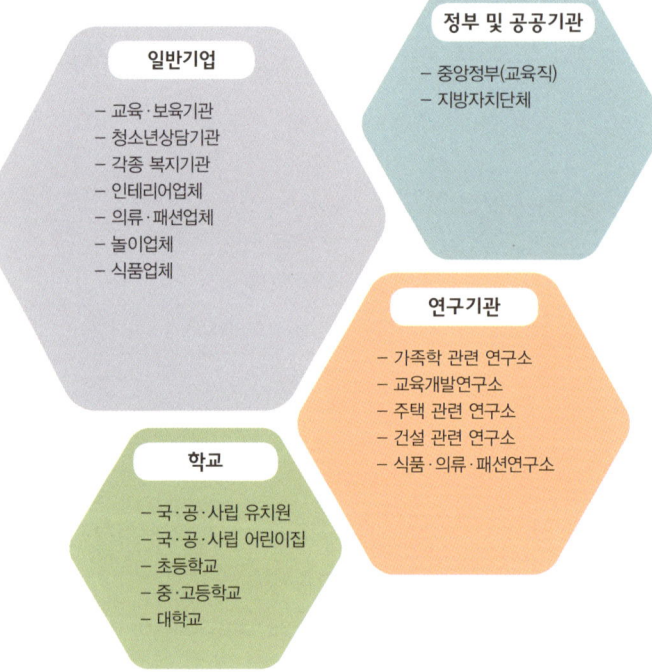

일반기업
- 교육·보육기관
- 청소년상담기관
- 각종 복지기관
- 인테리어업체
- 의류·패션업체
- 놀이업체
- 식품업체

정부 및 공공기관
- 중앙정부(교육직)
- 지방자치단체

연구기관
- 가족학 관련 연구소
- 교육개발연구소
- 주택 관련 연구소
- 건설 관련 연구소
- 식품·의류·패션연구소

학교
- 국·공·사립 유치원
- 국·공·사립 어린이집
- 초등학교
- 중·고등학교
- 대학교

진출 산업 분류

◆ 가정관리학

비거주 복지시설운영업(11.7%), 음식점업(7.8%), 중등교육기관(5.9%), 초등교육기관(5.4%), 일반 교습학원(4.9%), 기타 교육기관(3.4%), 섬유·의복·신발·가죽제품소매업(3.4%), 종합소매업(2.9%), 작물재배업(2.9%), 문화·오락·여가용품소매업(2.4%)

식품영양학과

 한눈에 보는 **식품영양학과 현황과 전망**

■ 학과 개요

식품영양학은 인간의 건강과 직결된 식생활을 연구하는 응용학문이다. 식품영양학과는 식품영양학과, 바이오식품학과, 식품생명학과, 식품가공유통학과 등 다양한 명칭으로 학과가 개설되어 있다. 식품영양은 급식관리, 영양, 식품이 주된 관심 영역이다. 졸업자의 취업률은 보통이며, 취업의 질은 높지 않은 편이다. 학생 수는 여학생의 비율이 높으며, 최근 입학자 수는 크게 증가하는 추이를 보이고 있다.

■ 식품영양학과의 미래 고용 관련 전망은 어떨까?

· 고용률　　　★★★★　　　· 정규직 비율　★★★
· 전공 일치 비율 ★★☆　　　· 월평균 소득　★☆

긍정적 전망 요인	– 웰빙에 대한 사회적 욕구 증대
	– 보편적 복지에 따른 무상급식의 지속적 확대 가능성
	– 고령화사회에 따른 건강관리에 대한 관심 증대
	– 영양사 의무배치 등의 직업 규제 강화 가능성
부정적 전망 요인	– 인구절벽에 따른 학교 영양사 일자리 수요 감소
	– 졸업자 관련 직업의 저임금 구조
	– 규제철폐 측면의 의무고용의 완화 가능성
	– 정보통신의 발달에 따른 직무대체 가능성

■ 식품영양학과를 졸업하면 어떤 직업이 유망할까?

	직업군	고용지표	인공지능 대체 가능성	인력수급 전망	직업명
졸업 후 진출 가능한 직업	영양사	★★★★	☺	±△	병원급식영양사, 학교급식영양사, 구내식당영양사, 식단작성영양사, 임상영양사, 보건영양사, 관리영양사, 상담영양사, 급식관리영양사, 식품위생영양사
	식품공학기술자, 연구원	★★★★★	☺	±⇧	식품공학기술자, 가공식품개발연구원, 식품소재개발연구원, 제면식품연구원, 발효식품연구원, 레토르트식품연구원, 천연식품연구원, 식품분석연구원, 식품시험분석원, 식품연구원, 식품실험원, 식품제조실험원, 기능성보조식품연구원, 식품첨가물연구원, HACCP인증연구원
	식품가공검사원, 등급원	★★★★★	☹	±△	고기선별원, 음식품검사원, 음식품등급원, 담배등급원, 담배검사원, 채소선별원, 과실선별원
	제빵원, 제과원	★★★★★	☺	±△	제과사, 제빵사, 파티시에, 제과원, 쇼콜라티에, 슈가크래프터
	조리사	★★★★★	☺	±△	한식, 중식, 양식, 일식
	바텐더	★★★★★	☺	±△	바텐더, 조주사
	생산·품질관리 사무원	★★★★★	☹	±△	생산·품질관리기술자, 생산·품질관리사무원
	보건위생·환경 검사원	★★★★★	☺	±⇧	환경조사원, 보건위생검사원, 환경모니터링원
	제품·광고영업원	★★★★	☺	±△	식품영업원
	행사기획자	★★★★	☺	±△	컨벤션코디네이터, 시사회·회의·전시·공연·이벤트·패션쇼·페스티벌기획자, 회의전문가, MEETING PLANNER, 파티플래너, 이벤트전문가
	정육원, 도축원	★★★	☹	±△	정육원, 도축원
	위생사	★★★	☺	±△	위생사, 소독관리인
전공의 장점을 살릴 수 있는 직업	영양사	★★★★	☺	±△	병원급식영양사, 학교급식영양사, 구내식당영양사, 식단작성영양사, 임상영양사, 보건영양사, 관리영양사, 상담영양사, 급식관리영양사, 식품위생영양사
	조리사	★★★★★	☺	±△	한식, 중식, 양식, 일식
	식품공학기술자, 연구원	★★★★★	☺	±⇧	고기선별원, 음식품검사원, 음식품등급원, 담배등급원, 담배검사원, 채소선별원, 과실선별원

	직업군	고용지표	인공지능 대체 가능성	인력수급 전망	직업명
최근 생성된 직업					영양식품홍보마케터, 식단조절전문가, 푸드스타일리스트, 신메뉴개발자, 식품위생관리사, 건강식품전문가, 푸드코디네이터, 로푸드요리전문가, 푸드아트연출가, 슬로푸드지도사, 전통음식제조원, 바리스타

 국가과학기술표준분류로 **식품영양학과 이해하기**

구분	국가과학기술표준분류체계		
	대분류	중분류	소분류
식품영양학	농림수산 식품	식품과학	식품화학, 식품미생물학, 식품발효학, 식품가공학, 식품저장/유통/포장, 식품공정공학, 식품기기분석/ 관능검사, 식품위생/품질관리, 효소/생물전환반응
		식품영양 과학	기능성식품, 영양유전체학, 영양대사조절, 맞춤형영양식품, 식품의영양기능성평가, 식품영양정보구축/활용, 식품영양정책
		식품조리/ 외식/ 식생활개선	식품조리과학, 식품조리법개발/표준화, 식품(식재료)구매/조리, 급식/외식상품개발, 외식운영관리, 식품산업통계, 식품산업마케팅, 식품문화콘텐츠, 지역식품개발/활용, 지역사회식생활개선
	보건의료	식품안전관리	식품안전성평가, 식품기준규격관리, 식품미생물/ 식중독관리, 식품농약/항생물질관리 등 오염물질관리, 식품중금속, 식품유해물질관리, 식품용기포장/살균소독제관리, 식품첨가물관리, 식품위해성평가관리, 장애개선기능성식품개발, 영양기능식품안전성평가, 바이오식품관리
		영양관리	영양기능식품기준규격관리, 영양기능식품표시개선/ 정보관리, 영양조사/평가/모니터링, 영양성분데이터베이스, 생애주기영양관리, 임상영양, 지역사회영양관리, 단체급식관리/급식경영, 영양교육/상담, 식생활교육/교육매체개발, 영양지원정책
		보건학	보건영양/영양역학
	문화/예술/체육	스포츠과학	운동영양학/운동생화학

식품영양학과 준비자를 위한 꿀팁

📖 학과 관련 고교 교과목과 준비사항

식품영양학의 경우 과학탐구영역 가운데 생물 과목과의 관련성이 높으며, 화학 과목과의 연관성도 있다. 식품은 하나의 문화이므로 사회탐구영역과도 관련성이 있으며, 직업탐구영역 가운데 가사실업 과목과도 연관성이 높다.

🏅 학과 관련 면허와 자격 현황

국가기술자격	제빵기능사, 제과기능사, 조리산업기사, 한식조리기능사, 중식조리기능사, 양식조리기능사, 일식조리기능사, 복어조리기능사, 식품산업기사
국가전문자격	실기교사, 영양사, 주류제조관리사
공인민간자격 및 기타	〈비공인〉 식품위생관리사, 식품생산관리사, 푸드코디네이터

🌳 학과 관련 비전과 이슈

식품영양학과의 경우 정부의 규제와 의무고용 등 규제적 제도적 요인과 관련되어 있다. 따라서 영양사 관련 제도적 변화추이를 잘 살펴볼 필요가 있다. 아울러 국가보건의료시험원에서 주관하는 영양사 면허의 합격자 추이를 파악해볼 필요가 있다. 식품영양학의 경우 기업(식품제조 또는 외식산업 등)에서 새로운 제품개발과 관련된 직무 외에 임상영양사 등으로 전문화할 수 있는 방법을 모색해볼 필요가 있다.

■ 식품영양학과를 졸업하면 어디로 진출할까?

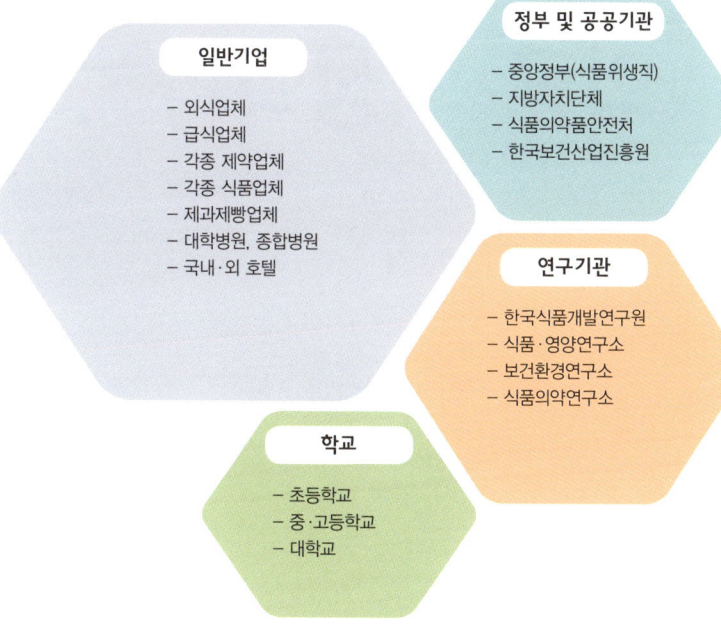

일반기업

- 외식업체
- 급식업체
- 각종 제약업체
- 각종 식품업체
- 제과제빵업체
- 대학병원, 종합병원
- 국내·외 호텔

정부 및 공공기관

- 중앙정부(식품위생직)
- 지방자치단체
- 식품의약품안전처
- 한국보건산업진흥원

연구기관

- 한국식품개발연구원
- 식품·영양연구소
- 보건환경연구소
- 식품의약연구소

학교

- 초등학교
- 중·고등학교
- 대학교

진출 산업 분류

◆ **식품영양학과**

음식점업(15.1%), 초등교육기관(7.6%), 병원(4.6%), 중등교육기관(3.4%), 일반 교습학원(3.2%), 음·식료품·담배도매업(2.9%), 종합소매업(2.4%), 비거주 복지시설운영업(2.0%), 기타 교육기관(2.0%)

◆ **식품공학과**

음·식료품·담배도매업(6.5%), 음식점업(5.4%), 일반 교습학원(4.3%), 기타 식품제조업(4.3%), 사회·산업정책행정(4.3%), 입법·일반정부행정(3.3%), 보험업(2.7%), 자연과학·공학연구개발업(2.2%), 부동산 관련 서비스업(2.2%)

◆ **조리학과**

음식점업(29.6%), 숙박시설 운영업(10.4%), 음·식료품·담배도매업(4%), 주점·비알코올음료점업(4%), 기타 식품제조업(2.4%), 종합소매업(2.4%), 섬유·의복·신발·가죽제품소매업(2.4%), 기타 사업지원서비스업(2.4%)

의류·의상학과

 한눈에 보는 **의류·의상학과 현황과 전망**

■ 학과 개요

의류·의상학과는 인간생활에 필수적인 복식·의류산업과 관련한 응용학문이다. 의류·의상학과는 의류학과, 의류상품학과, 의류산업학과, 의류패션학과, 의상학과 등의 명칭으로 학과가 개설되어 있다. 의류와 의상은 크게 디자인, 의류산업(마케팅, 의상심리, 의류역사 등), 의류소재로 관심 영역을 구분할 수 있다. 졸업자의 취업률은 보통이며, 취업의 질도 보통 수준이다. 학생 수는 상대적으로 여학생 비율이 월등히 높으며, 최근 입학자 수와 관련한 큰 변화는 없다.

■ 의류·의상학과의 미래 고용 관련 전망은 어떨까?

- 고용률　　　★★★★
- 전공 일치 비율 ★★☆
- 정규직 비율　★★★★
- 월평균 소득　★☆

긍정적 전망 요인	– 여성의 사회적 지위 향상에 따른 의류와 의상에 대한 관심 증가 – 한류에 따른 해외시장 확대 가능성 – 소득수준 상승에 따른 의류와 의상에 대한 관심 증가 – 전 세계 인구증가에 따른 대체 수요 개발
부정적 전망 요인	– 고령화에 따른 의류와 의상 관련 국내외 수요 감소 – 경제위기에 따른 의류산업 위축 가능성 – 협소한 고용시장으로 노동시장 변화에 민감

■ 의류·의상학과를 졸업하면 어떤 직업이 유망할까?

	직업군	고용지표	인공지능 대체 가능성	인력수급 전망	직업명
졸업 후 진출 가능한 직업	상품기획전문가	★★★★★	☺	±△	마케팅·상품기획·개발전문가, MD, 문화마케터
	섬유공학기술자, 연구원	★★★★	☺	±▽	섬유소재·섬유공정·염료·염색공정 개발기술자, 원단개발원
	표백·염색 관련 조작원	★★★★	☹	±△	염색조색원, 염색배합원, 염색준비원, 염색기조작원, 염색검사원
	패션디자이너	★★★	☺	±△	의상·패션·직물·텍스타일·액세서리·가방·신발디자이너
	의상디자이너	★★★	☺	±△	한복, 유니폼, 웨딩드레스, 의상, 홈패션, 이너웨어, 데님, 애견옷, 속옷디자이너
	직물디자이너	★★★	☺	±△	직물·텍스타일·패턴·벽지·자수·어패럴텍스타일·넥타이디자이너
	액세서리디자이너	★★★	☺	±△	장신구·보석디자이너
	가방·신발 디자이너	★★★	☺	±△	가방, 신발, 운동화, 숙녀화
	재단사	★★	☺	±△	의복, 모피, 가죽의복, 장갑, 모자, 재단, 갑피
	양장·양복제조원	★★	☺	±△	양장사, 양복사
	모피·가죽의복 제조원	★★	☹	±△	가죽제조원, 피혁제조원
	패턴사	★	☺	±▽	패턴제작원, 옷본제작원, 신발패턴사, 모자본제조원, 모피옷본제조원, 샘플사
	재봉사	★★	😐	±△	직물, 가죽, 모피, 신발, 기계자수원
	한복제조원	★★	☺	±△	한복수선원, 수의제조원, 개량한복제조원
	의복·가죽·모피 수선원	★★	☺	±▽	의복, 가죽의류, 모피제품 수선원, 의복리폼원
전공의 장점을 살릴 수 있는 직업	패션디자이너	★★★	☺	±△	의상·패션·직물·텍스타일·액세서리·가방·신발디자이너
	의상디자이너	★★★	☺	±△	한복, 유니폼, 웨딩드레스, 의상, 홈패션, 이너웨어, 데님, 애견옷, 속옷디자이너
최근 생성된 직업	패션디렉터, 아트디렉터, 패션컨설턴트, 패션칼럼니스트, 패션카피라이터, 패션저널리스트, 홈패션지도사, 패션아이래쉬코디네이터, 모델리스트, 메이크업아티스트, 아트컨설턴트, 행사기획자, 파티플래너, 이미지컨설턴트				

국가과학기술표준분류로 의류·의상학과 이해하기

구분	국가과학기술표준분류체계		
	대분류	중분류	소분류
의류·의상학	생활	의류	의류설계 및 구성, 의류관리, 의류환경, 패션문화사 복식미학, 패션마케팅, 패션소비자행동
	화공	섬유제품	봉제기술, 의류패션, 편직기술
	인지/감성과학	감성과학	감성의류/산업/환경
	문화/예술/체육	의상디자인	패션정보, 패션디자인, 코스튬디자인, 한국전통복식디자인, 패션일러스트레이션

 ## 의류·의상학과 준비자를 위한 꿀팁

📑 학과 관련 고교 교과목과 준비사항

의류·의상학과의 경우 의류와 의상은 문화와 관련되므로 사회탐구영역(생활과 윤리, 윤리와 사상, 한국사, 세계사, 법과 정치, 사회문화) 가운데 사회문화 과목과의 관련성이 높다. 직업탐구영역 가운데 가사실업 과목과의 연관성도 있다.

📋 학과 관련 면허와 자격 현황

국가기술자격	의류기사, 한복산업기사, 패션디자인산업기사, 패션머천다이징산업기사, 컬러리스트산업기사, 섬유산업기사, 양복기능사, 양장기능사, 염색기능사, 섬유디자인산업기사
국가전문자격	실기교사
공인민간자격 및 기타	숍마스터, 패션스타일리스트

🌿 학과 관련 비전과 이슈

의류학과와 의상학과는 패션산업과 밀접한 관련성이 있다. 최근 의류와 의상에 있어서도 새로운 신기술이 접목되고 있다. 예를 들어 가상 피팅 서비스와

전도성 또는 기능성 소재가 확대되고 있다. 의류산업과 의상산업의 경우 방송, 광고, 유통, 유행 등과 밀접한 관련성이 있다. 따라서 최근 한류의 흐름, 스포츠 의류, 연예인의 의상, 패션쇼 등에 관심을 가질 필요가 있다.

■ 의류·의상학과를 졸업하면 어디로 진출할까?

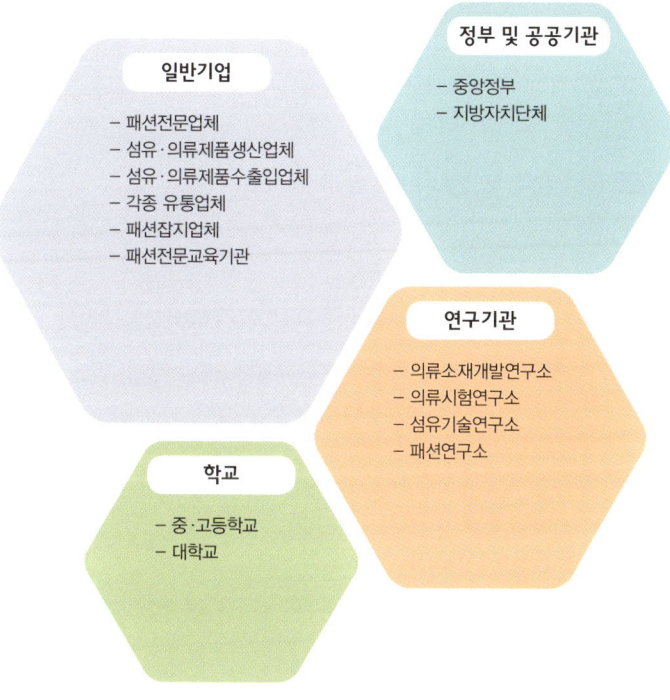

일반기업
- 패션전문업체
- 섬유·의류제품생산업체
- 섬유·의류제품수출입업체
- 각종 유통업체
- 패션잡지업체
- 패션전문교육기관

정부 및 공공기관
- 중앙정부
- 지방자치단체

연구기관
- 의류소재개발연구소
- 의류시험연구소
- 섬유기술연구소
- 패션연구소

학교
- 중·고등학교
- 대학교

진출 산업 분류

◆ 의상디자인학과
봉제의복제조업(23.2%), 섬유·의복·신발·가죽제품소매업(10.5%), 무점포소매업(7.4%), 기타 교육기관(4.2%), 가정용품도매업(4.2%), 기타 상품전문소매업(3.2%), 은행·저축기관(3.2%), 일반 교습학원(2.1%), 비거주 복지시설운영업(2.1%)

수학과

 한눈에 보는 **수학과 현황과 전망**

■ 학과 개요

수학은 가장 논리적이고 창의적인 구조로 자연현상과 사회현상을 분석, 예측, 설명할 수 있는 순수한 기초학문이다. 상당수의 학교에서 수학과라는 명칭으로 학과가 개설되어 있지만 일부는 응용수학과, 금융수학과 등의 명칭을 사용하기도 한다. 졸업자의 취업률은 상대적으로 낮은 편이며, 취업의 질 또한 그리 높지 않다. 수학은 순수 기초수학 분야와 응용수학으로 구분 가능하며, 응용수학이 상대적으로 취업이나 현장 활용성이 높다. 수학과는 비교적 남학생이 좀 더 선호하는 학과다. 수학은 진정한 순수 기초학문이므로, 수학과를 진학할 경우 대학원 진학을 고려해보면 도움이 될 수 있다.

■ 수학과의 미래 고용 관련 전망은 어떨까?

- 고용률　　　　★★★☆
- 전공 일치 비율　★★

- 정규직 비율　　★★★
- 월평균 소득　　★★★☆

긍정적 전망 요인	– 기초학문에 대한 정책적 지원 증가 가능성 – 스토리 수학의 성장 가능성 – 교사나 학원강사 등 교육 분야 취업 기회가 많음
부정적 전망 요인	– 순수 기초학문으로 산업적 실용성 낮음 – 인구절벽에 따른 대학입시 관련 일자리 수요 감소

■ 수학과를 졸업하면 어떤 직업이 유망할까?

	직업군	고용지표	인공지능 대체 가능성	인력수급 전망	직업명
졸업 후 진출 가능한 직업	자산운용가	★★★★	😐	±△	펀드매니저, 자산운용가, 증권투자전문가, 부동산펀드매니저
	보험·금융상품 개발자	★★★★★	🙁	±△	금융설계가, 금융상품개발자, 보험계리인, 보험계리사
	보험심사원, 보험사무원	★★★★	🙁	±△	보험증권사무원, 손해사정사무원
	기획·마케팅 사무원	★★★★★	🙂	±△	경영기획사무원, 마케팅·광고·홍보사무원
	자연과학연구원	★★★★★	🙂	±⇧	수학연구원, 통계연구원
	총무사무원	★★★★	🙁	±△	총무·병원행정·학교행정·일반사무원, 대학행정조교
	대학교수	★★★★	🙂	±⇩	수학 교수
	투자·신용분석가	★★★★	😐	±△	재정분석가, 신용분석가, 투자전략가, 저널리스트
	손해사정인	★★★★	🙁	±△	손해사정인
	조사전문가	★★★★	🙁	±△	사회조사분석가, 여론조사분석가, 조사연구원
	학습지방문교사	★★★	😐	±△	학습지방문교사
	응용소프트웨어 개발자	★★★	🙂	±⇧	응용소프트웨어·네트워크·컴퓨터프로그래머
	증권·외환딜러	★★★	😐	±△	증권·외환중개인, 딜러, 브로커
	금융 관련 사무원	★★★	😐	±△	증권·은행·카드·캐피탈금융사무원
	보험영업원	★★★	🙁	±△	보험대리인·중개인, 보험모집인, 보험설계사, 금융상품판매원
	초등학교 교사	★★★	🙂	±▽	초등학교 교사, 기간제교사
	중·고등학교 교사	★★	🙂	±▽	중학교 교사, 고등학교 교사
	문리·어학강사	★	🙂	±▽	보습·입시·고시학원강사, 어학강사
	신용추심원	★	🙁	±△	채권관리원, 연체안내원
	설문·통계조사원	★	🙁	±△	통계조사원, 설문조사원, 여론조사원, 시장조사원, 인구조사원, 면접조사원, 전화설문조사원

	직업군	고용지표	인공지능 대체 가능성	인력수급 전망	직업명
전공의 장점을 살릴 수 있는 직업	보험·금융상품 개발자	★★★★★	☹	±△	금융설계가, 금융상품개발자, 보험계리인, 보험계리사
	자산운용가	★★★★	😐	±△	펀드매니저, 자산운용가, 증권투자전문가, 부동산펀드매니저
	자연과학연구원	★★★★★	🙂	±⇧	수학연구원, 통계연구원
	설문·통계조사원	★	☹	±△	통계조사원, 설문조사원, 여론조사원, 시장조사원, 인구조사원, 면접조사원, 전화설문조사원
최근 생성된 직업	스토리텔링수학지도사, 창의수학지도사				

국가과학기술표준분류로 **수학과 이해하기**

구분	국가과학기술표준분류체계		
	대분류	중분류	소분류
수학	수학	대수학	선형대수, 수리논리학/집합론, 수론, 군/표현, 대수기하/가환환, 결합환, 리대수/비결합환
		해석학	고전/조화해석, 복소해석, 함수해석, 변분론/비선형해석, 동력계/상미분방정식, 편미분방정식, 대역해석학/다양체위의해석학
		위상수학	일반위상수학, 대수적위상수학, 기하위상수학/미분위상수학, 리군/위상군
		기하학	고전/일반기하, 블록기하/이산기하, 미분기하, 복소기하, 사교기하
		응용수학	연속체역학, 수치해석, 수리계획법/최적화이론, 과학/공학의수학적방법론, 금융수학, 바이오수학, 통신수학, 수리물리, 보험수학, 계산수학
		이산/정보수학	조합수학/그래프이론, 알고리즘, 암호론/부호론, 정보이론
		추론/계산	모수추론, 비모수추론, 베이지안추론, 통계계산
		모형/자료분석	선형모형, 실험계획, 다변량통계, 시계열/공간자료분석, 생존분석, 표본조사, 분포이론
		응용통계	의학/생물통계, 경제/경영통계, 금융/보험통계, 사회/심리통계
		확률/확률과정	확률론, 확률과정, 극단값이론, 대기체계이론, 확률해석학, 응용확률 환경통계, 공업통계
		기타 수학	달리 분류되지 않는 수학
수학 관련 융합 기술 및 융합 학문	교육	자연과학 교과교육	수학
	농림수산식품	농업토목학	농업 수리/관개배수
	경제/경영	경제일반	수리경제
		경영과학	수리/확률통계모형

수학과 준비자를 위한 꿀팁

학과 관련 고교 교과목과 준비사항

수학과의 경우 수학탐구와 관련성이 절대적으로 높다. 수학은 논리력이 매우 중요하다. 수학이 가장 많이 응용된 분야가 과학(특히 물리)이므로 물리탐구와 관련한 지식도 중요하다. 참고로 문과의 경우 수학 가운데 통계 부분을 많이 활용한다.

학과 관련 면허와 자격 현황

국가기술자격	사회조사분석사, 정보처리기사, 전자상거래운용사, 측량 및 지형공간정보산업기사, 교통산업기사
국가전문자격	보험계리사, 손해사정사
공인민간자격 및 기타	실용수학자격

학과 관련 비전과 이슈

수학의 경우 순수한 기초학문이므로 대학 진학 시 대학원 입학을 생각해볼 필요가 있다. 수학과의 경우 교사나 학원강사로의 진로를 생각해 교직 이수를 고려해볼 필요가 있으며, 수학이 많이 활용되는 공과대학이나 다른 전공(경제학, 통계학)으로 대학원 진학을 고려해볼 필요가 있다. 물론 복수전공이나 부전공을 통해 취업 가능성을 높이는 전략도 필요하다.

■ 수학과를 졸업하면 어디로 진출할까?

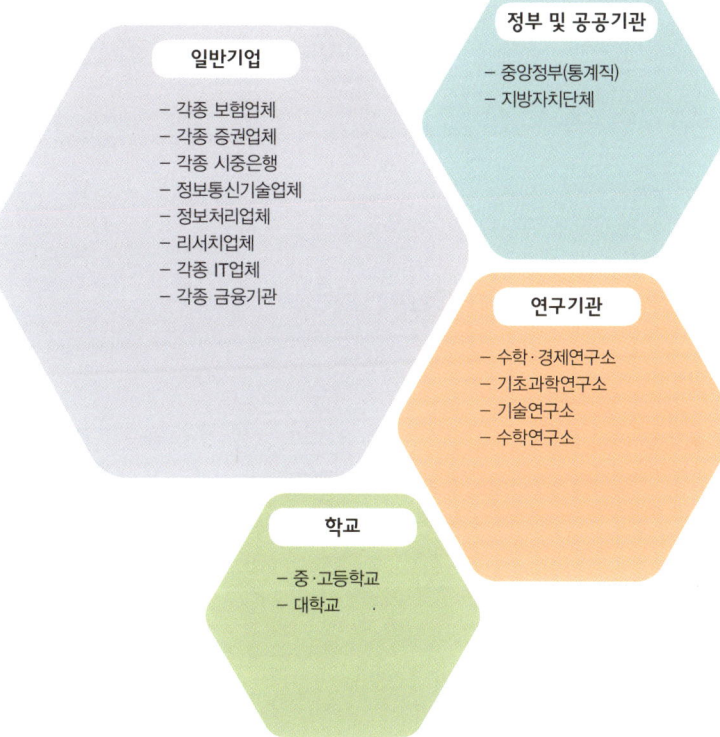

일반기업
- 각종 보험업체
- 각종 증권업체
- 각종 시중은행
- 정보통신기술업체
- 정보처리업체
- 리서치업체
- 각종 IT업체
- 각종 금융기관

정부 및 공공기관
- 중앙정부(통계직)
- 지방자치단체

연구기관
- 수학·경제연구소
- 기초과학연구소
- 기술연구소
- 수학연구소

학교
- 중·고등학교
- 대학교

진출 산업 분류

중등교육기관(25.7%), 일반 교습학원(24.6%), 기타 교육기관(6.6%), 고등교육기관(2.9%), 입법·일반정부행정(2%), 보험업(1.7%), 컴퓨터프로그래밍·시스템통합관리업(1.7%), 음식점업(1.4%), 초등교육기관(1.4%)

통계학과

 한눈에 보는 **통계학과 현황과 전망**

■ 학과 개요

통계학은 자연현상에도 활용되지만, 주로 사회현상을 분석하는 방법론으로 많이 활용된다. 통계학과는 전산통계학과, 금융정보통계학과, 응용정보통계학과, 정보통계학과 등의 명칭으로 학과가 개설되어 있으며, 주요 분야는 크게 수리통계, 응용통계, 전산통계로 구분될 수 있다. 통계학과를 졸업한 학생의 취업률은 보통이며, 입학자 수는 완만하게 감소하는 추이를 보인다. 학생 수는 남학생과 여학생 비율에 큰 차이가 없다.

■ 통계학과의 미래 고용 관련 전망은 어떨까?

- 고용률 ★★★★
- 전공 일치 비율 ★★
- 정규직 비율 ★★★
- 월평균 소득 ★★★★

긍정적 전망 요인	– 빅데이터의 중요성 증가 – 정량적·정성적 통계자료의 증가
부정적 전망 요인	– 순수 통계학에 대한 제한적 산업적 수요는 많지 않음 – 기초학문적 성격으로 다른 전공과 연계 시 실용성이 높아짐

■ 통계학과를 졸업하면 어떤 직업이 유망할까?

	직업군	고용지표	인공지능 대체 가능성	인력수급 전망	직업명
졸업 후 진출 가능한 직업	기획·마케팅 사무원	★★★★★	☺	±△	경영기획사무원, 마케팅·광고·홍보사무원
	자연과학연구원	★★★★★	☺	±⇧	수학연구원, 통계연구원
	보험·금융상품 개발자	★★★★★	☹	±△	금융설계가, 금융상품개발자, 보험계리인, 보험계리사
	대학교수	★★★★	☺	±⇩	통계학 교수
	투자·신용분석가	★★★★	☺	±△	재정분석가, 신용분석가, 투자전략가, 저널리스트
	손해사정인	★★★★	☹	±△	손해사정인
	총무사무원	★★★★	☹	±△	총무·병원행정·학교행정·일반사무원, 대학행정조교
	데이터베이스 설계·구축·관리 기술자	★★★★	☺	±⇧	DB전문가, 데이터베이스설계가
	자산운용가	★★★★	☺	±△	펀드매니저, 자산운용가, 증권투자전문가, 부동산펀드매니저
	투자·신용분석가	★★★★	☺	±△	재정분석가, 신용분석가, 투자분석가, 투자애널리스트, 기업분석가, 시황분석가, 증권분석가, 투자전략가, 파생상품전략가, 펀드애널리스트
	보험심사원, 보험사무원	★★★★	☹	±△	보험사정사무원, 보험인수심사사무원, 손해보험료산출원, 보험전산입력원, 손해사정사무원
	조사전문가	★★★★	☹	±△	사회조사분석가, 여론조사분석가, 조사연구원
	응용소프트웨어 개발자	★★★	☺	±⇧	응용소프트웨어·네트워크·컴퓨터프로그래머
	금융 관련 사무원	★★★	☺	±△	증권·은행·카드·캐피탈금융사무원
	증권·외환딜러	★★★	☺	±△	증권·외환중개인, 딜러, 브로커
	시스템소프트웨어 개발자	★★★	☺	±△	시스템소프트웨어·운영체제·펌웨어프로그래머
	보험영업원	★★★	☹	±△	보험대리인·중개인, 보험모집인, 보험설계사, 금융상품판매원
	초등학교 교사	★★★	☺	±▽	초등학교 교사, 기간제교사
	중·고등학교 교사	★★	☺	±▽	중학교 교사, 고등학교 교사

	직업군	고용지표	인공지능 대체 가능성	인력수급 전망	직업명
졸업 후 진출 가능한 직업	회계사	★★	☹	±△	공인회계사, CPA, 회계감사역, 재무감사역
	설문·통계조사원	★	☹	±△	통계조사원, 설문조사원, 여론조사원, 시장조사원, 인구조사원, 조사감독자(슈퍼바이저), 여론조사슈퍼바이저, 통계조사슈퍼바이저, 통계자료집계사무원, 통계기획사무원, 설문면접원, 면접조사원, 전화설문조사원
전공의 장점을 살릴 수 있는 직업	기획·마케팅 사무원	★★★★★	☺	±△	경영기획사무원, 마케팅·광고·홍보사무원
	조사전문가	★★★★	☹	±△	사회조사분석가, 여론조사분석가, 조사연구원
최근 생성된 직업	데이터과학자, 빅데이터전문가, 임상통계전문가, 암호해독전문가, 광고데이터분석사, 산업데이터분석사, 공공데이터분석사, 경영데이터분석사, 정보화분석전문가				

국가과학기술표준분류로 통계학과 이해하기

구분	국가과학기술표준분류체계		
	대분류	중분류	소분류
통계학	수학	추론/계산	통계계산
		모형/자료분석	다변량통계
		응용통계	의학/생물통계, 경제/경영통계, 금융/보험통계, 사회/심리통계, 환경통계, 공업통계
	물리학	통계 물리	통계역학, 무질서계, 비선형동력학, 복잡계
	화학	물리 화학	열역학/통계열역학
	농림수산식품	식품조리/외식/ 식생활 개선	식품산업통계
	보건의료	보건학	보건통계
	경제/경영	경제일반	계량경제/경제통계
		경영과학	수리/확률통계모형
	사회/인류/복지/ 여성	사회일반	사회조사/통계/방법

통계학과 준비자를 위한 꿀팁

📑 학과 관련 고교 교과목과 준비사항

통계학과는 수학과 관련성이 높으며 특히 확률과 통계, 함수 등의 분야와 관련성이 높다. 통계학의 경우 수학의 응용 분야이므로 사회과학 분야에서 많이 활용되어 사회탐구영역 가운데 법과 정치, 일반사회, 경제 등과 관련되어 있다.

🖩 학과 관련 면허와 자격 현황

국가기술자격	사회조사분석사, 정보처리기사, 컴퓨터활용능력, 워드프로세서, 전자상거래운용사
국가전문자격	보험계리사, 손해사정사
공인민간자격 및 기타	데이터분석자격 〈비공인〉 빅데이터전문가

🌸 학과 관련 비전과 이슈

최근 각 분야별 패널데이터와 만족도조사 등이 확대됨에 따라, 통계업무의 중요성이 증대되고 있다. 정보통신과 이동통신 수단의 발달에 따라 인터넷 홈페이지 외에 각종 소셜네트워크서비스(SNS), 스마트폰의 앱(App) 등을 통해 대량의 개인정보, 검색정보, 상품과 관련한 메타정보 등이 빠른 속도로 축적되고 있다. 따라서 축적된 빅데이터를 가공하고 활용하기 위한 기술과 인력수요가 증가되고 있다. 아울러 통계와 관련한 개인정보 보호와 빅데이터 응용기술(미래 예측 기술 등)도 통계와 관련한 주요 이슈가 되고 있다.

■ 통계학과를 졸업하면 어디로 진출할까?

일반기업
- 각종 시중은행
- 각종 금융기관
- 각종 보험업체
- 각종 증권업체
- 여론조사·마케팅업체
- 각종 회계사무소
- 각종 통계업체

정부 및 공공기관
- 중앙정부(통계직)
- 지방자치단체

연구기관
- 통계연구소
- 과학연구소
- 경제연구소

학교
- 초등학교
- 중·고등학교
- 대학교

진출 산업 분류

◆ 수학·통계학

입법·일반정부행정(7.9%), 컴퓨터프로그래밍·시스템통합관리업(7.2%), 일반 교습학원(6.5%), 고등교육기관(6.5%), 보험업(4.3%), 은행·저축기관(3.6%), 소프트웨어개발·공급업(3.6%), 기계장비 관련 물품도매업(2.9%), 기타 금융업(2.9%)

물리·과학과

 한눈에 보는 물리·과학과 현황과 전망

■ 학과 개요

물리학은 자연현상을 수학적으로, 실험적으로 증명하는 기초과학 분야다. 물리학과는 나노물리학과, 신소재물리학과, 응용물리학과, 전자물리학과 등의 명칭으로 학과가 개설되어 있다. 이 학과의 주요 분야는 수학 기반의 이론물리, 실험장치가 중심이 되는 실험물리, 컴퓨터를 많이 활용하는 전산응용물리로 구분될 수 있다. 졸업자의 취업률은 다소 낮은 편이며, 입학자 수는 완만히 감소하는 추이를 보이고, 여학생보다 남학생의 비율이 높은 편이다.

■ 물리·과학과의 미래 고용 관련 전망은 어떨까?

- 고용률　　　　★★★☆
- 전공 일치 비율　★★☆
- 정규직 비율　　★★★
- 월평균 소득　　★★☆

긍정적 전망 요인	– 기초학문으로 다른 전공과 연계가 용이함
	– 기초학문에 대한 정책적 지원 증가 가능성
부정적 전망 요인	– 순수학문으로 산업현장 활용성이 낮음
	– 인구절벽에 따른 대학입시 관련 일자리 수요 감소

■ 물리·과학과를 졸업하면 어떤 직업이 유망할까?

	직업군	고용지표	인공지능 대체 가능성	인력수급 전망	직업명
졸업 후 진출 가능한 직업	자연과학연구원	★★★★★	☺	±⇧	물리학연구원, 수학연구원, 통계연구원, 화학연구원, 지구과학연구원, 지질연구원, 기상·천문연구원, 해양연구원, 가정관리연구원, 미생물시험원, 독성시험원
	자연과학시험원	★★★★	☺	±△	물리학시험원, 천문학시험원, 기상학시험원, 지학시험원
	금속·재료공학 기술자, 연구원	★★★★★	☺	±△	금속공학기술자, 연구원(엔지니어), 재료공학기술자, 연구원(엔지니어)
	기술영업원	★★★★★	☹	±△	전자·통신장비, 전산 관련, 의료장비, 산업용기계장비, 농업용기계장비, 자동차부품 관련, 화학제품 관련 기술영업원
	자연과학연구원	★★★★★	☺	±⇧	물리학연구원, 수학연구원, 통계연구원, 화학연구원, 지구과학연구원, 지질연구원, 기상·천문연구원, 해양연구원, 가정관리연구원, 미생물시험원, 독성시험원
	대학교수	★★★★	☺	±⇩	물리학 교수, 물리과학 교수
	변리사	★★★★	☺	±△	변리사, 특허전문가
	전자공학기술자, 연구원	★★★★	☺	±△	전자부품개발·설계기술자, 산업용전자기기·영상기기개발·설계기술자, 가전기기개발·설계기술자, 전자의료기기개발·설계기술자, 반도체공학기술자, 전자제어계측기술자, 연구원
	기계공학기술자, 연구원	★★★★	☺	±△	산업기계공학기술자, 메카트로닉스·건설기계공학·금형공학·플랜트공학
	시스템소프트웨어 개발자	★★★	☺	±△	시스템소프트웨어·운영체제·펌웨어프로그래머
	응용소프트웨어 개발자	★★★	☺	±⇧	네트워크·컴퓨터·모바일게임프로그래머
	중·고등학교 교사	★★	☺	±▽	중학교 교사, 고등학교 교사
	국가·지방·공공 행정사무원	★★★★	☺	±△	국가직·일반직공무원, 환경직공무원
전공의 장점을 살릴 수 있는 직업	자연과학연구원	★★★★★	☺	±⇧	물리학연구원
	자연과학시험원	★★★★	☺	±△	물리학시험원
최근 생성된 직업	인공위성개발원				

국가과학기술표준분류로 물리·과학과 이해하기

구분	국가과학기술표준분류체계		
	대분류	중분류	소분류
물리·과학	물리학	입자/장물리	소립자/입자현상론, 장이론/고에너지이론, 가속기/빔물리, 입자데이터
		통계물리	통계역학, 무질서계, 비선형동력학, 복잡계
		원자핵물리	통계역학, 무질서계, 비선형동력학, 복잡계
		유체/ 플라즈마	플라즈마물리, 유체운동/수송론
		광학	분광학, 양자광학, 레이저광학, 비선형광학, 광자학, 의광학, 기하/파동광학, 디스플레이광학, 나노광학, X선광학
		응집물질 물리	구조특성, 전자구조, 수송특성, 광학특성, 표면/경계면/박막, 나노/중시물리, 반도체, 자성/자성체, 유전체/강유전체, 초전도, 초유체/저온물리, 전도성유기물, 분자전자학
		원자/ 분자물리	원자물리학, 분자물리학, 양자정보
		천체물리	일반상대론/중력, 고에너지천체물리, 우주론, 고중력천체
		복합물리	생물물리, 전산물리, 의학물리, 화학물리, 음향학
		기타물리학	달리 분류되지 않는 물리학
		물리화학	열역학/통계열역학, 양자화학/전산화학, 분광학, 반응동력학, 표면/계면화학, 고체물리화학, 생물리화학, 재료물리화학, 자기공명학
		유기화학	이론/물리 유기화학
		광화학	물리광화학
		전기화학	물리전기화학
		고분자화학	고분자 물리화학
		지구물리학	지열/지구내부물리/지구동력학, 지진학, 중력/지자기/측지학, 지전자기학, 응용/환경지구물리학
		대기과학	대기물리
	지구과학 (지구/대기/해양/천문)	해양과학	물리해양학
		지구물리학	지열/지구내부물리/지구동력학, 지진학, 중력/지자기/측지학, 지전자기학, 응용/환경지구물리학
		대기과학	대기물리
	농림수산식품	임산공학	목재 물리/목구조/목재역학
	기계	측정표준/시험평가기술	물리/기계 측정표준

구분	국가과학기술표준분류체계		
	대분류	중분류	소분류
물리·과학	재료	분석/물성 평가기술	물리적 특성평가 기술
	화공	염색가공	물리/화학적 가공기술
	전기/전자	계측기기	물리량 시험/분석 계측기
	교육	자연과학 교과교육	물리
	과학기술과 인문사회	과학기술사	물리과학사
		과학기술 철학	물리과학철학
	인력 및 인프라	연구 및 기타시설/ 장비	물리적 측정, 검사 및 실험 관련 연구시설 및 장비
	수학	응용수학	과학/공학의 수학적 방법론
	생명과학	분자세포생물학	신호전달, 세포구조/운동, 세포분화/사멸, 막생물학, 유전자발현조절
		유전학/ 유전공학	분자유전학, 세포유전학, 집단/인류유전학, 유전체학, 형질전환생물모델, 유전자치료
		발생/ 신경생물학	배아발생/기관형성, 내분비생물학, 생식생물학, 신경생화학/생리학, 신경질환생물학, 줄기세포생물학
		면역학/생리학	면역계발생/기능, 선천성면역, 세포성/체액성면역, 세포생리학, 전기생리학
		융합바이오	바이오칩, 바이오센서, 나노바이오소재, 바이오이미징, 시스템생물학, 생물정보학
		산업바이오	바이오화학소재, 바이오플라스틱, 미생물/ 효소촉매, 기능성바이오소재, 바이오화장품/소재, 기능성식품소재, 바이오환경, 바이오농축수산제제
		바이오공정/기기	바이오공정기술, 바이오전자/정보, 바이오엔지니어링기술, 바이오공정기기, 바이오분석기기
		기타생명과학	달리 분류되지 않는 생명과학
	철학/종교	철학일반	과학/기술철학
	법	법학일반	법과학
	정치/행정	분야별/ 유형별행정/정책	과학기술
	사회/인류/복지/ 여성	사회제도	과학기술사회
		문화/인류	정보/과학기술인류학
		여성/젠더	여성과 과학

물리·과학과 준비자를 위한 꿀팁

학과 관련 고교 교과목과 준비사항

물리·과학과의 경우 수학탐구와 관련성이 높다. 수학이 가장 많이 응용된 분야가 과학 가운데 물리 분야다. 물리의 경우 화학과 생물, 지구과학과 융합되므로 전반적인 과학지식이 필요하다.

학과 관련 면허와 자격 현황

국가기술자격	열처리기능사, 방사선비파괴검사산업기사, 초음파비파괴산업기사, 에너지관리산업기사, 신재생에너지발전설비기사, 원자력기사
국가전문자격	변리사

학과 관련 비전과 이슈

물리학은 순수한 기초학문이므로 대학 진학 시 대학원 입학을 생각해볼 필요가 있다. 이 학과의 경우 교사나 학원강사로의 진로를 생각해 교직 이수를 고려해볼 필요가 있다. 물리학이 많이 활용되는 공과대학원 진학이나, 복수전공과 부전공을 통해 취업 가능성을 높이는 전략도 필요하다. 참고로 나노물리학의 산업적 수요는 증가되고 있다.

■ 물리·과학과를 졸업하면 어디로 진출할까?

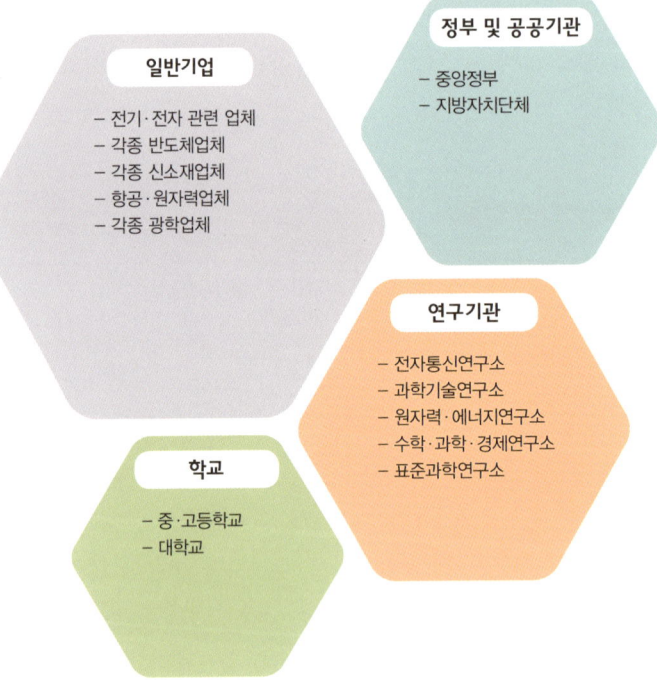

일반기업

– 전기·전자 관련 업체
– 각종 반도체업체
– 각종 신소재업체
– 항공·원자력업체
– 각종 광학업체

정부 및 공공기관

– 중앙정부
– 지방자치단체

연구기관

– 전자통신연구소
– 과학기술연구소
– 원자력·에너지연구소
– 수학·과학·경제연구소
– 표준과학연구소

학교

– 중·고등학교
– 대학교

진출 산업 분류

◆ 물리학과

일반 교습학원(11.5%), 고등교육기관(10.3%), 입법·일반정부행정(5.1%), 소프트웨어개발·공급업(3.8%), 전자부품제조업(3.8%), 자동차·모터사이클수리업(3.8%), 반도체제조업(3.8%), 중등교육기관(2.6%), 기타 교육기관(2.6%), 보험업(2.6%)

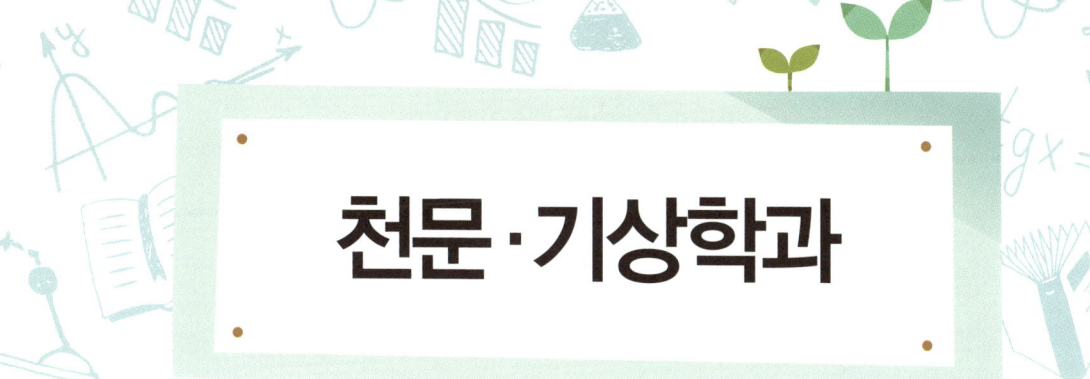

천문·기상학과

 한눈에 보는 **천문·기상학과 현황과 전망**

■ 학과 개요

천문·기상학의 경우, 천문 분야는 우주의 구성 물질, 탄생, 변화 등을 탐구하는 학문이며, 기상 분야는 지구와 관련한 기후, 기온 등의 대기변화를 탐구하는 학문이다. 이 학과는 천문우주학과, 대기과학과, 대기환경과학과, 우주과학과, 천문학과 등 다양한 명칭으로 학과 개설이 되어 있으나, 주로 국립대학에 개설되어 있으며, 사립대학에 개설된 사례는 많지 않다. 졸업자의 취업률은 매우 낮은 편이며, 입학자 수는 증가하는 추이를 보이며, 여학생보다 남학생 비율이 높은 편이다.

■ 천문·기상학과의 미래 고용 관련 전망은 어떨까?

- 고용률 ★★★☆
- 전공 일치 비율 ★★
- 정규직 비율 ★★★
- 월평균 소득 ★★

긍정적 전망 요인	– 자연재난에 대한 사전예측기술의 중요성 증대 – 비교적 국립대학에 관련 학과가 개설된 사례가 많으며 학비가 저렴하고 괜찮은 일자리 가운데 공공 분야 일자리가 많음
부정적 전망 요인	– 실용성이 낮으므로 산업적 수요가 제한적임 – 노동공급과 수요가 제한적이므로 경기나 시장변화에 민감

■ 천문·기상학과를 졸업하면 어떤 직업이 유망할까?

	직업군	고용지표	인공지능 대체 가능성	인력수급 전망	직업명
졸업 후 진출 가능한 직업	자연과학연구원	★★★★★	☺	±⇧	기상·천문연구원
	자연과학시험원	★★★★	☺	±△	천문학시험원, 기상학시험원
	환경공학기술자, 연구원	★★★★	☺	±⇧	대기·수질·소음·폐기물· 토양환경기술자, 연구원, 환경영향평가원
	대학교수	★★★★	☺	±⇩	천문학 교수, 기상학 교수
	관제사	★★★★	☹	±△	항공기관제사, 항공교통관제사, 항공교통안전기술자, 항공공항관리사, 선박관제사, 선박교통관제사, 해양교통관제사, 지하철관제사, 철도관제사
	시스템소프트웨어 개발자	★★★	☺	±△	시스템소프트웨어·운영체제· 펌웨어프로그래머
	대기환경기술자, 연구원	★★★★	☺	±⇧	대기환경관리기술자, 대기환경연구원, 기후변화컨설턴트, 기상컨설턴트, 대기오염방지시설설계원
	사진작가, 사진사	★	☺	±⇩	사진작가, 사진사
	국가·지방·공공 행정사무원	★★★★	😐	±△	기상직, 환경직
전공의 장점을 살릴 수 있는 직업	자연과학연구원	★★★★★	☺	±⇧	기상·천문연구원
	자연과학시험원	★★★★	☺	±△	천문학시험원, 기상학시험원
	환경공학기술자, 연구원	★★★★	☺	±⇧	대기·수질·소음·폐기물· 토양환경기술자, 연구원, 환경영향평가원
최근 생성된 직업	– 우주기상캐스터, 항공우주기술자 – 항공우주과학지도자, 천문지도전문가, 천체관측전문가, 로봇관측개발자, 기상관측로봇개발자 – 항공기상전문가, 일기예보관, 기상캐스터, 일기관측자, 기상관측분석전문가, 날씨정보제공자, 　기후자료처리자, 기상레이더관측요원, 온실가스인증심사원, 탄소배출권거래중개인, 　환경단체활동가, 기후변화전문가, 인공위성개발원				

국가과학기술표준분류로 **천문·기상학과 이해하기**

구분	국가과학기술표준분류체계		
	대분류	중분류	소분류
천문·기상학	지구과학 (지구/대기/해양/천문)	천문학	태양, 행성계/태양계, 항성천문학/항성대기, 성간물질, 우리은하, 외부은하/관측우주론, 고에너지천문, 천체역학/위치천문학/측성학, 고천문학, 이론천문학, 천체생물학/천체화학
		우주과학	우주플라스마, 자기권/전리권, 초고층대기, 우주환경, 우주인, 달탐사, 행성탐사, 우주상대성관측, 끈이론, 암흑물질/암흑에너지
		천문우주관측기술	광학천문기기, 적외선천문기기, 우주전파기기, 고에너지복사관측기기, 우주입자관측기기, 중력파관측기기, 우주환경관측기기, 우주측지관측기술, 지구접근천체탐색기술
		대기과학	대기관측/분석기술, 대기물리, 대기역학, 대기화학, 대기모델링/예보기술, 응용환경대기과학, 고층대기, 대기질감시
		기상과학	기상관측/분석기술, 기상원격탐사기술, 기상예보기술, 기상조절, 수치예보, 농업기상, 해양기상, 보건기상, 산업기상, 항공기상, 생명기상
		기후학	기후시스템관측/분석기술, 기후역학, 기후모델링/예측기술, 기후변화영향평가/대응기술, 고기후학, 응용/환경기후학, 자연지리학
		자연재해 분석/예측	기상재해분석/예측, 지진발생분석/예측, 산사태발생분석/예측, 해양재해발생분석/예측, 수재해발생분석/예측, 황사분석/예측 태풍재해발생분석/예측, 집중호우재해발생분석/예측, 폭염재해발생분석/예측, 가뭄재해발생분석/예측, 한파재해발생분석/예측

천문·기상학과 준비자를 위한 꿀팁

📋 학과 관련 고교 교과목과 준비사항

천문·기상학과는 지구과학과 밀접한 관련성이 있으며 특히 천문 관련 전공자의 경우 수학적 기초가 중요하다. 천문의 경우 철학적 사고가 중요하므로 호기심이 매우 많은 사람에게 어울리는 학문이다. 반면 기상은 매우 실용적 접근이 필요한 분야다.

📑 학과 관련 면허와 자격 현황

국가기술자격	대기환경기사, 소음진동기사, 기상기사, 수질환경기사
국가전문자격	항공교통관제사, 항공운항관리사, 항공정비사, 항공기관사
공인민간자격 및 기타	〈비공인〉 천문지도사

🐝 학과 관련 비전과 이슈

기상의 경우 기후변화는 매우 큰 이슈다. 미세먼지, 초미세먼지, 오존층 파괴 등 기상과 관련한 이슈가 많다. 특히 이상기후는 우리 생활과 직접적으로 관련되어 있다. 기상의 경우 자연재해로부터 국민의 안전과 관련한 문제가 계속 부각되고 있다. 천문의 경우 학문적 분야이기도 하지만, 청소년의 교육이나 체험의 장소로도 많이 활용된다. 따라서 천문학과 출신의 경우 천문대, 과학관 외에 천문 관련 교재, 천문 관련 교육기구나 제도 분야로 진출하는 사람도 많다. 천문 분야의 경우 연구프로젝트에 참여하기 위해서는 대학원 진학이 필요한 점을 염두에 두어야 한다.

■ 천문·기상학과를 졸업하면 어디로 진출할까?

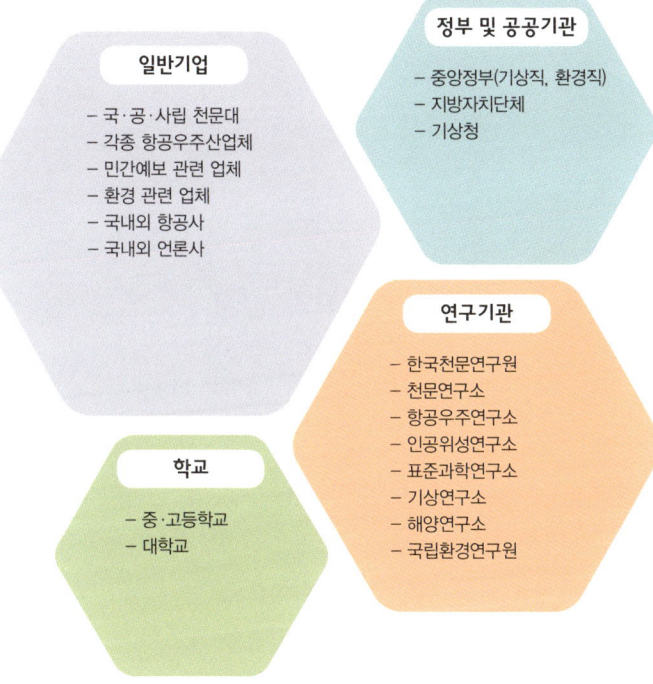

일반기업

- 국·공·사립 천문대
- 각종 항공우주산업체
- 민간예보 관련 업체
- 환경 관련 업체
- 국내외 항공사
- 국내외 언론사

정부 및 공공기관

- 중앙정부(기상직, 환경직)
- 지방자치단체
- 기상청

연구기관

- 한국천문연구원
- 천문연구소
- 항공우주연구소
- 인공위성연구소
- 표준과학연구소
- 기상연구소
- 해양연구소
- 국립환경연구원

학교

- 중·고등학교
- 대학교

진출 산업 분류

◆ 천문우주학과

일반 교습학원(16.7%), 입법·일반정부행정(16.7%), 소프트웨어개발·공급업(16.7%), 사회·산업정책행정(16.7%), 토목건설업(16.7%), 사진촬영·처리업(16.7%)

지구·지리학과

 한눈에 보는 **지구·지리학과 현황과 전망**

■ 학과 개요

지구과학과는 지구의 생성, 진화, 지질의 구조, 지구물질, 지구환경 등을 탐구하는 학문이며, 지리학과는 지표공간에 대한 이해를 바탕으로 인간현상, 생활과의 연계를 추구하는 응용학문이다. 이 학과는 주로 공간정보시스템광학과, 지구물리학과, 지구환경과학과, 지질학과, 지리학과, 공간정보공학과, 지구환경과학과 등의 명칭으로 학과가 개설되어 있다. 졸업자의 취업률은 보통이며, 입학자 수는 증가하는 추이를 보이며, 학생 수는 여학생과 남학생의 비율이 큰 차이가 없다.

■ 지구·지리학과의 미래 고용 관련 전망은 어떨까?

· 고용률　　　★★★☆　　　· 정규직 비율　★★★
· 전공 일치 비율 ★★　　　· 월평균 소득　★★

긍정적 전망 요인	– 국립대학에 관련 학과가 개설된 사례가 많음 – 지리 관련 GPS기술과 응용기술의 확대 – 기후변화로 인한 자연재난의 증가 – 소득수준 향상에 따른 안정 욕구 증대
부정적 전망 요인	– 학문 특성상 기업 현장 활용성이 낮음 – 노동공급과 수요가 제한적이므로 시장변화에 민감 – 인구절벽에 따른 대학입시 관련 일자리 수요 감소

■ 지구·지리학과를 졸업하면 어떤 직업이 유망할까?

	직업군	고용지표	인공지능 대체 가능성	인력수급 전망	직업명
졸업 후 진출 가능한 직업	자연과학연구원	★★★★★	☺	±⇧	지질연구원, 지구과학연구원
	환경공학기술자, 연구원	★★★★	☺	±⇧	대기·수질·소음·폐기물· 토양환경기술자, 연구원
	대기환경기술자, 연구원	★★★★	☺	±⇧	기상컨설턴트, 기후변화컨설턴트, 대기환경연구원
	시민단체활동가	★★★★	☺	±⇧	환경운동가, 사회단체활동가
	대학교수	★★★★	☺	±⇩	지구학과 교수, 지리학과 교수
	도시·교통설계 전문가	★★★	☺	±△	도시계획가, 국토개발전문가, 관광지설계가, 테마파크설계기술자, 테마파크디자이너, 단지설계기술자, U−City 설계기술자, U−City 기획자
	교통계획·설계 기술자	★★★	☺	±△	교통량분석전문가, 교통안전조사전문가, 교통기술자, 교통영향평가원
	토목공학기술자	★★★	☺	±△	토목현장소장, 토목설계기술자, 토목구조기술자
	측량·지리정보 전문가	★★★	☺	±△	지도·해도제작기술자, 사진측량·분석가
	측량기술자	★★★	☺	±△	측량기술자, 지적측량기술자, 해양측량기술자, 광산측량기술자, 토목측량기술자, 광파기측량기술자, 토목계측기사, 토목측량기사, 수로측량기술자, GIS기술자
	사회과학연구원	★★★	☺	±△	지리연구원
	국가·지방·공공 행정사무원	★★★★	☺	±△	국가직·일반직공무원, 지적직, 환경직
전공의 장점을 살릴 수 있는 직업	자연과학연구원	★★★★★	☺	±⇧	지질연구원, 지구과학연구원
	측량·지리정보 전문가	★★★	☺	±△	지도·해도제작기술자
	부동산컨설턴트, 테마파크디자이너, 교통설계전문가, 감정평가사				
최근 생성된 직업	− 탐사기술종사자, 유비쿼터스도시기획자 − 지구환경보호사, 친환경컨설턴트, 지리정보시스템기사, 친환경공간개발자, 인공위성개발원				

국가과학기술표준분류로 지구·지리학과 이해하기

구분	국가과학기술표준분류체계		
	대분류	중분류	소분류
지구·지리학	지구과학 (지구/대기/해양/천문)	지질과학	광물학, 암석학, 광상/자원지질학, 구조지질학, 층서/퇴적/화석/지사학, 화산/제4기지질학, 응용지질학/지질공학
		지구물리학	지열/지구내부물리/지구동력학, 지진학, 중력/지자기/측지학, 지전자기학, 응용/환경지구물리학
		지구화학	지구연대학, 지하유체지구화학, 환경지구화학
		해양과학	물리해양학, 화학해양학, 생물해양학, 지질해양학, 고해양학, 융합해양과학
		해양자원	해양광물자원, 해양수자원, 해양에너지, 해양탐사/관측기술
		해양생명	해양생물자원, 해양생물자원유전현상규명, 신소재가공, 해양생물공정
		극지과학	빙하학, 동토학, 극지환경감시/극지생지화학순환, 극지생물자원탐사/수집/활용, 극지광물자원탐사, 극지생태계모니터링, 극지해양, 극지우주과학, 극지저온생물학/적응생리, 극지인프라구축 및 활용
		기타지구과학	달리 분류되지 않는 지구과학
		기후학	자연지리학
	지리/지역/관광	지적/지리정보	지적학이론/지적사, 지적행정/법, 지적측량/정보, 계량지리/방법론, 지적/지리정보, 지도학/지리정보시스템
		인문지리	인구지리, 정치지리, 경제지리, 사회지리, 문화지리, 도시지리, 촌락지리, 교통지리, 역사지리, 관광지리, 풍수지리, 사진지리, 지리학사
		자연지리	지형학, 기후학, 수문학, 토양지리, 생물지리, 환경지리, 생태지리, 해양지리, 지형경관론, 한국지형지, 경관생태론
		지역/지리비교	아시아, 아메리카, 유럽, 아프리카, 오세아니아, 극지, 해양
		부동산	부동산경제/부동산금융, 부동산분석/감정평가, 부동산정책/부동산조세, 부동산개발/관리, 부동산중개
		기타 지리/지역/관광	달리 분류되지 않는 지리/지역/관광

구분	국가과학기술표준분류체계		
	대분류	중분류	소분류
지구·지리학	교육	사회과교과교육	지리
		자연과학 교과교육	지구과학
	정보/통신	재난정보관리	재난지리정보기술
	건설/교통	국토공간개발기술	국토지능화/공간정보, 지능형생태도시, 대공간지상건축물, 지하대공간, 해저공간, 인공섬/준설매립기술, 경관관리
	과학기술과 인문사회	과학기술사	지구과학사

 지구·지리학과 준비자를 위한 꿀팁

학과 관련 고교 교과목과 준비사항

지구과학과의 경우 수학 과목과 관련성이 높다. 과학탐구영역 가운데 지구과학과의 일치도가 매우 높기 때문이다. 반면 지리가 강조된 학과의 경우 사회탐구영역 가운데 세계지리와 한국지리와 관련성이 높다. 지리학의 경우 통계부분이 많이 활용된다.

학과 관련 면허와 자격 현황

국가기술자격	지적기사, 수질환경기사, 대기환경기사, 폐기물처리기사, 사회조사분석사, 정보처리기사, 측량 및 지형공간정보산업기사, 교통산업기사
국가전문자격	중등학교교사, 교통안전관리자
공인민간자격 및 기타	도로교통사고감정사

🌏 학과 관련 비전과 이슈

지구과학은 기초학문이므로 대학 진학 시 대학원 입학을 생각해볼 필요가 있다. 이 학과의 경우 교직 이수를 통해 교사나 학원강사로의 진로를 고려해볼 필요가 있으며, 지구과학과 관련된 취업 가능성이 높은 공과대학원 진학을 생각해볼 필요가 있다. 물론 복수전공과 부전공을 통해 취업 가능성을 높이는 전략도 필요하다. 지구과학은 기후변화와 자연재난 관련 이슈와 관련성이 높다. 예를 들어 자연재해 관련 해일, 산불, 지진 등의 감시기술, 예측기술, 대응기술 등의 산업적 수요가 발생되고 있다.

■ 지구·지리학과를 졸업하면 어디로 진출할까?

일반기업
- 토목·건축업체
- 지질용역업체
- 환경 관련 업체
- 토지·지적업체
- 지도제작업체
- 건설업체
- 조경업체
- GIS제작업체

정부 및 공공기관
- 중앙정부(도시계획직, 환경직, 지적직)
- 지방자치단체
- 국토지리정보원
- 한국토지주택공사
- 한국수자원공사
- 한국전력기술공사
- 한국전력공사
- 한국관광공사

학교
- 초등학교
- 중·고등학교
- 대학교

연구기관
- 서울시정개발연구원
- 지질자원연구소
- 해양연구소
- 건설기술연구소
- 국토연구소
- 경기개발연구원
- 인천발전연구원
- 환경정책평가연구원
- 한국교통연구원
- 국립환경연구원
- 국토연구원

◆ 지리학

입법·일반정부행정(16.7%), 중등교육기관(12.5%), 기타 과학기술서비스업(8.3%), 고등교육기관(4.2%), 건축기술·엔지니어링 관련 기술서비스업(4.2%), 종합소매업(4.2%), 음·식료품·담배도매업(4.2%), 광고업(4.2%), 일반 교습학원(2.1%), 소프트웨어개발·공급업(2.1%)

◆ 지질학

중등교육기관(16.3%), 기반조성·시설물축조 관련 전문공사업(10%), 기타 과학기술서비스업(6.3%), 입법·일반정부행정(5%), 토목건설업(5%), 토사석광업(5%), 가정용품도매업(3.8%), 음식점업(2.5%), 건물건설업(2.5%), 광업지원서비스업(2.5%), 서적·잡지·기타 인쇄물출판업(2.5%)

의약계열

의약계열 학과 정보

- 의학과
- 치의학과
- 한의학과
- 간호학과
- 약학과
- 보건학과
- 재활학과
- 의료공학과

# 반복과 숙달, 배운 대로 표현하는 교과서적인 학문세계

이과계열 학과들의 주된 관심 영역은 자연과 사물이며, 그 사물의 특성을 파악하는 주요 방법론으로 수학이 많이 활용된다. 그러나 의약계열 학과의 경우 이과이지만 이과 학문의 특성이 가장 약하게 드러나는 전공이 많으며, 의외로 수학을 많이 활용하지 않는다. 의약계열은 이과계열과 달리 사람이 학문의 대상이며, 수학보다 임상이라는 방법을 주로 활용한다. 따라서 의학계열에는 이과이면서 문과에서 많이 다루는 법(법의학, 의료법, 약사 법규 등), 생명윤리(윤리학, 철학 등), 인간 사회와 제도(식품위생, 산업보건, 지역간호학 등), 행정(보건행정, 병원행정, 의무기록 등), 정신·심리(발달심리, 인지심리, 아동심리, 노인심리 등) 등이 많이 포함되어 있다.

의약계열의 경우는 일부 몇몇 학과를 제외하고는 수학을 그리 많이 쓰지 않는다. 중고등학교에서 배운 확률과 통계를 심화시킨 보건의료 통계를 주로 배우게 되므로 대학 입학 후 수학 공부를 계속해야 한다는 부담은 매우 적다.

공대계열 대학생들이 공학계산기를 들고 다닌다면, 의약계열 대학생들은 의약 용어와 임상 실습이라는 단어를 가까이하고 살아야 한다. 특히 졸업을 위해서 또는 취업을 위해서 실습은 가장 중요한 학습과 수련의 절차다. 인간을 대상으로 하기 때문이다. 작가의 실수는 지우개로 지울 수 있으나 의료인의 실수는 지울 수가 없다. 생명과 직결되는 의료사고로 연결되기 때문이다.

따라서 의료인은 정확히 임무를 수행해야 하는 반복과 숙달, 꼼꼼함이 가장 중요한 덕목이다. 즉 학습한 대로 과업을 정확히 수행하기 위한 실습과 반복을 통한 숙달이 매우 중요하다. 사실 평범한 의료인에게 창의력과 호기심이 많다는 것은 그리 중요한 능력이 아니다. 오히려 단점이 될 수 있다. 의약계열의 경우 직무 특성상 냉정한 머리가 필요하다. 그리고 선후배 관계에서 서열과 위계질서가 강하다.

의약계열의 경우 대부분 졸업 후 진로가 명확하다. 의예과는 의사로, 약학과는 약사로, 한의예학과는 한의사로, 간호학과는 간호사로, 물리치료학과는 물리치료사로 일한다. 흔히 약학과를 졸업하면 약국을 개업한다고 생각하나 실제로는 병원, 제약회사, 연구소 등에 취업하는 사례가 많다.

의약계열 졸업자들이 가장 많이 종사하는 직업은 간호사, 의사, 약사, 한약사, 치과위생사, 물리·작업치료사, 안경사, 방사선사, 임상병리사, 한의사, 치과기공사, 치과의사다. 간호사의 경우 종사자 수가 많은 직업이다.

의약계열의 주요 학과로는 의학과, 치의학과, 한의학과, 간호학과, 약학과, 한약학과, 보건학과, 치위생학과, 임상병리학과, 방사선학과, 재활학과, 물리치료학과, 작업치료학과, 의료공학과, 의료장비과, 치기공과, 응급구조학과, 의무행정과 등이 있다.

수능 과목으로 보면 과학탐구 중에서 생물이 가장 연관성이 높으며, 화학, 물리 등의 과목을 심화 학습한다. 의약계열 학과의 경우 병원 등에서 주로 일하게 되므로 체력도 강해야 하며, 종합병원의 경우 야근도 감내해야 한다. 이런 특성 때문에 취업은 잘되는 편이나 힘든 정신적·육체적 노동 때문에 이직

률도 높다.

따라서 슈바이처나 나이팅게일에 대한 전기를 읽고 감상적인 태도로 의약계열에 입문하는 건 금물이다. 의료계열은 지극히 현실적이며, 명료한 자기 확신이 있는 학생에게 어울린다. 의약계열은 입학한 뒤 학생의 진로 고민과 감상을 받아줄 여유가 없는 학과가 많다. 너무 바빠서 진로 고민을 할 겨를이 없다. 아울러 다른 직업이나 전공으로의 변경이 쉽지 않다. 즉 잘못된 진로 선택 시 퇴로가 없으므로 입학 전에 신중히 접근해야 한다. 끝으로 의약계열의 경우 생명과학기술의 발달과 생명연장, 고령화 등의 메가트렌드 수혜를 볼 수 있다.

■ 한눈에 보는 의약계열 대학 정원

👤 = 500명　👥 = 1000명

관련 학과		4년제 대학	2~3년제 대학	
의료	의학	👥👤		
	치의학	👤		
	한의학	👤		
간호	간호학	👥👥👥👥	간호	👥👥👥👥👥👤
약학	약학	👥👤		
치료·보건	보건학	👥👤👤	보건	👥👥👥👥👥👥👤
	재활학	👥👥	재활	👥👥👤
	의료공학	👤	의료장비	👥👥
			의무행정	👥👤

■ 만약 우리나라에 의약계열을 졸업한 취업자가 100명이라면

= 1명 = 10명

간호사, 치과위생사	27	
의사	18	
약사	13	
의료장비 · 치과 관련 기술종사자	8	
경영지원 · 행정 관련 사무원	4	
치료사	3	
학원강사, 학습지교사	3	
영업원 · 상품중개인	2	
판매원, 상품대여원	2	
생산 관련 사무원	2	
금융 · 보험 관련 사무원	2	
학교 교사	1	
기타	15	
합계	100	

의학과

 한눈에 보는 **의학과 현황과 전망**

■ 학과 개요

의학과는 의사를 양성하기 위한 교육이며, 주로 인간 대상의 생명과학을 탐구하는 응용학문이자 실용학문이다. 의학은 의학과, 의예과, 대체의학과, 동서의과학과 등의 명칭으로 학과가 개설되어 있다. 예과와 본과를 합쳐 6년제로 운영되며, 졸업자의 취업률은 매우 높은 편이며, 취업의 질도 높다. 상대적으로 남학생 비율이 높으며, 최근 의과전문대학원 개설에 따라 대학교 입학자 수는 크게 감소하는 추이를 보이고 있다.

■ 의학과의 미래 고용 관련 전망은 어떨까?

- 고용률 ★★★★★
- 전공 일치 비율 ★★★★
- 정규직 비율 ★★
- 월평균 소득 ★★★★★

긍정적 전망 요인	– 고령인구 증가와 100세 시대 도래에 따른 수요 확대 – 뉴시니어를 위한 실버복지의 확대 추이 – 헬스케어산업의 가파른 증대
부정적 전망 요인	– 저출산과 인구절벽에 따른 수요 감소 – 의료시장 개방에 따른 위험성이 상존 – 높은 진입 비용(6년제 외 전문의 취득을 위한 비용)

■ 의학과를 졸업하면 어떤 직업이 유망할까?

	직업군	고용지표	인공지능 대체 가능성	인력수급 전망	직업명
졸업 후 진출 가능한 직업	전문의사	★★	☺	±△	내과, 일반외과, 정형외과, 흉부외과, 신경외과, 소아과, 산부인과, 안과, 이비인후과, 피부과, 비뇨기과, 신경과, (신경)정신과, 진단방사선과, 치료방사선과, 마취과, 임상병리과, 해부병리과, 예방의학과, 재활의학과, 결핵과, 성형외과, 가정의학과, 응급의학과, 핵의학과, 산업의학과
	일반의사	★	☹	±△	일반의사, 법의학자
	보건의료 관련 관리자	★★★★★	☺	±△	병원장, 보건의료 관련 부서장
	임상심리사, 기타 치료사	★★★★★	☺	±△	임상심리사, 심리치료사, 놀이·음악·미술·보이타·보바스·원예·독서·언어 치료사, 아로마테라피스트
	방사선사	★★★★	☺	±△	의료영상정보관리사, 의료기기정도관리사, 방사선안전관리사, CT방사선사, MR방사선사, 임상초음파사, 투시조영전문방사선사, 치료방사선사, 혈관중재전문방사선사, 심혈관조영기사, 전산화의료단층진단기사, 의료투시진단기사, 치료방사선기사, CT촬영기사, MRI촬영기사
	대학교수	★★★★	☺	±⇩	의학 교수
	생명과학연구원	★★★★	☺	±⇧	생물학·의학·유전공학·의료약품연구원
	의무기록사	★★★	☺	±△	의무기록사
	임상병리사	★★★	☺	±⇧	임상병리사
	안경사	★★	☹	±△	안경사, 검안사
전공의 장점을 살릴 수 있는 직업	보건의료 관련 관리자	★★★★★	☺	±△	병원장, 보건의료 관련 부서장
	전문의사	★★	☺	±△	내과, 일반외과, 정형외과, 흉부외과, 신경외과, 소아과, 산부인과, 안과, 이비인후과, 피부과, 비뇨기과, 신경과, (신경)정신과, 진단방사선과, 치료방사선과, 마취과, 임상병리과, 해부병리과, 예방의학과, 재활의학과, 결핵과, 성형외과, 가정의학과, 응급의학과, 핵의학과, 산업의학과
	일반의사	★	☹	±△	일반의사, 법의학자
	생명과학연구원	★★★★	☺	±⇧	생물학·의학·유전공학·의료약품연구원

	직업군	고용지표	인공지능 대체 가능성	인력수급 전망	직업명
최근 생성된 직업	국제의료서비스코디네이터, 국제의료마케팅전문가, 병원경영컨설턴트				

 ## 국가과학기술표준분류로 의학과 이해하기

구분	국가과학기술표준분류체계		
	대분류	중분류	소분류
의학	보건의료	의생명과학	생리학, 생물리학, 생화학, 분자세포생물학, 미생물/기생생물학, 면역학, 해부/조직/발생학, 약리학, 기초병리학, 유전학, 오믹스학, 생물정보학
		임상의학	심장/혈관학, 소화기학, 호흡기학, 내분비학, 혈액/종양학, 비뇨기/신장학, 감염학, 신경과학, 정신의학, 근골격학, 생식기학, 피부/감각기학, 소아/산부인과학, 진단병리학, 진단검사의학, 영상의학, 마취과학, 알레르기/임상면역학, 수면의학, 예방의학, 응급의학, 법의학, 가정의학, 산업의학
		치료/진단기기	생체신호측정/진단기기, 임상화학/생물분석기기, 지능형판독시스템, 중재적치료기기, 방사선치료기기, 수술용치료기기, 수술용로봇, 분자유전진단기기, 초음파진단기기, 핵의학/분자영상진단기기, X-ray/CT, MRI,
		의료정보/시스템	의료정보표준화, 의료정보보안, 병원의료정보시스템/설비, 원격/재택의료, 의학지식표현, u-Health서비스 관련기술(u-EHR)
의학 관련 융합 기술 및 융합 학문	원자력	방사선기술	방사선 의학/의공학 기술
	수학	응용통계	의학/생물통계
	물리학	복합물리	의학물리
	문화/예술/체육	스포츠과학	스포츠의학
	인력 및 인프라	연구 및 기타시설/장비	임상 의료 관련 연구 시설 및 장비 임상진단영상장비, 생체측정진단장비, 임상진단분석장비, 전문의학용 특수장비
	법	분야별 전문법	의료/보건법
	정치/행정	분야별/유형별행정/정책	보건/의료
	경제/경영	분야별 경제	보건/의료경제
	사회/인류/복지/여성	사회구조/문제	의료/보건

의학과 준비자를 위한 꿀팁

📋 학과 관련 고교 교과목과 준비사항

의학과의 경우 과학탐구영역 가운데 생물 과목과의 관련성이 매우 높으며, 약에 대한 이해를 위해서는 화학 과목도 중요하다. 이 외 의료 장비를 다루게 되므로 물리 과목도 관련성이 있다. 다른 공학과 비교해 상대적으로 수학과 과학에 대한 부담은 거의 없다.

📑 학과 관련 면허와 자격 현황

국가기술자격	임상심리사, 국제의료관광코디네이터
국가전문자격	의사, 임상병리사

🍃 학과 관련 비전과 이슈

고령화사회 도래, 의료복지에 대한 욕구가 증가함에 따라 의료서비스 수요는 증가될 것으로 보인다. 이 외 인력수급에 영향을 미칠 중요한 변수는 의료시장 개방, 원격의료 등이 주요 이슈다. 인력수급과 관련해 의학대학원입학시험(MEET) 제도변화와 대학별 선발인원에 대한 관심이 필요하며, 의사면허시험의 합격자 현황, 출제동향도 놓쳐서는 안 된다.

■ 의학과를 졸업하면 어디로 진출할까?

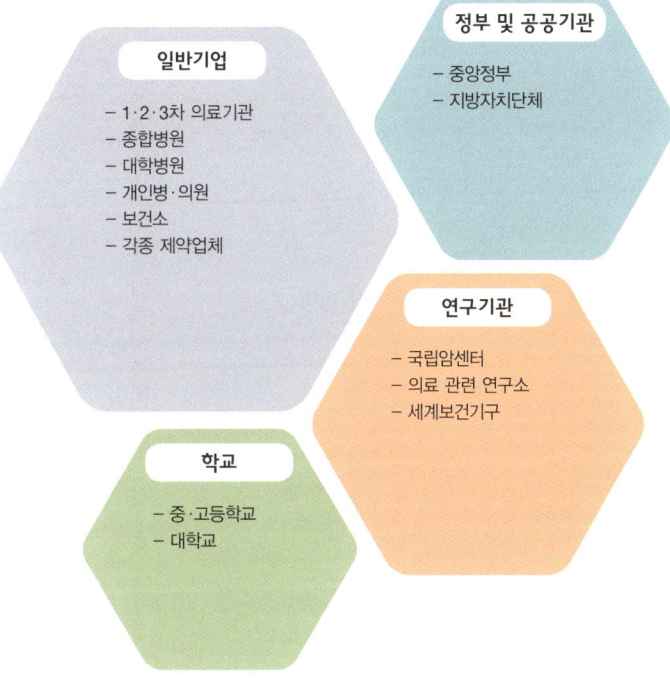

일반기업
- 1·2·3차 의료기관
- 종합병원
- 대학병원
- 개인병·의원
- 보건소
- 각종 제약업체

정부 및 공공기관
- 중앙정부
- 지방자치단체

연구기관
- 국립암센터
- 의료 관련 연구소
- 세계보건기구

학교
- 중·고등학교
- 대학교

진출 산업 분류

병원(47.2%), 의원(40%), 고등교육기관(2.6%), 공중보건의료업(2.3%), 기타 교육기관
(1.1%)

치의학과

 한눈에 보는 치의학과 현황과 전망

■ 학과 개요

치의학은 주로 치과의사를 양성하기 위한 학과이며, 인간 신체 가운데 치아와 관련한 생명과학을 탐구하고 이를 실생활에 적용한 학문이다. 치의학은 치의학과, 치의예과 등의 명칭으로 학과가 개설되어 있다. 치의학과는 6년제로 운영되며, 졸업자의 취업률은 매우 높은 편이며, 취업의 질도 높다. 상대적으로 남학생 비율이 높다.

■ 치의학과의 미래 고용 관련 전망은 어떨까?

- 고용률　　　　★★★★☆
- 전공 일치 비율　★★★★☆
- 정규직 비율　★★☆
- 월평균 소득　★★★★

긍정적 전망 요인	– 뉴시니어를 위한 실버복지의 증대 – 치과보험 상품의 확대 – 고령인구 증가와 100세 시대 도래에 따른 수요 확대
부정적 전망 요인	– 저출산과 인구절벽에 따른 수요 감소 – 의료시장 개방 가능성

■ 치의학과를 졸업하면 어떤 직업이 유망할까?

	직업군	고용지표	인공지능 대체 가능성	인력수급 전망	직업명
졸업 후 진출 가능한 직업	치과위생사	★★★★	😐	±△	치과위생사
	치과의사	★★	🙂	±△	구강악안면외과, 구강내과, 치과보철과, 치과교정과, 소아치과, 치주과, 치과보존과, 구강악안면방사선과, 구강병리과, 예방치과
	치과기공사	★★	🙂	±△	치과기공사
	보건의료 관련 관리자	★★★★★	🙂	±△	병원장, 보건의료 관련 부서장
	대학교수	★★★★	🙂	±⇩	치의학 교수
	생명과학연구원	★★★★	🙂	±⇧	생물학·의학·유전공학·의료약품연구원
	일반의사	★	🙁	±△	일반의사, 법의학자
	치의학연구원, 병원코디네이터, 의료관광코디네이터, 치과조무사				
전공의 장점을 살릴 수 있는 직업	치과의사	★★	🙂	±△	치과위생사
	대학교수	★★★★	🙂	±⇩	치의학 교수
	치과기공사	★★	🙂	±△	치과기공사
최근 생성된 직업	치과조무사, 치과주치의, 치과병원경영컨설턴트, 국제의료마케팅전문가, 치과서비스코디네이터				

 국가과학기술표준분류로 치의학과 이해하기

구분	국가과학기술표준분류체계		
	대분류	중분류	소분류
치의학	보건의료	치의과학	치의학, 구강생물학, 구강병리학, 구강보건학/ 예방치과학, 치과생체재료학 구강종양학, 치과교정학, 구강내과학/ 구강악안면방사선학, 구강악안면외과/ 성형재건외과학, 치과수복학, 치주과학, 치과의료기기

치의학과 준비자를 위한 꿀팁

 학과 관련 고교 교과목과 준비사항

치의학과의 경우 과학탐구영역 가운데 생물 과목과의 관련성이 매우 높으며, 이 외 치과 관련 의료 장비를 다루게 되므로 물리 과목도 관련성이 있다. 다른 공학과 비교해 상대적으로 수학, 과학에 대한 부담은 거의 없다.

학과 관련 면허와 자격 현황

국가기술자격	국제의료관광코디네이터
국가전문자격	치과의사

학과 관련 비전과 이슈

고령화사회 도래, 의료복지에 대한 욕구가 증가함에 따라 의료서비스 수요는 증가될 것으로 보인다. 이 외 인력수급에 영향을 미칠 중요한 변수는 의료시장 개방, 치과행정, 치과위생사 등의 치과의사와 관련한 보조 인력 관련 이슈다. 치과의사는 자영업이 많기 때문에 치과의사가 재무, 인사, 물품관리 등의 행정과 경영 관련한 업무 등 할 일이 많으므로 보조 인력이 상대적으로 중요하다. 인력수급과 관련해 치의학대학원입학시험(DEET) 제도 변화와 대학별 선발인원에 대한 관심이 필요하다. 의사면허시험의 합격자 현황, 출제동향도 놓쳐서는 안 된다.

■ 치의학과를 졸업하면 어디로 진출할까?

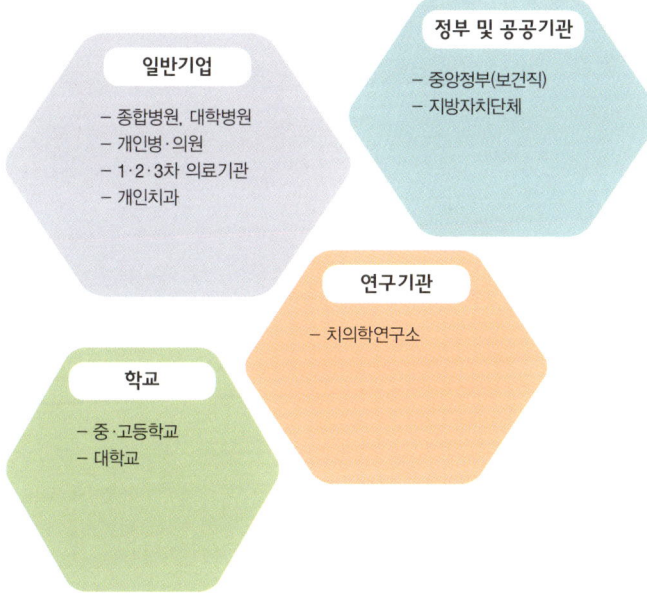

일반기업
- 종합병원, 대학병원
- 개인병·의원
- 1·2·3차 의료기관
- 개인치과

정부 및 공공기관
- 중앙정부(보건직)
- 지방자치단체

연구기관
- 치의학연구소

학교
- 중·고등학교
- 대학교

진출 산업 분류

의원(83.3%), 병원(7.6%), 고등교육기관(3%), 공중보건의료업(1.5%), 보험업(1.5%), 부동산 관련 서비스업(1.5%), 일반 교습학원(1.5%)

한의학과

 한눈에 보는 **한의학과 현황과 전망**

■ 학과 개요

한의학과는 한의사를 양성하기 위한 교육이며, 주로 인간의 생명과학 현상을 서양의학이 아닌 한의라는 관점에서 탐구하는 실용학문이다. 한의학은 한의학과, 한의예과라는 명칭으로 학과가 개설되어 있다. 한의학과는 6년제로 운영되며, 졸업자의 취업률은 매우 높은 편이며, 취업의 질도 높다. 상대적으로 남학생 비율이 높으며, 입학자 수는 큰 변화를 보이지 않는다.

■ 한의학과의 미래 고용 관련 전망은 어떨까?

- 고용률 ★★★★☆
- 전공 일치 비율 ★★★★☆
- 정규직 비율 ★★★★☆
- 월평균 소득 ★★★★★

긍정적 전망 요인	– 한류나 표준화에 따른 한의학의 해외시장 개척 가능성 – 고령인구 증가와 100세 시대 도래에 따른 수요 확대 – 뉴시니어를 위한 실버복지의 확대
부정적 전망 요인	– 한약의 직접제조와 대체 공급 기능 강화 – 중국 부상에 따른 중의학의 해외시장 확장 – 의학발달에 따른 서양의학의 가파른 대체

■ 한의학과를 졸업하면 어떤 직업이 유망할까?

	직업군	고용지표	인공지능 대체 가능성	인력수급 전망	직업명
졸업 후 진출 가능한 직업	한의사	★★	☺	±△	한방내과, 한방부인과, 한방소아과, 한방신경정신과, 침구과, 한방안·이비인후·피부과, 한방재활의학과, 사상체질과
	약사, 한약사	★★	☺	±△	약사, 한약사, 한약업사
	보건의료 관련 관리자	★★★★★	☺	±△	병원장, 한방병원장, 보건의료 관련 부서장
	대학교수	★★★★	☺	±⇩	한의학 교수, 한의예과 교수
	생명과학연구원	★★★★	☺	±⇧	생물학·의학·유전공학·의료약품연구원
	일반의사	★	☹	±△	일반의사, 법의학자
전공의 장점을 살릴 수 있는 직업	한의사	★★	☺	±△	한방내과, 한방부인과, 한방소아과, 한방신경정신과, 침구과, 한방안·이비인후·피부과, 한방재활의학과, 사상체질과
	약사, 한약사	★★	☺	±△	약사, 한약사, 한약업사
최근 생성된 직업	한의원경영컨설턴트, 국제의료마케팅전문가, 한의학연구원				

 국가과학기술표준분류로 한의학과 이해하기

구분	국가과학기술표준분류체계		
	대분류	중분류	소분류
한의학	보건의료	한의과학	한의기초과학, 한의임상과학, 한약/한약제제개발, 한방용치료기기, 한방용진단기기, 한의정보표준화시스템
		의약품안전관리	한약재 생리활성성분 분류/효능/규격평가

한의학과 준비자를 위한 꿀팁

학과 관련 고교 교과목과 준비사항

한의학과의 경우 과학탐구영역 가운데 생물 과목과의 관련성이 매우 높으며, 약에 대한 이해를 위해서는 화학 과목도 중요하다. 이 외 의료 장비를 다루게 되므로 물리 과목도 관련성이 있다. 다른 공학과 비교해 상대적으로 수학, 과학에 대한 부담은 거의 없다.

학과 관련 면허와 자격 현황

국가기술자격	임상심리사, 국제의료관광코디네이터
국가전문자격	한의사, 물리치료사, 응급구조사

학과 관련 비전과 이슈

한의사면허시험의 합격자 현황, 출제동향과 제도변화를 숙지할 필요가 있다. 아울러 한의사 면허와 의사면허의 통합 관련 제도적 변화 가능성을 살펴볼 필요가 있다. 또한 한의사의 영상진단장비(X-Ray, CT, MRI 등) 사용 관련 제도변화와 파급력 등에 대한 뉴스에 관심을 가져볼 필요가 있다. 이 외 한의사의 업무영역이 대체의학과 중복된 분야가 있으므로 대체의학의 제도적 허용 범위, 한의사면허와 의사면허 통합(가능성은 낮음)과 관련한 제도변화에 관심을 가질 필요가 있다.

■ 한의학과를 졸업하면 어디로 진출할까?

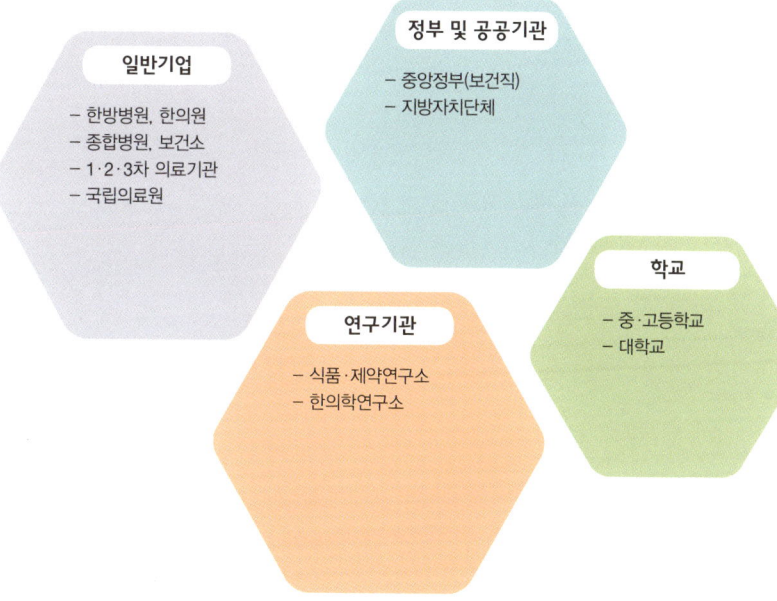

일반기업
– 한방병원, 한의원
– 종합병원, 보건소
– 1·2·3차 의료기관
– 국립의료원

정부 및 공공기관
– 중앙정부(보건직)
– 지방자치단체

학교
– 중·고등학교
– 대학교

연구기관
– 식품·제약연구소
– 한의학연구소

진출 산업 분류

의원(75.3%), 병원(9.6%), 고등교육기관(2.7%)

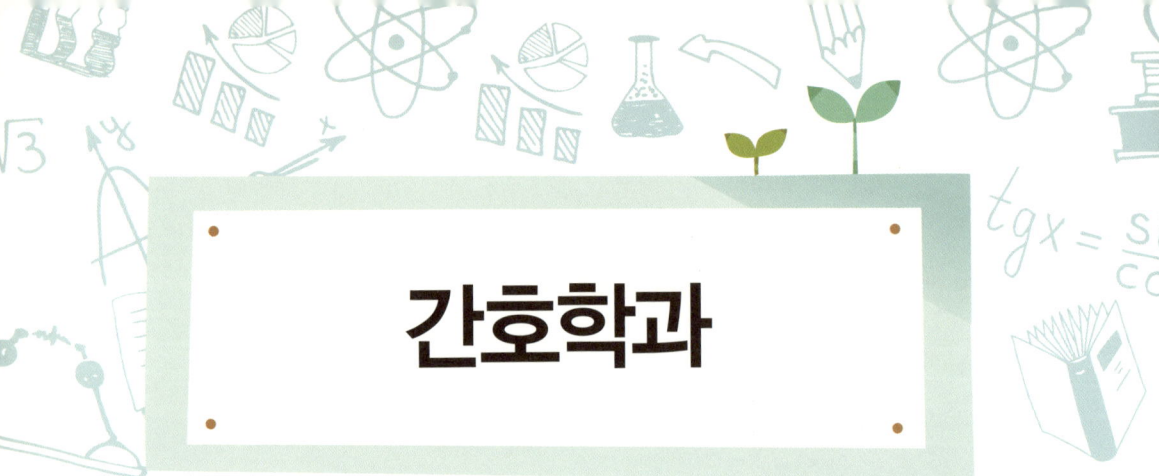

간호학과

 한눈에 보는 **간호학과 현황과 전망**

■ 학과 개요

간호학은 사람의 건강상태를 유지·증진하며, 질병의 예방과 건강회복, 신체재활을 탐구하는 실용학문이다. 간호학은 대부분 간호학이라는 명칭으로 학과가 개설되어 있다. 간호학은 4년제로 운영되며, 졸업자의 취업률은 매우 높은 편이며, 취업의 질은 보통 수준이다. 학생 수는 상대적으로 여학생 비율이 매우 높으며, 입학자 수는 크게 증가하는 추이를 보인다.

■ 간호학과의 미래 고용 관련 전망은 어떨까?

- 고용률　　　　★★★★☆　　　　・정규직 비율　★★★★
- 전공 일치 비율 ★★★★　　　　・월평균 소득　★★★★☆

긍정적 전망 요인	– 고령인구 증가와 100세 시대 도래에 따른 수요 확대 – 의료관광과 실버복지관광 수요 증대 – 생활양식의 변화와 웰빙에 대한 욕구 증대 – 뉴시니어를 위한 실버복지가 확대되고 있음
부정적 전망 요인	– 저출산과 인구절벽에 따른 수요 감소 – 취업 시 노동강도가 높고, 장기근속이 쉽지 않음

■ 간호학과를 졸업하면 어떤 직업이 유망할까?

	직업군	고용지표	인공지능 대체 가능성	인력수급 전망	직업명
졸업 후 진출 가능한 직업	간호사	★★★★★	☺	±△	병동·응급실·분만실·수술실·외래·마취·노인전문간호사, 보건교사, 양호교사, 조산사
	간호조무사	★★★	☺	±△	간호조무사, 수의사보조원, 가축실험실기사, 의료기사보조원, 의무보조원, 물리치료보조원, 정신병치료보조원, 작업치료보조원, 한방병원조무사, 치과조무사
	간병인	★★★★	☺	±⇧	간병인, 요양보호사, 산후조리원
	보건의료 관련 관리자	★★★★★	☺	±△	병원장, 요양병원장, 한방병원장, 보건소장, 장애인의료재활원장, 대형병원간호부장, 보건의료 관련 부서장
	생명과학연구원	★★★★	☺	±⇧	생물학·의학·유전공학·의료약품연구원
	응급구조사	★★★★	☺	±⇧	응급구조사, 구급요원, 인명구조원
	대학교수	★★★★	☺	±⇩	간호학 교수
	방사선사	★★★★	☺	±△	의료영상정보관리사, 의료기기정도관리사, 방사선안전관리사, CT방사선사, MR방사선사, 임상초음파사, 투시조영전문방사선사, 치과방사선사, 혈관중재전문방사선사, 심혈관조영기사, 전산화의료단층진단기사, 의료투시진단기사, 치료방사선기사, CT촬영기사, MRI촬영기사
	의무기록사	★★★	☺	±△	의무기록사
	임상병리사	★★★	☺	±⇧	임상병리사
	기타 의료복지 관련 서비스종사	★★★★★	☺	±△	의료관광코디네이터, 병원코디네이터, 병원안내접수원, 병원서비스매니저, 장기이식코디네이터
전공의 장점을 살릴 수 있는 직업	간호사	★★★★★	☺	±△	병동·응급실·분만실·수술실·외래·마취·노인전문간호사, 보건교사, 양호교사, 조산사
	보건의료 관련 관리자	★★★★★	☺		병원장, 요양병원장, 한방병원장, 보건소장, 장애인의료재활원장, 대형병원간호부장, 보건의료 관련 부서장
	간호조무사	★★★	☺	±△	간호조무사, 수의사보조원, 가축실험실기사, 의료기사보조원, 의무보조원, 물리치료보조원, 정신병치료보조원, 작업치료보조원, 한방병원조무사, 치과조무사
최근 생성된 직업	가정호스피스, 가정호스피스전문간호사, 방문간호사, 동물간호사, 아동·청소년돌봄간호사				

국가과학기술표준분류로 간호학과 이해하기

구분	국가과학기술표준분류체계		
	대분류	중분류	소분류
간호학	보건의료	간호과학	임상간호중재, 지역사회/보건간호중재, 간호관리, 간호진단지표평가기술 간호기기개발기술, 간호정보표준화/보안

 ## 간호학과 준비자를 위한 꿀팁

📖 학과 관련 고교 교과목과 준비사항

간호학과의 경우 과학탐구영역 가운데 생물 과목과 관련성이 매우 높으며, 약에 대한 이해를 위해서는 화학 과목도 중요하다. 다른 공학과 비교해 상대적으로 수학, 과학에 대한 부담이 거의 없다.

📋 학과 관련 면허와 자격 현황

국가기술자격	국제의료관광코디네이터, 임상심리사
국가전문자격	간호사, 간호조무사, 의무기록사, 물리치료사

🌿 학과 관련 비전과 이슈

고령화사회 도래에 따른 의료서비스가 증가되며, 간호사 인력도 증가되고 있다. 한국의 남성간호사는 1만 명을 넘었으며, 남성 간호사의 사회적 수요도 계속 증가하고 있다. 하지만 간호사에 대한 처우는 유럽이나 북미 국가와 비교할 때 아직 열악한 상황이다. 간호사의 경우 교직을 이수하고 보건간호사 임용시험에 합격하면 교직으로 진출할 수도 있으며, 소방직공무원으로 진출할 수 있다. 최근 전문 간호사의 양적 확대 외에 질적 확대가 병행되고 있다.

간호 가운데 전문 분야(응급, 노인, 정신간호, 아동, 마취, 감염, 임상 등)에 대한 사전적 고민도 향후 진로 설정에 도움이 된다. 과거 3년제 간호과가 사라지고, 4년제 간호학과로 변화되었다. 간호학과 진학 준비자라면 간호사면허시험의 합격자 현황, 출제동향, 제도변화에 관심을 가질 필요가 있다.

■ **간호학과를 졸업하면 어디로 진출할까?**

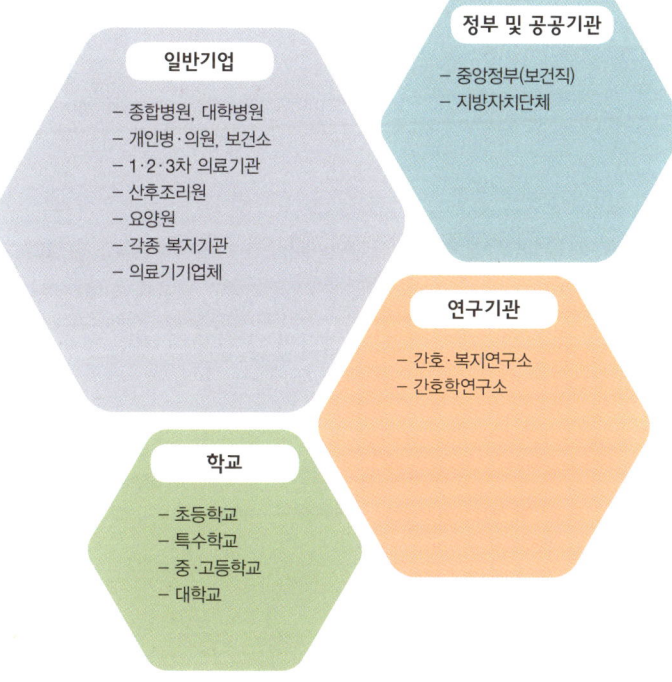

일반기업
– 종합병원, 대학병원
– 개인병·의원, 보건소
– 1·2·3차 의료기관
– 산후조리원
– 요양원
– 각종 복지기관
– 의료기기업체

정부 및 공공기관
– 중앙정부(보건직)
– 지방자치단체

연구기관
– 간호·복지연구소
– 간호학연구소

학교
– 초등학교
– 특수학교
– 중·고등학교
– 대학교

진출 산업 분류
병원(59.6%), 의원(15.4%), 공중보건의료업(4.9%), 음식점업(1.9%)

약학과

 한눈에 보는 **약학과 현황과 전망**

■ 학과 개요

약학은 약사를 양성하기 위한 교육이며, 인간의 생명현상과 의약품의 관계성을 탐구·개발하기 위한 실용학문이다. 약학은 대부분 약학과라는 명칭으로 학과가 개설되어 있으며, 일부 제약학과, 제약공학과 등의 명칭으로 학과가 개설되어 있다. 약학과는 6년제로 운영되며, 졸업자의 취업률은 매우 높은 편이며, 취업의 질도 높다. 학생 수는 남학생과 여학생 비율에 큰 차이가 없으며, 약학전문대학원을 통한 약사의 길이 열리면서, 최근 입학자 수는 감소하는 추세다.

■ 약학과의 미래 고용 관련 전망은 어떨까?

· 고용률   ★★★☆   · 정규직 비율   ★★★
· 전공 일치 비율 ★★★★   · 월평균 소득   ★★★★★

긍정적 전망 요인	– 고령인구 증가와 100세 시대 도래에 따른 수요 확대 – 기후변화와 세계화에 따른 질병관리의 중요성 증대 – 뉴시니어를 위한 실버복지의 확대
부정적 전망 요인	– 저출산과 인구절벽에 따른 수요 감소 – 생물, 화학 등 융합학과 개설에 따른 인력 대체 – 높은 진입 비용(6년제 또는 대학원)

■ 약학과를 졸업하면 어떤 직업이 유망할까?

	직업군	고용지표	인공지능 대체 가능성	인력수급 전망	직업명
졸업 후 진출 가능한 직업	약사, 한약사	★★	☺	±△	약사, 한약사, 한약업사
	생명과학연구원	★★★★	☺	±⇧	생물학연구원, 의료약품연구원, 약품개발기술자, 신약개발자
	생명과학시험원	★★★★★	☺	±⇧	생물학 관련 시험원, 미생물시험원, 의약품시험원
	보건의료 관련 관리자	★★★★★	☺	±△	병원장, 요양병원장, 한방병원장, 보건소장, 장애인의료재활원장, 대형병원간호부장, 보건의료 관련 부서장
	화학공학기술자, 연구원	★★★★	☺	±△	화장품·비누제품화학기술자, 연구원
	대학교수	★★★★	☺	±⇩	약학 교수
	의무기록사	★★★	😐	±△	의무기록사
	임상병리사	★★★	☺	±⇧	임상병리사
	기타 의료복지 관련 서비스종사원	★★★★★	☺	±△	약국조제보조원, 의료관광코디네이터, 병원코디네이터, 병원안내접수원, 병원서비스매니저, 장기이식코디네이터
	제품·광고영업원	★★★★	😐	±△	제약영업원, 식품영업원
	총무사무원	★★★★	☹	±△	병원행정사무원, 원무행정사무원, 원무사무원
전공의 장점을 살릴 수 있는 직업	약사, 한약사	★★	☺	±△	약사, 한약사, 한약업사
	생명과학연구원	★★★★	☺	±⇧	의료약품연구원
	제약영업원	★★★★	☺	±△	약국의약품영업원, 병의약품영업원, 치과재료영업원
최근 생성된 직업	약품수입대행원, 약국경영컨설턴트, 생물통계전문가, 약복용전문상담원, 약품유통사무원, 식품유통사무원, RA전문가				

국가과학기술표준분류로 **약학과 이해하기**

구분	국가과학기술표준분류체계		
	대분류	중분류	소분류
약학	보건의료	의약품/ 의약품개발	의약품합성/탐색, 의약품모델링, 약효검색, 체내동태/약물대사연구, 임상약리, 의약품제형개발/생산기술, 의약품성분분석, 의약품기준/시험방법평가, 약물전달시스템, 단백질의약품, 효소의약품, 유전자의약품, 저분자의약품, 천연물의약품, 치료용항체, 백신, 세포/조직치료제, 시약/진단제, 바이오생체재료, 바이오인공장기, 기능성화장품개발
		의약품안전관리	의약품기준규격관리 및 품질/안전성평가, 항생항암의약품관리, 기관계용의약품관리, 마약신경계의약품관리, 생물학적동등성/품질동등성평가, 의약외품/화장품평가관리, 생약기준규격관리/안전성평가, 한약재생리활성성분분류/효능/규격평가, 생물의약품국가표준품확립관리, 백신안전관리, 혈액제제안전관리, 유전자재조합의약품안전관리, 세포치료제안전관리, 유전자치료제안전관리, 인체조직이식제안전관리, 생물진단의약품평가관리
		독성/안전성 관리 기반 기술	일반독성, 생식독성, 유전독성, 면역독성, 내분비계장애평가, 독성평가기술, 안전성약리, 독성위해평가/위해관리, 독성유전체기반, 약물유전체기반, 약동약력학기반, 분자생물학적안전성/유효성평가, 독성정보학기술, 임상평가기술, 바이오메디기반기술, 질환모델동물활용기반기술, 대사체기술응용안전성평가, 나노물질독성평가, 독성병리, 실험동물품질관리

약학과 준비자를 위한 꿀팁

학과 관련 고교 교과목과 준비사항

약학의 경우 과학탐구영역 가운데 화학, 생물 과목과 관련성이 매우 높으며, 물리 과목도 중요하다. 약학의 경우 생명을 다루는 분야이므로 꼼꼼한 성향이 필요하며, 풍부한 임상경험을 갖추기 위해서는 반복적인 업무수행이 가능해야 한다.

학과 관련 면허와 자격 현황

국가기술자격	국제의료관광코디네이터
국가전문자격	약사, 한약사

학과 관련 비전과 이슈

최근 100세 시대가 현실화되고 있다. 따라서 헬스케어산업을 포함한 의약산업의 양적 질적 향상이 기대된다. 약학은 크게 세 분야로, 창약(신약개발), 제약(약의 생산), 용약(환자에게 활용)으로 구분된다. 이 가운데 신약개발과 제약에 있어서 최근 신기술의 접목이 활발하다. 이런 사회적 경향을 반영하듯, 바이오제약 등의 직무 분야가 성장하고 있다. 약사가 되는 방법은 약학과 외에 약학대학원입학시험(PEET)을 거치는 방법이 있다. 따라서 노동공급과 관련된 제도 변화와 약사면허시험의 합격자 추이에 관심을 가질 필요가 있다.

■ 약학과를 졸업하면 어디로 진출할까?

일반기업
- 개인·대형약국
- 제약업체
- 종합병원, 대학병원
- 건강식품업체
- 전통약제가공·제조업체
- 약품유통업체

정부 및 공공기관
- 중앙정부(보건직)
- 지방자치단체
- 식품의약청

연구기관
- 국립보건연구소
- 식품의약품안전청
- 제약회사연구소

학교
- 중·고등학교
- 대학교

진출 산업 분류

◆ 약학

기타 상품전문소매업(69.3%), 병원(6.6%), 의약품제조업(6.6%), 가정용품도매업(3.6%), 기타 교육기관(3%)

보건학과

 한눈에 보는 **보건학과 현황과 전망**

■ 학과 개요

보건학은 사람의 건강생활에 필요한 자연과학적 지식이나 기술과 사회과학적 지식이 결합된 응용학문이다. 보건학은 보건의과학과, 보건학과, 공중보건학과, 보건환경시스템학과, 환경보건학과, 보건관리학과 등 다양한 명칭으로 학과가 개설되어 있다. 보건학과의 주요 주제는 보건관리와 산업위생이다. 보건관리의 경우 문과적 접근이 많고, 산업위생의 경우 이과적 접근이 많다. 졸업자의 취업률은 다소 높은 편이며, 취업의 질은 보통이다. 학생 수는 남학생 보다 여학생 비율이 다소 높다.

■ 보건학과의 미래 고용 관련 전망은 어떨까?

- 고용률 ★★★★
- 전공 일치 비율 ★★★
- 정규직 비율 ★★★
- 월평균 소득 ★★★

긍정적 전망 요인	- 고령인구 증가와 100세 시대 도래에 따른 수요 확대 - 기후변화와 세계화에 따른 검역과 질병관리 인력 확대 - 저개발 국가에 대한 보건 지원 프로그램이 확대되고 있음
부정적 전망 요인	- 저출산과 인구절벽에 따른 수요 감소 - 정보화를 통한 보건 관련 인력의 기술적 대체 가능성

■ 보건학과를 졸업하면 어떤 직업이 유망할까?

	직업군	고용지표	인공지능 대체 가능성	인력수급 전망	직업명
졸업 후 진출 가능한 직업	보건교사	★★★★★	☺	±△	양호교사, 보건교사
	보건위생·환경검사원	★★★★★	😐	±⇧	환경모니터요원, 환경생태조사원, 환경조사원
	보건의료 관련 관리자	★★★★★	☺	±△	병원장, 요양병원장, 한방병원장, 보건소장, 장애인의료재활원장, 대형병원간호부장, 보건의료 관련 부서장
	의무기록사	★★★	😐	±△	의무기록사
	임상병리사	★★★	☺	±⇧	임상병리사
	임상심리사, 기타 치료사	★★★★★	☺	±△	임상심리사, 심리치료사, 놀이·음악·미술·보이타·보바스·원예·독서·언어치료사, 아로마테라피스트
	방사선사	★★★★	😐	±△	의료영상정보관리사, 의료기기정도관리사, 방사선안전관리사, CT방사선사, MR방사선사, 임상초음파사, 투시조영전문방사선사, 치료방사선사, 혈관중재전문방사선사, 심혈관조영기사, 전산화의료단층진단기사, 의료투시진단기사, 치료방사선기사, CT촬영기사, MRI촬영기사
	산업안전·위험물관리원	★★★★★	😐	±△	산업·사업장·공장·보건·위험물안전관리자, 기계안전기술자, 위험물·원자력폐기물관리원, 산업위생관리기사
	기술영업원	★★★★★	☹	±△	전자·통신장비, 전산 관련, 의료장비, 산업용기계장비, 농업용기계장비, 자동차부품 관련, 화학제품 관련 기술영업직
	산업안전·위험물관리원	★★★★★	😐	±△	산업·사업장·공장·보건·위험물안전관리자, 기계안전기술자, 위험물·원자력폐기물관리원, 산업위생관리기사
	비파괴검사원	★★★★★	😐	±△	용접제품비파괴검사원, 크레인비파괴검사원, 건축물비파괴검사원
	생명과학연구원	★★★★	☺	±⇧	생물학·의학·유전공학·의료약품연구원
	대학교수	★★★★	☺	±⇩	보건학 교수
	총무사무원	★★★★	☹	±△	병원행정사무원, 원무행정사무원, 원무사무원

직업군		고용지표	인공지능 대체 가능성	인력수급 전망	직업명
졸업 후 진출 가능한 직업	보험심사원, 보험사무원	★★★★	☹	±△	보험사정·수리·청구·증권사무원, 방카슈랑스사무원, 보험료산출사무원, 보험인수심사사무원, 보험가입자관리원, 손해보험료산출원, 보험전산입력원, 자동차사고처리원, 보상센터사고처리원, 손해사정사무원
	소방공학기술자, 연구원	★★★★	☹	±△	소방설비설계·감리기술자, 소방설비시공기술자, 방재·소방관리기술자
	위생사	★★★	😐	±△	위생사, 소독관리인
	간병인	★★★★	😐	±⇧	간병인, 요양보호사, 산후조리원
	응급구조사	★★★★	☺	±⇧	응급구조사, 구급요원, 인명구조원
	물리·작업치료사	★★★	☺	±△	물리치료사, 작업치료사
전공의 장점을 살릴 수 있는 직업	방사선사	★★★★	😐	±△	의료영상정보관리사, 의료기기정도관리사, 방사선안전관리사, CT방사선사, MR방사선사, 임상초음파사, 투시조영전문방사선사, 치료방사선사, 혈관중재전문방사선사, 심혈관조영기사, 전산화의료단층진단기사, 의료투시진단기사, 치료방사선기사, CT촬영기사, MRI촬영기사
	임상병리사	★★★	☺	±⇧	임상병리사
	의무기록사	★★★	😐	±△	의무기록사
	보건교사	★★★★	☺	±△	양호교사, 보건교사
최근 생성된 직업	정신보건상담사, 응급구조전문상담원, 보건행정사무원				

국가과학기술표준분류로 보건학과 이해하기

구분	국가과학기술표준분류체계		
	대분류	중분류	소분류
보건학	보건의료	보건학	만성병역학, 감염병역학, 분자/유전체역학, 보건통계, 보건정보관리, 노인 및 가족보건, 보건영양/영양역학, 산업보건, 환경 관련 질환평가/관리, 보건정책, 보건경제/경영/사회, 건강증진/보건교육
		기타 보건의료	달리 분류되지 않는 보건의료
보건학 관련 융합 기술 및 융합 학문	환경	환경보건	환경보건모니터링기술, 환경독성평가기술, 노출평가기술, 환경유해물질 관련 건강영향평가, 환경역학 관련 기술, 환경보건관리인프라기술, 기후변화환경보건대응기술, 미래환경보건문제예측/대응기술
	법	분야별 전문법	의료/보건법
	정치/행정	분야별/유형별행정/정책	보건/의료
	경제/경영	분야별 경제	보건/의료경제
	사회/인류/복지/여성	사회구조/문제	의료/보건
		사회복지서비스/임상	정신보건사회복지

보건학과 준비자를 위한 꿀팁

학과 관련 고교 교과목과 준비사항

보건학과의 경우 과학탐구영역 가운데 생물, 물리, 화학 과목과 관련성이 높으며, 보건 과목의 특성상 법, 제도와 관련성이 있다. 보건통계 때문에 수학 가운데 통계 부분과 접목점이 높다.

학과 관련 면허와 자격 현황

국가기술자격	정보처리산업기사, 컴퓨터활용능력, 워드프로세서, 소음진동산업기사, 수질환경산업기사, 대기환경산업기사, 토양환경기사, 폐기물처리산업기사
국가전문자격	보험계리사, 물리치료사, 보건교사, 위생사, 의무기록사, 방사선사
공인민간자격 및 기타	〈비공인〉 정신보건상담사, 가정안전보건지도사

학과 관련 비전과 이슈

최근 100세 시대가 현실화되고 있다. 따라서 헬스케어산업을 포함한 보건산업이 양적 질적으로 향상되고 있다. 보건학과와 관련한 주요 이슈는 의료관광, 보건의료 관련 빅데이터의 활성화 방안, 국가 간 FTA체결 내용과 영향력 등에 대한 관심을 가질 필요가 있다.

■ 보건학과를 졸업하면 어디로 진출할까?

정부 및 공공기관
- 중앙정부(환경직, 보건직, 의료기술직)
- 지방자치단체
- 식품의약품안전청
- 국민건강보험공단
- 국민연금공단

일반기업
- 1·2·3차 의료기관
- 각 보건소
- 국립암센터
- 각종 보건복지기관
- 질병관리본부
- 제약업체
- 비파괴검사전문업체
- 의료기기업체

연구기관
- 한국보건사회연구원
- 보건환경연구원
- 생명과학연구소

학교
- 초등학교
- 중·고등학교
- 대학교

진출 산업 분류

◆ 보건(관리)학
병원(11.9%), 사법·공공질서행정(11.1%), 의원(7.9%), 건물설비·설치공사업(5.6%), 고등교육기관(4%)

◆ 방사선학
병원(43.4%), 의원(22.2%), 음·식료품·담배도매업(2%), 가정용품도매업(2%), 보험업(2%), 의료용기기제조업(2%), 기계장비 관련 물품도매업(2%)

◆ 임상병리학
병원(41.5%), 의원(13.8%), 기타 상품전문소매업(3.2%), 기계장비 관련 물품도매업(2.1%), 음식점업(2.1%)

재활학과

 한눈에 보는 **재활학과 현황과 전망**

■ 학과 개요

재활학은 정신을 포함한 신체적 장애인의 일상생활 또는 직업적 재활을 돕기 위한 실용학문이다. 재활학은 재활학과 외에 물리치료학과, 스포츠재활학과, 직업재활학과, 재활심리학과, 재활공학과, 운동재활복지과, 인간재활학과 등 다양한 명칭으로 학과가 개설되어 있다. 이 학과는 크게 사회재활, 직업재활, 심리재활로 그 영역을 구분할 수 있다. 졸업자의 취업률은 다소 높은 편이며, 취업의 질은 보통 수준이다. 학생 수는 남학생보다 여학생의 비율이 다소 높다.

■ 재활학과의 미래 고용 관련 전망은 어떨까?

· 고용률　　　　★★★★　　　· 정규직 비율　★★★
· 전공 일치 비율 ★★★☆　　　· 월평균 소득　★☆

긍정적 전망 요인	– 뉴시니어를 위한 실버복지 증대 – 100세 시대 도래에 따른 재활전문가 수요 확대 – 국민소득 증대에 따른 장애인 인권증대
부정적 전망 요인	– 저출산과 인구절벽에 따른 수요 감소 – 개설된 대학이 많지 않으므로 접근성 미흡

■ 재활학과를 졸업하면 어떤 직업이 유망할까?

	직업군	고용지표	인공지능 대체 가능성	인력수급 전망	직업명
졸업 후 진출 가능한 직업	상담전문가, 청소년지도사	★★★★★	☺	±⇧	청소년상담사, 재활상담사, 노인상담사, 성폭력상담사, 가정폭력상담원
	특수교육 교사	★★★★★	☺	±△	시각장애학교, 청각장애학교, 지체부자유학교, 정신지체학교, 지역사회재활교사, 정서장애교사, 정신장애교사
	사회복지사	★★★★★	☺	±⇧	자활프로그램개발자, 정신보건·장애인·학교·노인사회복지사
	보건의료 관련 관리자	★★★★★	☺	±△	병원장, 요양병원장, 한방병원장, 보건소장, 장애인의료재활원장, 대형병원간호부장, 보건의료 관련 부서장
	임상심리사, 기타 치료사	★★★★★	☺	±△	임상심리사, 심리치료사, 놀이·음악·미술·보이타·보바스·원예·독서·언어치료사, 아로마테라피스트
	물리치료사	★★★	☺	±△	물리치료사
	작업치료사	★★★	☺	±△	작업치료사
	총무사무원	★★★★	☹	±△	병원행정사무원
	대학교수	★★★★	☺	±⇩	재활학 교수
	생명과학연구원	★★★★	☺	±⇧	생물학·의학·유전공학·의료약품연구원
	간병인	★★★★	☺	±⇧	간병인, 요양보호사, 산후조리원
	의무기록사	★★★	☹		의무기록사
	임상병리사	★★★	☺	±⇧	임상병리사
전공의 장점을 살릴 수 있는 직업	특수교육 교사	★★★★★	☺	±△	시각장애학교, 청각장애학교, 지체부자유학교, 정신지체학교, 지역사회재활교사, 정서장애교사, 정신장애교사
	임상심리사, 기타 치료사	★★★★★	☺	±△	임상심리사, 심리치료사, 놀이·음악·미술·보이타·보바스·원예·독서·언어치료사, 아로마테라피스트
	물리·작업치료사	★★★	☺	±△	물리치료사, 작업치료사
	상담전문가, 청소년지도사	★★★★★	☺	±⇧	청소년상담사, 재활상담사, 노인상담사, 성폭력상담사, 가정폭력상담원

	직업군	고용지표	인공지능 대체 가능성	인력수급 전망	직업명
최근 생성된 직업	장애인직업능력평가사, 동물매개심리치료사, 음악재활심리치료사, 미술재활심리치료사, 재활운동처방전문가, 퍼스널물리치료사, 재가방문물리치료사, 재활승마치료사, 재활레크레이션컨설턴트, 보조기제작연구개발자, 직업재활상담원, 수중재활운동사, 재활상담사, 스포츠강사				

 ## 커리큘럼으로 재활학과 이해하기

학과	입문과목 예시	전공과목 예시
재활학과	해부학, 일반생물학, 일반물리학, 쟁애총론, 발달심리학	직업재활개론, 발달정신병리학, 직업재활상담, 상담이론과 실제, 직업적응훈련, 이상심리학, 정서장애교육, 특수치료, 직업재활방법론
물리치료학과	일반물리학, 일반생물학, 심리학, 해부학, 일반화학	운동치료학 및 실습, 임상운동학 및 실습, 물리치료 진단학, 해부학 및 실습, 생리학, 신경학, 병리학, 스포츠물리치료학 및 실습, 물리치료 연구방법론, 임상물리치료학
작업치료학과	일반물리학, 일반화학, 인체해부학, 작업치료 기능해부학, 생리학, 작업치료 신경해부학	인체운동학, 재활심리학, 아동작업치료학, 작업치료도구, 신경계 작업치료학*, 노인작업치료학, 직업재활

※ 출처: 한국고용정보원(www.keis.or.kr)

재활학과 준비자를 위한 꿀팁

📋 학과 관련 고교 교과목과 준비사항

재활학과의 경우 과학탐구영역(물리, 화학, 생물, 지구과학) 가운데 생물, 물리 과목과 관련성이 높으며, 재활학 분야 특성상 체육 과목과 일부 관련성이 있다. 이 학과의 경우 수학에 대한 부담은 크지 않다.

📑 학과 관련 면허와 자격 현황

국가기술자격	국제의료관광코디네이터, 임상심리사
국가전문자격	물리치료사, 작업치료사, 사회복지사, 정신보건사회복지사, 정신보건임상심리사, 임상병리사, 간호사, 간호조무사, 안마사
공인민간자격 및 기타	수화통역사 〈비공인〉 재활심리상담사, 특수아동지도사

🌿 학과 관련 비전과 이슈

보편적 복지에 대한 사회적 요구와 장애인에 대한 사회적 배려가 증가됨에 따라 재활학과의 사회적 필요성도 증대되고 있다. 100세 시대 도래에 따라 신체적 장애인은 확대될 것으로 보인다. 이런 문제를 해결하기 위한 의지보조기술 등이 발달되고 있으므로, 재활과 관련된 종사자 규모도 확대될 필요가 있다. 재활학과의 경우 직업재활과 관련되어 있다. 특수학교 교사로 진출이 가능하므로 이와 관련된 임용시험이나 면허취득자 동향을 살펴볼 필요가 있다.

■ 재활학과를 졸업하면 어디로 진출할까?

일반기업
- 종합병원, 대학병원
- 재활전문병원
- 개인병·의원, 보건소
- 행동치료센터
- 장애인복지관
- 사회복지관
- 의료기기·보조기제작판매업체

정부 및 공공기관
- 중앙정부(보건직, 의료기술직)
- 지방자치단체
- 근로복지공단
- 한국장애인고용공단

연구기관
- 치료 관련 연구소
- 재활 관련 연구소

학교
- 초등학교
- 중·고등학교
- 특수학교
- 대학교

진출 산업 분류

◆ **재활학**
병원(10%), 의원(10%), 기타 상품전문소매업(10%), 특수학교·외국인학교·대안학교(10%), 의료용기기제조업(10%), 은행·저축기관(10%), 기타 식품제조업(10%), 중등교육기관(10%), 비거주 복지시설운영업(10%)

◆ **물리치료**
의원(22.5%), 병원(17.3%), 일반 교습학원(6.3%), 중등교육기관(4.7%), 고등교육기관(3.1%)

◆ **작업치료**
병원(23.5%), 비거주 복지시설운영업(23.5%), 고등교육기관(11.8%), 기타 보건업(11.8%), 초등교육기관(11.8%), 의원(5.9%)

의료공학과

 한눈에 보는 **의료공학과 현황과 전망**

■ 학과 개요

의료공학은 의료장비를 활용해 인간의 질병 예방과 진단, 치료를 지원하기 위한 실용학문이다. 의료공학은 의료공학과 외에 의공학과, 생체의공학과, 의약공학과, 의용공학과, 한방의료공학과, 치기공학과 등 다양한 명칭으로 학과가 개설되어 있다. 이 학과는 크게 인체의 해부와 생리에 초점을 맞춘 생물학적 접근과 의료재료, 의료영상처리, 의료장비 등에 초점을 맞춘 공학적 접근으로 구분될 수 있다. 졸업자의 취업률은 다소 높은 편이며, 취업의 질은 보통이다. 학생 수는 여학생보다 남학생의 비율이 다소 높은 편이다.

■ 의료공학과의 미래 고용 관련 전망은 어떨까?

· 고용률　　★★★★　　　　· 정규직 비율　★★★★
· 전공 일치 비율 ★★★　　　　· 월평균 소득　★★★☆

긍정적 전망 요인	– 헬스케어산업의 급성장 – 고령화사회 도래에 따른 의료서비스 증가 – 병원이나 건강관리 중심의 의료서비스 사업체 확대
부정적 전망 요인	– 저출산과 인구절벽에 따른 수요 감소 – 의료장비 관련 영업 분야로 취업하는 사례도 많음

■ 의료공학과를 졸업하면 어떤 직업이 유망할까?

	직업군	고용지표	인공지능 대체 가능성	인력수급 전망	직업명
졸업 후 진출 가능한 직업	응급구조사	★★★★	☺	±⇧	응급구조사, 구급요원, 인명구조원
	의지보조기기사	★★★	☺	±△	의지기사, 보조기기사
	임상병리사	★★★	☺	±⇧	병원미생물실험기사, 병원생화학실험기사, 병원세균검사기사, 해부병리기사, 혈액검사기사, 근전도기사, 뇌파기사, 폐기능검사기사, 심전도기사, 인공심폐기기사, 성분수혈검사기사
	방사선사	★★★★	☹	±△	의료영상정보관리사, 의료기기정도관리사, 방사선안전관리사, CT방사선사, MR방사선사, 임상초음파사, 투시조영전문방사선사, 치료방사선사, 혈관중재전문방사선사, 심혈관조영기사, 전산화의료단층진단기사, 의료투시진단기사, 치료방사선기사, CT촬영기사, MRI촬영기사
	총무사무원	★★★★	☹	±△	병원행정사무원
	기술영업원	★★★★★	☹	±△	의료장비기술영업원(초음파기, X-ray기, MRI, 산소호흡기, 심전도기, 의료장비, 물리치료장비, 수입의료장비)
	보건의료 관련 관리자	★★★★★	☺	±△	병원장, 보건의료 관련 부서장
	대학교수	★★★★	☺	±⇩	의료공학 교수
	생명과학연구원	★★★★	☺	±⇧	생물학·의학·유전공학· 의료약품연구원
	치과기공사	★★	☺	±△	치과기공사
	안경사	★★	☹	±△	안경사, 검안사
	의무기록사	★★★	😐	±△	의무기록사
	전자의료기기 개발·설계기술자	★★★★	☺	±△	초음파의료기기개발자, 뇌파기개발자, 전자혈압측정계개발자, 의공학기술자, 뇌파기개발자, 투석기개발자
	의료장비설치· 수리원	★★	☺	±△	의료장비기사, 의료장비설치·수리원
전공의 장점을 살릴 수 있는 직업	응급구조사	★★★★	☺	±⇧	응급구조사, 구급요원, 인명구조원
	치과기공사	★★	☺	±△	치과기공사
	의무기록사	★★★	😐	±△	의무기록사
최근 생성된 직업	재난안전교육전문가, 재난관리지도자, 생활안전교육지도자				

국가과학기술표준분류로 의료공학과 이해하기

구분	국가과학기술표준분류체계		
	대분류	중분류	소분류
의료공학	보건의료	의약품/의약품개발	의약품합성/탐색, 의약품모델링, 약효검색, 체내동태/약물대사연구, 임상약리, 의약품제형개발/생산기술, 의약품성분분석, 의약품기준/시험방법평가, 약물전달시스템, 단백질의약품, 효소의약품, 유전자의약품, 저분자의약품, 천연물의약품, 치료용항체, 백신, 세포/조직치료제, 시약/진단제, 바이오생체재료, 바이오인공장기, 기능성화장품개발
		치료/진단기기	생체신호측정/진단기기, 임상화학/생물분석기기, 지능형판독시스템, 중재적치료기기, 방사선치료기기, 수술용치료기기, 수술용로봇, 분자유전진단기기, 초음파진단기기, X-ray/CT, MRI, 핵의학/분자영상진단기기
		기능복원/보조/복지기기	신체기능복원기기, 임플란트, 전자기계식인공장기, 생체재료, 의료용소재, 재활훈련기기, 이동지원기기, 생활지원기기/시스템, 인지/감각기능지원기기
		의료정보/시스템	의료정보표준화, 의료정보보안, 병원의료정보시스템/설비, 원격/재택의료, 의학지식표현, u-Health서비스 관련 기술(u-EHR)
		의료기기안전관리	의료기기기준규격, 의료기기평가기술개발, .의료기기성능/유효성평가, 첨단융합기술의료기기평가, 의료용방사선품질/안전관리
		한의과학	한방용치료기기, 한방용진단기기, 한의정보표준화시스템
		간호과학	간호진단지표평가기술, 간호기기개발기술, 간호정보표준화/보안
		치의과학	치주과학, 치과의료기기
		독성/안전성 관리 기반기술	일반독성, 생식독성, 유전독성, 면역독성, 내분비계장애평가, 독성평가기술, 안전성약리, 독성위해평가/위해관리, 독성유전체기반, 약물유전체기반, 약동약력학기반, 분자생물학적안전성/유효성평가, 독성정보학기술, 임상평가기술, 바이오메디기반기술, 질환모델동물활용기반기술, 대사체기술응용안전성평가, 나노물질독성평가, 독성병리 실험동물품질관리
		기타 보건의료	달리 분류되지 않는 보건의료

의료공학과 준비자를 위한 꿀팁

📖 학과 관련 고교 교과목과 준비사항

의료공학과의 경우 과학탐구영역 가운데 생물, 물리와 관련성이 높으며, 사회
탐구영역 가운데 경제와 간접적으로 관련성이 있다. 공학적 접근이므로 수학
적 기초가 필요한 과목이 많다.

📑 학과 관련 면허와 자격 현황

국가기술자격	정보처리산업기사, 치공구설계산업기사, 전기안전기술사, 전자계산기조직응용기사
국가전문자격	의지보조기기사, 의무기록사, 치과기공사, 방사선사, 응급구조사, 치과위생사, 간호사, 간호조무사

🌐 학과 관련 비전과 이슈

의료기술은 의료장비의 발달과 깊은 관련성이 있다. 엑스선촬영기, 초음파진
단기, CT, MRI, 레이저장비 등 의료장비의 종류와 활용도가 커지고 있다. 이
외 의료공학은 최근 의지보조기술, 바이오기술, IT기술과 접목되어 비약적 발
전이 예상되므로 관련 기술 동향을 숙지할 필요가 있다.

■ 의료공학과를 졸업하면 어디로 진출할까?

정부 및 공공기관
- 중앙정부(소방직, 보건직)
- 지방자치단체
- 소방방재청
- 국민건강보험공단
- 건강보험심사평가원

일반기업
- 종합병원
- 대학병원
- 1·2·3차 의료기관
- 응급환자이송센터
- 한방병원
- 재활병원
- 의료기기개발·제조·판매업체
- 의료기기수출업체

연구기관
- 의료기기연구소
- 전기·전자연구소

학교
- 중·고등학교
- 대학교

진출 산업 분류

◆ **의료공학**
의료용기기제조업(36.4%), 기타 상품전문소매업(18.2%), 병원(9.1%), 고등교육기관(9.1%), 입법·일반정부행정(9.1%), 의약품제조업(9.1%), 선박·보트건조업(9.1%)

◆ **치기공학**
의료용기기제조업(56.2%), 의원(11%), 입법·일반정부행정(2.7%), 음·식료품·담배도매업(2.7%), 가정용품도매업(2.7%), 병원(1.4%)

◆ **응급구조**
사법·공공질서행정(36.4%), 병원(27.3%), 주점·비알코올음료점업(9.1%), 일반 교습학원(9.1%), 미용·목욕탕·유사서비스업(9.1%)

부록

2015 대학특성화사업(CK) 선정결과

■ 대학특성화 사업(CK)

CK사업은 정부(교육부)가 추진하고 있는 대학특성화사업(University for Creative Korea)을 말한다. 즉 국가 차원에서 경쟁력 있는 특정 대학의 학과를 발굴하여 지원하는 사업으로, 국가가 지원하는 우수학과, 대학 자율적 지정에 따른 중점학과, 지방대에 대한 지역적 육성이 필요한 우수학과로 구성되어 있다. 자료는 2016년 2월 16일 기준으로 교육부 홈페이지 대학알리미, 대학특성화우수학과선정결과 내용이다.

사업유형	대학자율-빨간색, 국가지원-초록색, 지역전략-주황색

순번	사업단명	소속학과
1	C 3ube시스템에 의한 바이오융합 인재양성 사업단	바이오나노학과, 식품생물공학과, 생명과학과, 약학과, 나노화학과, 나노물리학과
2	기업맞춤형 Edu-EcoSystem 기반 소프트웨어 인재 양성	컴퓨터공학과, 소프트웨어설계·경영학과
3	통합적 휴먼서비스 인재양성	유아교육학과, 사회복지학과, 영양학과
4	바람개비 보건과학 사업단	의공학과, 방사선학과, 물리치료학과, 운동재활복지학과
5	수학기반 금융미드필더 양성 사업단	수학·금융정보학과, 응용통계학과
6	린-스타트업(lean-startup)기반 디자인특성화 사업단	미술·디자인학부(시각디자인)
7	소재화학 사업단	화학전공(자연과학부)
8	지역사회심리사업단	심리학전공(사회과학부)
9	동해안해양바이오산업창조인재양성사업단	해양식품공학과, 해양자원육성학과, 해양생물공학과, 해양분자생명공학과, 식품가공유통학과, 식품영양학과
10	환동해권비즈니스인력양성사업단	국제통상학과, 무역학과
11	지구환경변화 대응 융합형 과학인재 육성 사업단	화학신소재학과, 생물학과, 대기환경과학과
12	융복합 신산업 소프트웨어 인재양성 사업단	컴퓨터공학과, 멀티미디어공학과, 정보기술공학과

13	동물생명 6차산업 특성화 사업단	동물생명과학대학축산과학전공(동물자원과학부),사료생산과학전공(동물자원학부), 축산식품과학전공(동물응용과학부), 동물생명공학전공(동물응용과학부), 수의학과
14	RASE(자기주도형) 미디어콘텐츠 인력양성 사업단	영상문화과, 스토리텔링과, 신문방송학과, 디자인학과
15	지역공동체 휴먼공공서비스 전문인력양성 사업단	일반사회교육과, 교육학과, 국어교육과, 영어교육과, 사회학과, 행정학과
16	융합지구과학기술 인력양성사업단	지질지구물리학부
17	생명공학인재양성특성화 사업단	특성화학부
18	창조경제의 리더, 차세대 의료공학 전문인력 양성사업단	의공학부, 의료공간디자인학과, 의료IT공학과, 의료신소재학과
19	협업형 창의융합인재 브리꼴레르(Bricoleur) 양성 프로젝트 사업단	Global Frontier School, 의약바이오학부, 융합IT학부(우수학과와중복), 융합디자인학부
20	Mega-FTA를 선도하는, 글로벌 제약산업 전문인력 양성사업단	제약생명공학과
21	취약계층 사회통합 프로그램을 통한, 협동창의형 교육·복지 전문인력 양성사업단	사회복지학과, 아동보육학과, 초등특수교육과, 중등특수교육과, 유아교육과
22	상담과 스포츠 통합 프로그램을 활용한 지역사회 청소년 문제해결 프로젝트 사업단	심리상담치료학과, 재활퍼스널트레이닝학과
23	지역문화, 지역연고산업 기반 문화콘텐츠디자인 창의인재 양성사업단	디지털콘텐츠학과, 시각디자인학과
24	STEM교육을 통한 의과학(Biomedical Science) 연구지원인력 양성사업단	임상병리학과, 안경광학과, 작업치료학과, 물리치료학과
25	지역공동체의 통합안전망과 회복탄력성 강화를 위한 융합형 창의 인재 양성 사업단	사회복지학과, 경찰행정학과, 청소년학과
26	경기대학교 디자인비즈니스교육특성화사업단	시각정보디자인학과, 산업디자인학과, 장신구금속디자인학과
27	사회적경제 전문인력 양성사업단	산업경제학과, 회계정보학과, 영어학과
28	지역기반형 식품산업을 위한 미래인력양성 사업단	식품생명학과, 식품영양학과
29	Green & Blue 융합형 관광전문인력 양성사업단	관광학부
30	지역 도시재생 문화힐링 창조인재 양성사업단	문화콘텐츠학과, 패션의류학과, 음악교육과

31	통일시대를 대비한 통일안보 전문 인재양성 사업	정치외교학과
32	미래산업소재사업단	신소재공학부, 화학공학과, 응용화학과, 환경공학과, 섬유시스템공학과
33	원예식품융복합글로컬인재양성사업단	식품공학부, 원예과학과, 약학과, 생태환경전공(생태환경관광학부)
34	글로벌 식량자원·농업개발 전문 인재양성 사업단	응용생명과학부, 조경학과, 농업토목공학과, 생물산업기계공학과, 임학과, 임산공학과, 바이오섬유소재학과, 농업경제학과
35	글로컬 문화 콘텐츠 창의인재양성 사업단	사회학과, 지리학과, 문헌정보학과, 신문방송학과
36	상상과 치유의 인문인재 양성 사업단	철학과, 영어영문학과, 독어독문학과, 불어불문학과
37	기초과학인재양성사업단	화학과, 물리학과, 생물학전공(생명과학부)
38	스마트전자특성화사업단	전자공학부, 산업전자공학과(경북대상주캠퍼스)
39	미래창조형 농업생명 인재 양성 사업단	농학과, 동물생명과학과, 식품공학과, 응용생물학과, 원예학과, 축산학과, 환경생명화학과
40	ENA 공공전문가 양성사업단	행정학과, 법학과, 정치외교학과
41	한국학 고전을 통한 창의적 글로컬 인재양성 사업단	한문학과
42	미래개척 기초생명과학 인재양성사업단	생물학과, 생화학과, 미생물학과
43	지역혁신 주도형 동남권 화학인재양성 사업단	화학과
44	창의적항공IT기계융합인력양성사업단	기계공학부, 항공우주시스템공학과, 정보과학과
45	신발산업Global Business핵심역량전문인력 양성사업단	국제무역통상학과, 영어영문학과, 의상학과
46	지역특화 발전프로젝트와 연계한 "영화매체연기인재양성"사업단	영화학과, 연극학과
47	ICDT 융합 창의인재양성 특성화사업단	디지털미디어학부
48	학제적융합교육을 통한 글로컬문화인력양성 사업단	글로컬문화학부
49	HSE(Health, Safety, Environment) 특화 보건의료인력 양성사업단	물리치료학과, 임상병리학과, 치위생학과
50	노인체육 전문지도자 양성사업단	사회체육학부

51	기계·IT융합 자동차부품 전문인력양성사업단	기계자동차학부, 전자공학과, 로봇응용학과
52	첨단 ICT융합 생애주기 시설물성능개선인력 양성사업단	건축공학과, 건축학과, 건설공학부
53	목표지향형 소방안전인력양성사업단	소방방재학과
54	범죄피해 CARE 전문가 양성 사업단	경찰학과, 심리치료학과
55	베이비부머 Life Designer 양성 사업단	사회복지학과
56	시공간 빅데이터 융합 전문가 양성	지리학과, 사학과
57	인류사회 공헌을 위한 "학문과 실천" 중심의 융합형 글로벌 인재 양성	경희대학교 국제대학 국제학과, 경희대학교 정경대학 정치외교학과
58	FTA지역특화 창의적 경제통상인재 양성사업단(FTASEP, FTA Area Specialist Education Program)	국제통상학과, 경제금융학과, 전자무역학과
59	커뮤니케이션 문제해결을 위한 창의적 전문인재 양성사업단(CreativeSolutionSpecialistforCommunication)	광고홍보학과, 언론영상학과
60	글로벌역량을 갖춘 현장형 정보전문가 양성 사업단	문헌정보학과
61	융복합미디어콘텐츠창조인재양성사업단	사진영상디자인과, 문예창작학과, 영상애니메이션과, 시각디자인과, 뮤직프로덕션과
62	지역산업친화형 식품바이오전문인력 양성 사업단	식품가공학과, 식품영양학과, 공중보건학과
63	3C 기반 차세대 교육리더 육성	초등 국어·음악·미술·체육·영어·컴퓨터 교육과
64	창조 문화 트랜스형 지역 인재 양성 사업단	문화재보존과학과, 의류상품학과, 게임디자인학과, 영상학과, 사학과
65	농업 6차산업화 전문인력 양성사업단	지역개발학부, 산림자원학과, 조경학과(예산캠퍼스), 식품공학과(예산캠퍼스), 특수동물학과(예산캠퍼스)
66	IT 융합 글로컬 인력양성사업단	전기전자제어공학부
67	Eco기후환경융합인력양성사업단	생명과학과, 대기과학과, 지질환경과학과
68	중소기업 맞춤형 글로벌 금융통상 전문가 양성 사업단	경제통상학부
69	HappyAllProject:초등기초학력지도역량을갖춘 명품교사양성사업단	초등교육과, 초등교육과

70	강소기업 맞춤형 디자인 인력 양성 사업단	산업디자인학과, 시각영상디자인학과
71	'자동차-SW-디자인' 융합형 글로벌 인재 양성 사업단	자동차공학과, 자동차IT융합학과, 컴퓨터공학부, 자동차·운송디자인학과
72	휴먼테크놀로지창의인재육성사업단 -기계공학과 인간운동과학의 융합-	기계시스템공학부(일부), 스포츠건강재활전공 (체육학부)
73	동아시아 현지화 미래개척 청년양성 사업단	국제학부
74	Active Aging Sport Care Project	스포츠산업·레저전공(체육학부), 스포츠지도전공(체육학부)
75	Eco Community Art Project	음악학부, 미술학부, 공연예술학부
76	Creative Health Care 융합 인재 양성 사업단	바이오발효융합학과, 식품영양학과
77	해양 바이오 특성화 사업단	식품영양학과, 해양생물공학과, 해양생명과학과, 식품생명공학과, 수산생명의학과
78	새만금ICT(Infomation&Communication Technolgy)융합인재양성 사업단	컴퓨터정보공학과, 정보통신공학과
79	새만금중·일M.E.(Multilingual-Expert) 육성 사업단	일어일문학과, 중어중문학과
80	융합형 프로 메카트로닉스 인력 양성 사업단	기전공학과, 지능기계공학과기계시스템공학과
81	그린화학소재창의인력양성사업단	에너지융합소재공학부(고분자융합소재공학전공, 에너지화학공학전공), 응용화학과, 소재디자인공학과, 환경공학전공(토목환경공학부)
82	첨단소재·부품 자기주도형 창의교육사업단	신소재시스템공학부
83	행동하는 사랑의 복지전문가 양성 사업단	사회복지학부, 간호학과
84	재활스포츠 전문인력 양성 사업단	특수체육학과, 태권도학과
85	장애아동을 위한 Cocreative Vision-Up Education 사업	유아교육과, 유아특수교육과, 초등특수교육과, 사회복지학과, 언어치료청각학과
86	N+ 아동복지 창의인재 양성 사업	아동복지학과
87	동아시아 글로컬 창조유통인력 양성 사업단 - H형 인재양성 모델	국제유통학과
88	지역연계를 통한 창의적 유리조형 인재양성 : 예술인 둥지사업단	환경조형학과
89	켐바이오 글로벌 전문인력 양성 사업단	미생물학과, 화학과, 생명과학과, 분자생물학과
90	지역특화산업 육성을 위한 창조명품형 Eyewear 인력양성 사업단	안경광학과, 산업디자인과, 디지털디자인과, 컴퓨터공학전공

91	중남미 중심 신흥지역 맞춤형 글로벌융합 인재 양성 사업단	스페인어과, 중어중국학과, 러시아어과, 무역학과, 경제금융부동산학과, 호텔경영학과
92	ACEp 산업육성을 위한 글로벌 전문인력양성 사업단	기계자동차공학부
93	대경 의료산업을 선도하는 융합형 의료인재 양성 사업단	의공학과, 방사선학과, 물리치료학과, 언어청각치료학과, 국제의료경영학과
94	중독과 폭력의 예방·치유·재활을 위한 전문인력 양성 사업단	심리학과, 경찰행정학과
95	신라문화 디자인 기반 문화콘텐츠 전문인력 양성 사업단	시각디자인과, 패션디자인과, 관광경영학과
96	Dual Target 한국언어문화교육 사업단	한국어문학부
97	대구경북 6차산업 전문인력양성 사업단	화훼원예학과, 환경과학과
98	지역 밀착형 뿌리산업 선도인력 양성 사업단	기계·자동차공학부
99	EAST BASE	경영학과, 중국어중국학과일본어일본학과산업경영공학과
100	특수과학문화교육인력양성사업단	특수교육과, 과학교육학부(물리교육전공, 화학교육전공, 생물교육전공)
101	자연과학분야 융복합 인재양성 사업단	화학·응용화학과, 수학과, 전산통계학과, 물리학과, 생명과학과
102	한방산업과 연계한 HAPPY AGING 전문인력 양성사업단	화장품약리학과, 한방식품약리학과, 한약재약리학과, 물리치료학과, 간호학과, 의료경영학과,통상경제학부
103	한양방 융합 스포츠의학 전문 트레이너 양성 사업단	한방스포츠의학과
104	국가안전방재 전문인력 양성사업단	군사학과, 경찰학과, 소방방재학전공, 지반방재공학전공
105	지역공동체 활성화 지원 전문인재 양성사업단	행정학과
106	Chemicalbiology 특성화를 통한 생명−정밀화학 융합 전문인력 양성 사업단	화학과, 화학과
107	ICT 항만물류 융합시스템 전문인력양성 사업단	항만물류시스템학과, 정보통신공학과, 정보보호학과
108	기계·플랜트 분야의 T자형 창의적 설계 엔지니어 양성 사업단	메카트로닉스공학과, 자동차공학과, 냉동공조공학과
109	창의적 소프트웨어융합 전문인력양성 사업단	컴퓨터공학과, 게임공학과

110	슈퍼컴퓨팅 가상화 기반 창의적 융합 BIM 인재 양성 사업단	건축공학과, 건축학과,전기공학과
111	융복합 창조기반 맞춤형 MICE^2 인력양성사업단	관광경영학과
112	문화 융복합형 창의·인성 전문인력양성 사업단	유아교육과
113	창의적 글로컬 유통전문인력양성 사업단	유통경영학과
114	스마트산업적응형 소프트웨어융합 창의인재 양성사업단	정보통신공학전공(컴퓨터정보공학부), 소프트웨어공학전공(컴퓨터정보공학부), 컴퓨터공학전공(컴퓨터정보공학부)
115	동남권 중소기업중심 메카트로닉스 전문인력 양성사업단	전자공학과, 산업경영공학과, 메카트로닉스공학과
116	미디어 아웃렛 구축을 통한 차세대 미디어 창의인재 양성사업단	방송영상전공(영상매스컴학부), 광고PR전공(영상매스컴학부)
117	혁신적 융복합 루트교육을 통한 가치창조 디자인 인재양성사업단	디자인학전공(디자인학부)
118	국제적 산학협력을 통한 영상산업도시 육성사업단	애니메이션&비주얼이펙트전공(디지털콘텐츠학부), 게임전공(디지털콘텐츠학부), 디지털영상제작전공(디지털콘텐츠학부), 영화과
119	웰에이징-메디스파(Wellaging-MediSPA) 창의 인력 양성 사업단	물리치료학과, 뷰티미용학과
120	지역문화콘텐츠 기획인력양성 사업단	공연전시기획학과
121	생명산업 통합연계교육 사업단	유전공학과, 응용생물공학과
122	생명의료윤리 전공 특성화 사업단	철학·윤리문화학과
123	동남권 지역사회 전통문화유산의 창조적 계승 ·발전과 新교육문화콘텐츠 창출을 위한 통섭형 인재양성	고고미술사학과
124	기능성재료 특화 화학교육 사업단	화학과
125	기후금융보험 융합인력 양성	금융보험학과, 경제학과
126	ICT기반 유니버설디자인 융합·창의인재양성 사업단	산업디자인학과, 정보통신융합공학부
127	Neo K-Culture 킬러 콘텐츠 개발 인재 양성 사업단	광고홍보언론학과, 역사학과, 중국학과
128	통일을 대비한 사회통합형 종교지도자 양성사업	신학과
129	미래생명자원발굴·활용전문인력양성사업단	미생물나노소재학과, 생의약화장품학부, 의생명·보건학부

130	친환경바이오융합인력양성사업단	식품영양학과, 원예과학과, 해양수산자원학과, 한약자원학과
131	해양·레저스포츠 관광 창의인재 교육 특성화 사업단	관광경영학과, 체육학과, 사학과
132	서남권 조선해양산업의 그린 생태계 조성을 위한 창조적 융복합교육 특성화 사업단	전기공학과, 조선공학과, 해양시스템공학과, 제어로봇공학과, 기계공학과, 신소재공학과, 정보전자공학과, 정보통신공학과
133	지역밀착형 EduCare+ 유아교육 전문인력 양성	유아교육과
134	창조지식 기반의 실천형 관광인재 양성을 위한 "Tourism+ Edu-Station" 구축 사업단	관광학부
135	창의적 서번트 리더십(CSL)을 갖춘 충남 장애인체육산업 전문인력양성 사업단	특수체육교육과
136	스마트 해양수산 융합 미래 인력양성 사업단	해양생산시스템관리학부, 수산생명의학과, 식품영양학과, 자원생물학과, 해양바이오신소재학과, 해양학과, 해양스포츠학과, 미생물학과, 공간정보시스템공학과, 식품공학과, 생물공학과, 생태공학과, 에너지자원공학과, 해양공학과, IT융합응용공학과
137	ICT융복합 기술혁신 창의인재 양성사업단	시스템경영공학부, 정보통신공학과
138	해양수산 국제개발협력 전문인력 양성 사업단	유럽학전공(국제지역학부), 북미학전공(국제지역학부), 해양수산경영학과, 국제수산과학협동과정(대학원)
139	동아시아 환동해 지역과 동남권역 연계 MICE 인재 양성 사업단	일어일문학부, 중국학전공(국제지역학부), 신문방송학과
140	나노·바이오과학창의실무인재양성사업단	화학과, 물리학과
141	융복합소재 및 스마트생산기반 해양자원 개발 창의인력 양성사업단	재료공학부, 조선해양공학과, 산업공학과
142	창조기반 첨단 해안도시를 위한 건설융합 전문 인력 양성 사업단	토목공학전공(사회환경시스템공학부), 건축학과, 건축공학과, 도시공학과
143	분자소재전문인력양성사업단	화학과
144	동남권기계기반융합부품소재창의인재 양성사업단	기계공학부, 나노소재공학과, 나노응용공학과, 나노융합공학과
145	동남아창의인재사업단	미얀마어과, 태국어과, 인도네시아말레이시아어과, 베트남어과
146	J-BIT(Japanese Business IT) 스마트 융합 사업단	비즈니스일본어과, 커뮤니케이션일본어과

147	e-BRIdge Korea	경영학과, 스페인어과, 포르투갈(브라질)어과, 러시아어전공, 인도어전공, 경영학과, 국제무역학과
148	다문화창의인재양성사업단	한국어문학부
149	파이데이아 아카데미아 – 글로벌 창의 통합 인문교육 사업단	글로벌자율전공학부
150	건강과학특성화사업단	보건관리학과, 상담심리학과, 물리치료학과, 간호학과, 약학과
151	글로벌 강소기업을 위한 신흥시장 수출마케터 양성 사업단	국제통상학과, 불어교육과
152	청소년 행복교육 전문인력 양성 사업단	교육학과
153	행복가족 구현을 위한 가족복지전문가 양성사업단	가족복지학과
154	K-Culture 선도 한국역사유산콘텐츠 창의인재 양성사업단	역사콘텐츠학과, 지적재산권학과
155	창조경제기술융합형환경생태인프라형성을위한 창의인재양성사업단	환경조경학과, 건설시스템공학과
156	4C 기반 스마트디바이스공학 명품인력(Hidden Champion) 양성 특성화	정보통신공학과
157	창조경제를 선도하는 융합형 창의디자인 인재양성 사업단	텍스타일디자인학과, 산업디자인학과
158	Green CREATE PLUS 의료관광사업단	호텔컨벤션학전공(관광학부), 의료경영학과간호학과
159	포스트 평창을 위한 창조콘텐츠관광 인재양성 사업단 : 평창동계올림픽 및 포스트 평창을 위한 강원도형 관광문화기반 조성	관광학부관광경영학전공,문화콘텐츠학과
160	강원권 화훼산업 특화를 위한 가드닝 전문가 육성사업단	원예조경학전공
161	인간과 사회를 위하는 실천적 경영인재 양성 사업단	경영학
162	"인문, 예술, 테크놀로지 융합" 글로벌 창의 인재 양성 사업단	아트&테크놀로지
163	6Cs 기반 융합형 창조 전문기획자 육성 사업단	커뮤니케이션학부
164	상호문화 소통적 유럽전문인재 육성사업단	프랑스문화학과, 독일문화학과

165	21세기 다빈치型 인재양성사업단 : 인간중심 스마트로봇과 기기융합	기계시스템디자인공학과, 전기정보공학과
166	환경관리 및 정책 거버넌스 융합인재양성	행정학과, 환경공학과
167	서울교대 창의성 함양 사업단	초등교육과, 생활과학교육과, 컴퓨터교육과
168	글로벌 리더 양성을 위한 신실크로드 사업단	독어독문학과, 국어국문학과, 중어중문학과, 영어영문학과, 불어불문학과, 노어노문학과, 서어서문학과, 언어학과, 아시아언어문명학부, 정치외교학부, 사회학과, 지리학과
169	농생명 및 식품산업 혁신 역량 강화 사업단	농경제사회학부, 산업인력개발학전공(식물생산과학부)
170	창조인재 양성을 위한 계산물리 고등교육 특성화 사업단	물리학과
171	사회기여형 정보보호 여성인재 (CES+) 양성 사업단	정보보호학과
172	미래안전식품 F-Cube 인재양성 사업단	식품공학과, 식품영양학과
173	휴먼서비스 HOPE+형 현장전문가양성사업단	교육심리학과, 사회복지학과, 아동학과
174	미디어비오톱(biotope)사업단	언론영상학부
175	한일 휴먼 네트워크형 창조적 인재 양성사업단	일어일문학과
176	K-Beauty를 선도하는 실용 인재 양성 사업단	화장품과학과, 디자인학과, 뷰티학과
177	ICT융합인포메카트로닉스인력양성사업단	정보통신공학과, 정보디스플레이학과, 기계공학과
178	주산학 상생 제약산업 특화인력 양성사업단	의생명과학과, 제약공학과
179	다문화 상담복지 현장실무인재 양성사업단	사회복지학과, 상담·산업심리학과
180	역사콘텐츠 CT 창의인재 양성사업단	역사학과, 문화콘텐츠학과
181	창의적 융복합 소재 및 공정 특성화 사업단	신소재공학부, 화학공학부
182	인포매틱스기반 글로벌-융합형-창의 인재양성 사업단	소프트웨어학과, 글로벌경영학과, 디자인학과, 교육학과, 글로벌경제학과
183	글로벌 건설 엔지니어링 전문인력 양성 사업	건축토목공학부
184	iSchool 기반 글로벌 정보 큐레이터 전문인력 양성 사업단	문헌정보학과
185	글로벌 유학 창의인재 양성 사업단	유학·동양학과

186	차세대 선도 물리인재 양성 사업단	물리학과
187	선진공예산업밸리 구축을 위한 벤처형 청년공예가 양성 사업단	공예과
188	문화 내러티브 인재 양성 사업단 (CNP 양성 사업단)	독어독문학과, 영어영문학과불어불문학과 사학과
189	맞춤형 지역공동체 혁신 인재 양성 사업단	경찰행정학전공(경찰·행정학부), 행정학전공(경찰·행정학부)
190	힐링디자인 인재양성 사업단	시각디자인학과, 산업디자인학과, 패션디자인학과, 실내디자인학과
191	한국 언어 문화창조 인재양성 사업단	한국어문학전공(미디어문학부), 외국어로서의한국어교육전공(미디어문학부)
192	광양만권경제특구 비즈니스 MASTER 사업단	무역학과, 경제학과, 회계학과, 경영학과
193	지역산업을 연계한 창조형 에너지·자동화 설비 인재양성 사업단	전기제어공학과, 전자공학과
194	정원문화진흥사업단	조경학과, 산림자원학과
195	지역창조공공인재양성사업단	행정학과, 법학
196	지역과 소통하는 인문고전인재양성사업단	인문학부
197	생물 소재 발굴.활용사업단	생물학과
198	의과학 Nichebuster 창의인재 양성 사업단	화학과, 환경보건학과, 임상병리학과, 의학과
199	창조적 헬스케어3.0 기술 및 서비스 인재양성 사업단	보건행정경영학과, 의료IT공학과, 작업치료학과
200	지역사회 맞춤형 안전서포터 양성사업단	경찰행정학과, 행정학과, 사회복지학과
201	글로벌 금융IT융합 전문인력 양성사업단	금융보험학과
202	동남권 현장밀착형 바이오헬스산업 전문인력 양성사업	식품영양학과, 생물과학과, 제약공학과, 바이오식품소재학과
203	글로컬 일자리 창출을 위한 창의·융합형 교육 인재 양성 사업	영어교육과, 국어교육과 수학교육과
204	융합전자특성화사업단	전자공학과
205	스마트 제조서비스 융합인력 양성	산업공학
206	미디어콘텐츠/데이터사이언스 융합인재 양성 사업단	미디어학과
207	Globiz 인재양성 사업단	경영학과

208	프랑코포니 전문인력 양성	불어불문학과
209	인문학과 문화콘텐츠의 선순환적 융합교육: 디지털 휴머니티 트랙 기반	국어국문학과, 문화콘텐츠학과
210	국학 글로컬 미래 창의인재 양성사업단	사학과, 국어국문학과, 동양철학과, 민속학과, 한문학과
211	인문학기반 SW 생태계 구축을 위한 창의 인력 양성 사업단	정보과학교육과
212	국제관광 전문인력 양성사업단	유럽문화관광학과
213	근대 한국어문학 전문 인력 양성 사업단	국어국문학
214	소재부품창의인력양성사업단	신소재공학부
215	IT·에너지·BT 산업 맞춤형 창의 화공 인재 양성 사업단	화학공학부, 나노메디컬유기재료공학과, 물리학과
216	DREAM 소프트웨어 인재 양성 사업단	컴퓨터공학과, 전기공학과
217	지구촌상생인재양성사업단	지역및복지행정학과, 박정희정책새마을대학원
218	문화융합디자인생태계조성사업단	시각커뮤니케이션디자인학과, 모바일영상디자 인학과
219	다문화시대 한국어문학인재 육성 사업단	국어국문학과
220	의약정밀화학 특성화 사업단	화학과, 분자생명과학전공(생명공학부)
221	창조경제 실현을 위한 자동차융합부품 창의 인력양성 사업단	기계공학부, 정보통신공학과
222	K-Food Star Chef 육성사업단	한국식품조리학과, 동양조리학과, 서양조리학과
223	해양스포츠 레저산업 전문인력 육성 사업단	스포츠건강관리학과
224	차세대 휴먼인프라 구축을 위한 사회환경 취약 영유아 통합지원 인재 양성 사업단	아동복지학과, 심리학과, 유아특수교육과
225	태권도의 창조경제적 가치 발견을 통한 한브랜 드형 인재양성 사업단	태권도학과
226	철도클러스터를 연계한 글로컬 철도 전문인력 양성 사업단	철도건설시스템학과, 철도전기시스템학과
227	글로벌 핵심역량을 갖춘 아시아전문 경영인력 양성 사업단	International Business 학부
228	교육·보육 협력모델을 활용한 글로컬 유아교육 전문인력 양성 사업단	유아교육과
229	지역산업기반 정밀화학 인재양성 사업단	울산대학교화학공학부, 울산대학교화학과

230	조선해양 미래선도 인재 양성사업단	조선해양공학부
231	바이오산업 실용 인재 양성 특성화 사업단	생명과학부
232	안심안전 농·식품산업 인력양성 특성화 사업단	원예학과, 애완동식물학과, 생물환경화학과, 환경조경학과,식품생명공학과, 식품영양학과, 약학과(일부), 경영학부(일부), 정보·전자상거래학부(일부)
233	Eco-Green 건설기술 창의전문인재 양성 특성화사업단	토목환경공학과
234	천연물 CSI 인재양성 특성화 사업단	한약학과
235	Jewelry Creator 특성화 사업단	귀금속보석공예과
236	NT-BT 기반 바이오/식품 소재 유효성 평가 융합 인력양성 특성화 사업단	생명과학부(일부), 바이오나노화학부(일부)
237	글로벌약학전문인력양성사업단	약학과
238	제4섹터+α신공공분야 지역인재 양성사업단	정치외교학과, 행정학과(일부)
239	지역사회 취약계층 교육·복지 지원인력 양성사업단	특수교육과, 사회복지학과(일부)
240	미래도시의 탐색형 창의교육 사업단	도시환경공학부, 도시행정학과, 도시건축학부, 디자인학부
241	글로벌융합대학	무역학부, 경제학과, 법학과, 행정학과, 정치외교학과
242	지역밀착형 글로벌 통상 전문 인력 양성 사업단	인천대학교동북아경제통상대학동북아국제통상학부
243	스마트 전기에너지 창조인재육성 사업단	전기공학과
244	미래 선도형 화학인력양성 사업단	화학과
245	체험형 창의물리인재양성 특성화 사업단	물리학과
246	지능형 소재·부품 창의인재 양성 사업단	공과대학응용화학공학부, 공과대학신소재공학부
247	지역사회통합을 위한 공공복지인력 양성사업단	심리학과(일부), 생활환경복지학과(일부), 정치외교학과(일부), 행정학과(일부)
248	1生 1場 글로벌 비즈니스 사업단 (글로벌 비즈니스 인력 양성 사업단)	경영학부(일부), 경제학부(일부), 영어영문학과(일부), 중어중문학과(일부)
249	창의적 과학/문화 콘텐츠 인재양성 사업단	신문방송학과(일부), 문헌정보학과(일부), 사회학과(일부), 인류학과(일부), 지리학과(일부), 물리학과(일부), 화학과(일부)

250	글로컬 문화가치 창출 문사철(文史哲) 융합 인력양성 사업단	국어국문학과(일부), 사학과(일부), 철학과(일부)
251	빅데이터 기반 과학인재양성 사업단	통계학과(일부), 수학과(일부), 생물학과(일부), 해양환경전공(일부, 지구환경과학부)
252	ICT융합기반친환경자동차인력양성사업단	기계공학부, 전자컴퓨터공학부, 전자공학전공(전자컴퓨터공학부), 컴퓨터공학전공(전자컴퓨터공학부), 소프트웨어공학전공(전자컴퓨터공학부), 전기공학과, 기계시스템공학부, 기계공학과
253	IT융복합시스템 인력양성사업단	전자공학부, 기계설계공학부, IT정보공학과, 바이오메디컬공학부
254	신한류 창의인재 양성사업단	문헌정보학과, 사학과, 프랑스학과, 건축공학과, 소프트웨어공학과, 통계학과, 산업디자인과, 한국음악학과
255	국제개발협력 창의인재양성사업단	국제학부, 경제학부, 정치외교학과
256	행복한 지역사회구축을 위한 창조적 인재양성 사업단	사회복지학과, 심리학과, 사회학과, 아동학과
257	지역 기초과학 교육 연구 허브 구축 사업단	화학과, 물리학과, 생명과학과, 분자생물학과
258	차세대 에너지융합 특성화 사업단	화학공학부, 신소재공학부, 반도체과학기술학과, 토목공학과, 자원·에너지공학과,환경공학과, 고분자나노공학과, 유기소재파이버공학과, 전기공학과
259	Health EduSTAR 사업단	보건관리학과, 재활학과, 중등특수교육과, 가정교육과
260	학술정보 Glocal Master 양성 사업단	문헌정보학과
261	K-History 2H 핵심인력 양성사업단	역사문화콘텐츠학과
262	스마트그리드와 청정에너지 융복합산업 인력 양성사업단	전기공학과,통신공학과, 컴퓨터공학과, 전자공학과, 기계공학과, 메카트로닉스공학과, 에너지공학과, 생명화학공학과
263	아열대 농생명 융복합산업 인재 양성사업단	생명공학부, 식품생명공학과, 산업응용경제학과, 생물산업학부, 동물자원과학과(폐과), 동물자원과학전공(폐과)
264	제주문화콘텐츠 창의인재 양성사업단	사학과, 국어국문학과
265	생물다양성 기반 천연화장품산업 인재 양성사업단	화학·코스메틱스학부, 생물학과, 화학과(폐과)
266	지역산업 기반 융합형 부품소재시스템 특성화 사업단	재료공학과, 광기술공학과, 항공우주공학과, 산업공학과

267	호남지역 소외계층을 위한 교육–문화–복지 브릿지(BRIDGE) 인재 양성 사업단	교육학과, 특수교육과
268	과학 문화 코디네이터 양성을 위한 빅데이터 분석 및 콘텐츠 개발 교육 사업단	물리교육과, 화학교육과, 지구과학교육과, 생물교육과, 컴퓨터통계학과
269	멀티케어사업단	보건행정학과, 간호학과, 사회복지학과, 노인복지학과, 물리치료학과
270	휴먼 ICT 창의 융합 인재 양성 사업단	전자전기공학부, 컴퓨터공학부 융합공학부
271	동북아 혁신물류인재양성사업단	국제물류학과
272	식품안전 통합관리 인재양성 사업단	식품공학전공(식품공학부),해당없음
273	배움나눔 사회적대학 사업단	음악교육과(심화과정), 미술교육과(심화과정), 체육교육과(심화과정), 과학교육과(심화과정), 국어교육과(심화과정), 실과교육과(심화과정)
274	해양플랜트 특화 창의·융합형 인재양성사업단	산업시스템공학과,조선해양공학과,토목공학과, 환경공학과,화공시스템공학과
275	스마트메카트로닉스창조인력양성사업단	기계공학부, 전기전자제어공학부, 신소재공학부
276	생명보건학 창의인재양성사업단	미생물학과, 보건의과학과
277	중소기업 글로벌 비즈니스 인력양성사업단	경제금융보험학부, 국제무역학과
278	글로벌다문화사회전문인력양성사업단	법학과, 국제관계학과, 사회학과
279	문화예술융합인재양성사업단	미술학과, 융복합학부, 무용학과
280	크리에이티브 콘텐츠 기반 창의 인재 양성 사업단	문화콘텐츠학과, 신문방송학과, 국어국문학과, 시각디자인학과, 만화애니메이션학과
281	Computational Thinking 능력을 겸비한 TPACK형 교사 양성	컴퓨터교육과, 과학교육과
282	소재·공정기반에너지융복합창의인재양성 사업단	화학공학과, 유기소재·섬유시스템공학과, 나노소재공학과, 정밀응용화학과, 재료공학과, 고분자공학과
283	국방ICT융합인력양성사업단	정보통신공학과, 컴퓨터공학과, 전파공학과
284	지역맞춤형 미래농업인재 양성 사업단	식물자원학과, 응용생물학과, 식품공학과, 생물환경화학과, 환경소재공학과
285	환경친화형 융복합 기계부품 창의 인재 양성 사업단	기계공학과, 기계설계공학과
286	글로벌 LTE융합인재 양성을 위한 ABC 사업단	무역학과, 영어영문학과, 경제학과, 중어중문학과, 일어일문학과

287	지식혁신형 공공인재 양성 사업단	행정학과, 언론정보학과, 자치행정학과
288	능력중심사회구현을한NCS기반공업기술교원 양성체제구축사업단	기술교육과, 전기·전자·통신공학교육과, 기계·금속공학교육과, 건설공학교육과, 화학공학교육과, 교육학과
289	글로컬리즘 인문콘텐츠 인력양성사업단	국어국문학과, 철학과, 디자인창의학과, 고고학과
290	충청권 융합 생명-의약 사업단	약학과, 메카트로닉스공학과, 수의학과, 생물과학과, 동물바이오시스템과학과, 미생물분자생명과학과, 동물자원생명과학과, 제약학과, 의과학과(대학원)
291	BT융합 농생명 6차산업화 인재양성 사업단	식물자원학과, 축산학과, 환경생명화학과, 특용 식물학과, 원예과학과, 식물의학과, 식품생명공 학과, 농업경제학과, 수의학과, 약학과
292	오송 생명과학 인재양성사업단	생물학과, 미생물학과,생화학과
293	통일시대 융합형인재 양성사업단	중어중문학과, 고고미술사학과
294	수학, 통계기반 산업응용 특성화 사업단	정보통계학과, 수학과
295	첨단과학장비를 활용한 미래과학인재 양성 사업단	물리학과
296	스마트IT 창의인재양성 사업단	전자공학부, 전기공학부, 정보통신공학부, 컴퓨터공학과
297	창의창업혁신(C-Monovation)사업단	디자인학과
298	스포츠관광 특성화 교육 및 지역서비스 사업단	스포츠산업학전공(스포츠학부)
299	반도체·디스플레이 장비 창의인재 양성 사업단	메카트로닉스공학부
300	IT융합 소프트웨어 인력양성 사업	컴퓨터공학부
301	Locality 기반 글로벌 창의인재 양성 사업단: 전략거점지역(북아프리카, 유라시아, 인도, 브라질, 한국)을 중심으로	프랑스학과, 러시아학과, 중앙아시아학과, 인도 학과, 브라질학과, 한국학과
302	융합적 미래 항공운송인력 양성 사업단 (ISAAC-F4)	항공교통전공(항공·교통·물류·우주법학부), 물류전공(항공·교통·물류·우주법학부)
303	고부가가치 해운·항만 물류 창조인력 양성 사업단	해운경영학부, 물류시스템공학과
304	국방융합기술인력양성사업단	정보통신공학과, 컴퓨터공학과, 광센서공학과, 정치언론국제학과
305	대덕 밸리 바이오 글로컬 (Glocal) 인재 양성 Bridge 사업단	생명시스템과학과

306	글로벌비즈니스 창의인력 양성사업단	글로벌비즈니스전공, 경영정보학과, 글로벌커뮤니케이션컬처전공
307	글로컬 다문화 지도자 양성 프로그램	기독교학과, 교육학과
308	STEM 창조인재 양성 사업단	화학과, 수학과
309	ICT 기반 글로벌 Creatinnovation(창조혁신) 인재 양성 사업단	경영경제학부, 국제어문학부, 도시환경공학전공(공간환경시스템공학부), 국제개발협력대학원
310	경북 동해안 지속가능 에너지–환경 융합인재 양성사업단	기계제어공학부, 건설공학전공(공간환경시스템공학부)
311	"관광안전Korea" 융합인재 양성 사업단	레저관광경영학과, 경찰행정학과
312	SMART 고령친화 서비스	사회복지학부, 사회학과, 재무금융학과, 언어청각학부
313	동북아지역 융합인재양성 사업단	중국학과, 일본학과, 러시아학과
314	르네상스 인문학 창의인재 육성사업단	사학과, 철학과, 국어국문학과
315	신산업 창출을 위한 IT 융합 인력 양성 사업단	정보통신공학과, 전자제어공학과, 전기공학과, 컴퓨터공학과
316	Design Plus First mover(D+FM)사업단	시각디자인학과, 공업디자인학과
317	메디치(Medici)형 항공인력 양성사업단	헬리콥터조종학과, 항공교통학과, 항공기계학과, 항공전자공학과
318	문화산업융성 디지털인재양성 특성화사업단	영상애니메이션학과, 문화재보존학과
319	자율융합형 창의설계인재양성사업단	기계공학부
320	수요지향적 창조/융합형 소프트웨어 전문 인력 양성 사업단	소프트웨어전공(컴퓨터공학부), 컴퓨터전공(컴퓨터공학부)
321	IT 융합 스마트 그린카 글로벌 창의인재 양성 사업단	미래자동차공학과
322	금융퀀트빅데이터 전문인력교육 사업단	경제금융학부
323	스포츠 융·복합형 인재양성사업(Innovative and Collaborative HR in Sport and Education, ICIS–Ed)	스포츠산업학과
324	학연산 기반 전자 창의 인력양성 사업단	전자통신공학과, 전자시스템공학과
325	융합형 창의 소재부품 인력양성 사업단	화학공학과, 재료공학과
326	창의적 실용 기계인력 양성사업단	기계공학과
327	인문가치의 실용화를 통한 글로벌 융합형 문화콘텐츠 창의인재 양성 사업단	문화콘텐츠학과

328	ICT융복합기술 인력양성사업단	정보통신공학과, 전기공학과,전자공학과
329	문화콘텐츠 창의인재양성사업단	신문방송학과, 인터넷콘텐츠학과, 문화산업경영학과
330	한국형 복합리조트 인재양성사업단	호텔경영학과, 조리과학과, 중국어학과
331	Hat-Trick 사업단	축구학과
332	Fashion 전문인력양성사업단	의상디자인학과
333	남도문화 영어콘텐츠 프로듀서 양성 사업	영어영문학과
334	바이오 응용제품 품질관리 인재양성사업단	식품공학전공(바이오산업학부), 한방화장품과학전공(바이오산업학부), 제약공학전공(바이오산업학부), 생명공학전공(생명과학부)
335	진로 및 직업심리서비스 전문인재 양성사업단	산업심리학과
336	벤처형 디지털기술경영 인재양성사업단	디지털기술경영전공(경영학부)
337	인문학적 지성을 갖춘 실무형 외국어 인재양성사업단	영어영문학과, 중어중국학과
338	충청권 디스플레이 창의실무형 인재양성사업단	광전자디스플레이공학전공(그린에너지반도체공학부), 디지털디스플레이공학전공(그린에너지반도체공학부), 전자공학전공(IT융합기술학부), 화학공학과
339	농공단지기반 농·특장 7-AM 프로젝트	자동차기계공학과
340	K-Fashion 창의인재 양성사업단	패션스타일리스트학과, 시각디자인학과
341	창의적 커뮤니케이터 육성 사업단	광고홍보학부

취업이 잘되는
유망 학과 백과 2

1판 1쇄 2016년 11월 25일

지은이 김상호
펴낸이 정연금
펴낸곳 멘토르

등록 2004년 12월 30일 제302-2004-00081호
주소 서울시 광진구 능동로 331 2층
전화 02-706-0911
팩스 02-706-0913
홈페이지 www.mentorbook.co.kr
E-mail mentor@mentorbook.co.kr
ISBN 978-89-6305-738-5 (14370)
      978-89-6305-736-1 (14370) (세트)

멘토르출판사와 노란우산은 여러분의 참신한 아이디어와 소중한 원고를 기다리고 있습니다.
좋은 기획안 또는 원고가 있는 분은 mentor@mentorbook.co.kr로 보내주십시오.